D1929157

Herbert Haag

Den Christen die Freiheit

Erfahrungen und widerspenstige Hoffnungen

Herder
Freiburg · Basel · Wien

Umschlaggestaltung: Neil McBeath, Kornwestheim

Alle Rechte vorbehalten – Printed in Germany
© Verlag Herder Freiburg im Breisgau 1995
Herstellung: Freiburger Graphische Betriebe 1995
Gedruckt auf umweltfreundlichem,
chlorfrei gebleichtem Papier
ISBN 3-451-22776-2

Inhalt

Prolog

Christentum und Freiheit sind zwei Größen, die das Gleiche bedeuten müßten. „Für die Freiheit hat uns Christus frei gemacht" (Gal 5,1): Mag Paulus dieses Wort *seinen* Christen aus örtlich und zeitlich bedingtem Anlaß geschrieben haben, so bleibt es doch das Leitwort der Christen aller Zeiten. Die Kirche müßte von ihrem Ursprung her *der* Hort der Freiheit in dieser Welt sein. In Wirklichkeit fand sich die Freiheit, die Jesus seinen Jüngern und Jüngerinnen schenken wollte, nahezu in der ganzen Geschichte der Kirche unterdrückt. Brutal und blutig geschah dies durch die Glaubenskriege, die Kreuzzüge, die Inquisition und den Hexenwahn. Mögen sich die Methoden seither geändert haben, ihr Geist lebt bis heute weiter. Den Älteren unter uns ist die ausgeklügelte, auch die wissenschaftliche Diskussion nicht verschonende Verfolgung des freien Denkens und Redens im Modernismusstreit in übelster Erinnerung. Sie feiert in unseren Tagen unfröhliche Urständ.

Zwar sah Papst Johannes XXIII. das Ziel des vom ihm 1959 einberufenen Konzils darin, einen frischen Wind in der Kirche wehen zu lassen. So konnten denn auch Verlauf und Beschlüsse des Konzils von der Welt nur als Aufbruch in die Freiheit verstanden werden. Daß davon heute nur noch wenig wahrzunehmen ist, darin liegt die eigentliche Not der Kirche unserer Zeit. Und weil die Menschen nach Freiheit hungern wie noch nie, hält die Abkehr von dieser Kirche, ja der Auszug aus ihr ungebremst an.

Deshalb erschien es sinnvoll, eine Auswahl von da und dort gehaltenen Vorträgen zu veröffentlichen, die letztlich

alle um das Thema *Freiheit* kreisen. Es geht um Bereiche, die heute mit Vorliebe unter dem Begriff *Menschenrechte* subsumiert werden und für die unsere Zeit sehr sensibel geworden ist. Da ist das Recht auf *freie Meinungsäußerung*. Diese wird derzeit in der römischen Kirche durch einen inquisitorischen und zentralistisch gesteuerten Apparat kontrolliert. Nur noch wenige Bischöfe und Theologen bringen den Mut auf, aus dem verordneten Denk- und Verhaltenssystem auszubrechen.
Keinerlei Beachtung findet in der katholischen Kirche das Menschenrecht, *die Regierung frei zu wählen*. Bei der Bestellung der Bischöfe hat in der Regel das Volk, dessen Hirten sie sein sollen, kein Wort mitzureden. Auch für die Bistümer in den neuen Bundesländern (Magdeburg, Görlitz, Erfurt) ist konkordatsrechtlich festgelegt, daß das Domkapitel den Bischof aus einer von Rom erstellten Dreierliste „frei" wählen kann. Daß die *Gleichberechtigung von Mann und Frau* in der katholischen Kirche nicht gilt – einer der Gründe, warum der Vatikan bis heute nicht Mitglied des dreißig Staaten umfassenden Europarates ist –, belastet das sittliche Empfinden und die Kirchentreue der Gläubigen, besonders der Frauen, am Ende des 20. Jahrhunderts schwerer denn je.
Zugleich ist die offizielle und vom gegenwärtigen Papst unermüdlich monierte kirchliche *Sexualmoral* zum unerträglichen Stein des Anstoßes geworden. Kann sich die Lehre, wonach Sexualität ihren legitimen Platz nur in der Ehe hat, auf die Bibel berufen? Und ist die Ehe nach den Aussagen des Neuen Testaments ausnahmslos unauflöslich? Aus gegebenem Anlaß wird die innerkirchliche Diskussion zur Zeit von der Zulassung wiederverheirateter Geschiedener zur Eucharistie beherrscht. Die Kernfrage ist jedoch der wahre Sinn des Jesuswortes „Was Gott verbunden hat, das soll der Mensch nicht trennen" (Mt 19,6; Mk 10,9). Handelt die Kirche richtig, wenn sie den ethischen Appell als Gesetz versteht?
Das Leben der Kirche artikuliert sich primär in ihrem Gottesdienst. Dieser hatte seit den allerersten Tagen der

Kirche die Gestalt des „Brotbrechens", des Gedächtnismahls, das seit dem 2. Jahrhundert Eucharistie genannt wird. Bedarf es zum Vollzug der Eucharistie eines geweihten *Priesters*? Oder kann auch ein „Laie", sei es ein Mann oder eine Frau, dazu ermächtigt werden? In einer Zeit des Priestermangels und der priesterlosen Gemeinden erheischen diese Fragen neue und vom Evangelium her begründbare Antworten.

Danken darf ich vor allem dem Verlagslektor Ludger Hohn-Kemler. Er gab den Anstoß zu diesem Buch und setzte sich unermüdlich dafür ein. Er wählte die Beiträge aus, moderierte sie sachlich und sprachlich und erstellte die Register.

Die Lösung der hier aufgeworfenen Fragen werde ich nicht mehr erleben. Wie in Politik und Gesellschaft, so setzen auch in der Kirche Wandlungen immer die Bildung eines entsprechenden öffentlichen Bewußtseins voraus. Nur zu einer solchen kann ich am Abend meines Lebens noch beitragen. Dabei mache ich mir die Zuversicht zu eigen, die Papst Johannes XXIII. erfüllte, als er in seiner denkwürdigen Rede zur Eröffnung des 2. Vatikanischen Konzils am 11. Oktober 1962 erklärte: „Noch herrscht die Morgendämmerung, und schon fühlen wir uns wohl bei den ersten Zeichen des anbrechenden Tages."

Luzern, Neujahr 1995 *Herbert Haag*

Das freie Wort in der Kirche

„Der Hirt soll seine Schafe nicht wie Schafe behandeln“

Die Überschrift stammt nicht von mir. Ich habe sie bei Karl Rahner gestohlen, und er wird mir das in seiner Güte verzeihen. Vor mehr als vierzig Jahren hat er, damals Professor der Theologie in Innsbruck, eine kleine Schrift veröffentlicht, die diesen Titel trug: *„Das freie Wort in der Kirche.“*[1] Und er begründete damals sein Anliegen mit den bewegenden Worten:

> „Heute darf die Kirche weniger denn je nach innen oder nach außen auch nur den Eindruck erwecken, als sei sie einer jener totalen Staaten, bei denen die äußere Macht und ein in tödlichem Schweigen geschehender Gehorsam alles, und Freiheit und Liebe nichts ist, als seien ihre Regierungsmethoden dieselben wie die der totalitären Systeme, wo die öffentliche Meinung in einem Propagandaministerium gemacht wird.“[2]

Karl Rahner rechnete indes damit,

> „daß eine auch berechtigte freimütige Meinungsäußerung über kirchliche Dinge auf Vertreter der kirchlichen Autorität den Eindruck versteckter Rebellion oder eines Ressentiments gegen die kirchliche Obrigkeit macht und bei anderen Menschen in der Kirche, die die alten Formen gewohnt sind, ... einen nicht erfreulichen Klang hat“.[3]

Wie treffend hat doch Rahner, zehn Jahre vor dem Konzil, die Atmosphäre der Unfreiheit in unserer Kirche analysiert! Er würde sich im Grab umdrehen, könnte er das heutige Kirchenklima sehen! Dreißig Jahre nach dem Konzil nehmen sich seine Äußerungen von damals wie ein prophetisches Vermächtnis aus. Das freie Wort in der Kirche ist heute dringender gefragt denn je. Freilich wird es, meint Rahner, von zwei Gruppen wenig geschätzt: von den Amtsträgern, aber auch den Menschen, die – wie Rahner sich vornehm ausdrückt – „die alten Formen gewohnt sind", jenen, um es etwas schärfer zu sagen, deren Gott die Tradition ist.

Rahner spricht das aus, was heute Millionen von Gläubigen auf den Nägeln brennt. Denn es kann doch vernünftigerweise keine Diskussion darüber geben, daß die Verantwortung für das Gedeihen der Kirche nicht dem Papst und den Bischöfen überlassen werden darf, daß vielmehr alle Glieder der Kirche dafür Verantwortung tragen.

Der unvergeßliche Hans Urs von Balthasar widmete 1971 in seinem Buch *„Klarstellungen"* ein eigenes Kapitel dem Thema „Mitverantwortung".[4] Er sagte dazu:

> „Jeder Kenner der christlichen Gründungsurkunden weiß, daß in den Kirchen (die zusammen die eine Kirche Jesu Christi sind) alle zur aktiven Mitverantwortung aufgerufen und daß Dienstämter mit ihrer Autorität dazu eingesetzt sind, diese Mitverantwortung aller zu wecken und nicht etwa zu ersetzen. Die Ämter sind da – und nun folgt der bekannte Passus aus dem Epheserbrief –, um die Heiligen (gemeint sind alle Getauften) heranzubilden zur Ausführung ihres Dienstes, zum Aufbau des Leibes Christi. ... Wir sollen ... alles zu Dem hinwachsen lassen, der das Haupt ist: zu Christus. Von ihm wird der ganze Leib zusammengefügt und fest zusammengehalten durch jedes einzelne Gelenk ... So erfolgt das Wachstum des Leibes, bis er sich selbst auferbaut hat in Liebe (Eph 4,12–16)."

Ausgehend von dieser Epheserstelle hebt von Balthasar etwas sehr Zentrales hervor: Die Kirche kennt nur *ein Haupt*, Christus. Über diesem Haupt kann es unmöglich ein noch höheres Haupt geben, ein Oberhaupt, wie eine heute in der katholischen Kirche beliebte Bezeichnung des

Papstes es will. Jeder weiß, was ein Kopf ist. Aber was soll man sich unter einem Oberkopf vorstellen? *Unter* Christus dem Haupt gibt es in der Kirche Ämter. Diese aber sollen ihre Autorität zuallererst dafür einsetzen, daß die einzelnen Glieder ihre Mitverantwortung erkennen und betätigen.

Mit Bedacht spricht von Balthasar immer vom *Dienstamt*. Das ist durchaus biblisch. Denn so geläufig und selbstverständlich uns auch das Wort Amt sein mag, den Schriften des Neuen Testaments ist es völlig unbekannt. Die griechische Sprache kennt vier Ausdrücke für unser deutsches Wort „Amt". Keiner davon aber steht im Neuen Testament für das kirchliche Amt. Dafür gebraucht die Bibel nur die Bezeichnung *diakonia*, Dienst. Das kirchliche Amt ist also seinem Wesen nach *Dienst*.

Indes kann die Wahrnehmung dieses Dienstes auch Mängel aufweisen. Von Balthasar hält es für möglich, daß die Spitze gewisse Aspekte der christlichen Offenbarung einseitig auswählt und unzureichend darstellt. Dann obliegt es der Basis, gegen dieses Defizit, das sie bei der Spitze im Umgang mit der Wahrheit wahrnimmt, Einspruch zu erheben.

Gleichzeitig (1972) mit von Balthasars „Klarstellungen" erschien in der Herderbücherei Karl Rahners Entwurf *„Strukturwandel der Kirche als Aufgabe und Chance"*.[5] Zu dem, was der Kirche nottut, rechnet Rahner eine „entklerikalisierte Kirche", der er ein eigenes Kapitel widmet. Er schreibt:

> „Die Kirche sollte entklerikalisierte Kirche sein. Dieser Satz ist natürlich mißverständlich und muß erklärt werden. Es ist selbstverständlich, daß es in der Kirche ein Amt mit bestimmten Aufgaben und Vollmachten gibt, gleichgültig wie dieses Amt selbst noch einmal differenziert und geteilt werden mag ..." Vielmehr ist eine „entklerikalisierte Kirche" für Rahner „eine Kirche, in der auch die Amtsträger in fröhlicher Demut damit rechnen, daß der Geist weht, wo er will, daß er keine ex-

klusive Erbpacht bei ihnen eingerichtet hat, daß das nie völlig reglementierbare Charismatische ebenso notwendig zur Kirche gehört wie das Amt, das nie einfach mit dem Geist identisch ist und ihn nie ersetzen kann ..."

Zum Umgang der Amtsträger mit der Basis gibt Rahner in diesem Zusammenhang zu bedenken:

„Die formale Autorität eines Amtes enthebt auch dann, wenn der Amtsträger an sich legitim von ihr Gebrauch macht, ihn nicht der Pflicht, von der Sache her und in wirklich heutigen Verstehenshorizonten um die echte Zustimmung derer effizient zu werben, die von einer solchen Entscheidung betroffen werden. Mir will scheinen, daß besonders auch römische Erlasse dieses Prinzip nicht genügend verstehen und darum in solchen Erlassen die formale Autorität Roms übergebührlich strapaziert wird."[6]

Daß das Gesicht der Kirche künftig von der *Basis* bestimmt wird, darüber kann es für Rahner keinen Zweifel geben:

„Die Kirche der Zukunft wird eine Kirche sein, die sich von unten her durch Basisgemeinden freier Initiative und Assoziation aufbaut. Wir sollten alles tun, um diese Entwicklung nicht zu unterbinden, sondern zu fördern und sie in die richtigen Bahnen zu leiten ... Die Pfarreien" – so Rahner – „im Sinne von Verwaltungssprengeln der Amtskirche, die von oben her Menschen betreut, sind nicht die Basisgemeinden, die von unten her die Kirche in der Zukunft aufbauen müssen".[7]

Denn die Kirche der Zukunft muß nach Rahner eine *„demokratische Kirche"* sein – so überschreibt er ein weiteres Kapitel des genannten Buches „Strukturwandel der Kirche als Aufgabe und Chance". Wer will, mag sich darüber ärgern. Ich für mich kann die Kühnheit der Anstöße Rahners nicht genug bewundern. In der Atmosphäre der Angst, der Feigheit und der Servilität, in die Päpste und Bischöfe die Kirche inzwischen hineinmanövriert haben, könnte ein katholischer Verlag es heute kaum noch wagen, ein solches Buch zu veröffentlichen.

Die von Rahner geforderte Demokratisierung muß sich nach seiner Überzeugung zunächst erweisen in der *Wahl der Amtsträger*. Dabei klammert Rahner zwar die Frage der Papstwahl aus, stellt aber für alle übrigen Amtsträger, also vornehmlich die Bischöfe, fest, es gebe für ihre Wahl kein „göttliches", das heißt unveränderbares Recht, und er gibt zu bedenken:

> „Man wird ... doch wohl kaum daran zweifeln können, daß die bisher nach menschlichem Kirchenrecht praktizierten Wahlweisen heute mindestens teilweise und in unserem mitteleuropäischen Lebensraum überholt sind. ... Es ist nicht einzusehen, warum bei der Wahl eines Bischofs nicht mindestens einmal die Priester der betreffenden Diözese in einer wirklich effizienten Weise mitwirken sollten".

Wie erwähnt, äußert sich Rahner in respektvoller Zurückhaltung nicht zur Form der Papstwahl. Es ist jedoch unbestritten, daß die heute praktizierte Form nur *eine* Möglichkeit darstellt, neben der es andere Möglichkeiten geben könnte und im Verlauf der Geschichte auch gab, und selbst wenn die eine besser gewesen sein mag als die andere, so ist doch die Kirche an keiner zugrunde gegangen. Vom Neuen Testament her ist alles offen, vom Neuen Testament her steht auch einer Wahl des Papstes auf Zeit nichts im Wege. Vielleicht würde der eine oder andere Papst nach sieben oder zehn Jahren nicht wieder gewählt.

Wie von Balthasar, bringt auch Rahner immer wieder die Begriffe *Mitwirkung* und *Mitverantwortung* ins Spiel:

> „Solche deutlichere Mitwirkung der Laien ist heute nicht nur bei der Bestellung von Amtsträgern in der Kirche, sondern auch bei anderen Entscheidungsvorgängen im kirchlichen Leben angezeigt. ... Der Hirt soll Hirt bleiben, aber er soll deshalb noch lange nicht seine Schafe – wie Schafe behandeln".

Und Rahner weist im gleichen Atem den Vorwurf zurück, eine solche Demokratisierung stehe im Widerspruch zum Wesen der Kirche.[8]

Alle diese Äußerungen sowohl von Balthasars als auch Rahners stammen aus der Zeit *vor* dem Amtsantritt Johannes Pauls II. und können somit nicht als Spitze gegen sein Gehaben verstanden werden, ja sie haben den jetzigen Papst nicht gehindert, von Balthasar noch kurz vor dessen Tod zum Kardinal zu erheben. Sie haben inzwischen nur eine noch brisantere Aktualität bekommen.

Das freie Wort in der Kirche setzt für Karl Rahner, wie nicht anders zu erwarten, eine frei sich bildende und artikulierende *öffentliche Meinung* voraus. In seiner schon erwähnten vorkonziliaren Schrift „Das freie Wort in der Kirche" (1953) geht er von der Grundüberlegung aus, daß das Recht des Laien auf Äußerung seiner Meinung in der Kirche mehr sei als nur ein *Recht*, daß es vielmehr eine förmliche *Pflicht* der Mitsorge mit dem Amt der Kirche darstelle. Rahner stellt dann ohne Umschweife die Frage, ob es so etwas wie eine *öffentliche Meinung* in der Kirche geben könne, und er bejaht die Frage. Dabei beruft er sich auf eine Äußerung, die der damalige Papst Pius XII. 1950 auf einem internationalen katholischen Pressekongreß getan hatte. Pius XII. führte dabei aus:

> „Die öffentliche Meinung ist die Mitgift jeder normalen Gesellschaft, die sich aus Menschen zusammensetzt. ... Dort, wo überhaupt keine Äußerung der öffentlichen Meinung erscheint, vor allen Dingen dort, wo man feststellen muß, daß sie überhaupt nicht existiert, muß man darin einen Fehler, eine Schwäche, eine Krankheit des gesellschaftlichen Lebens sehen."

Der Papst fragt sodann, wie weit dies auch auf die Kirche anwendbar sei, und er antwortet:

> „Darüber werden sich nur die verwundern, die die katholische Kirche nicht oder nur schlecht kennen. Denn

auch sie ist eine lebendige Körperschaft, und es würde etwas in ihrem Leben fehlen, wenn in ihr die öffentliche Meinung mangelte – ein Fehlen, für das die Schuld auf die Hirten sowohl wie die Gläubigen zurückfiele ..."[9]

Konkret bedeutet das für Rahner, daß es bei den Gläubigen Wünsche, Gefühle, Empfindungen, Belastungen gibt, „die zwar anders sein *könnten*, aber nun einmal eben so sind" und die die Leitung der Kirche deshalb kennen und berücksichtigen muß. Die öffentliche Meinung ist nach Rahner eine Art Barometer, das die Wetterlage anzeigt, und die Amtsträger können nur dann situationsgerecht leiten und führen, wenn sie wissen,

> „wie die Menschen denken und empfinden, was sie lieben und wünschen, woran sie sich stoßen, was ihnen schwer und hart vorkommt, worin sich ihr Empfinden geändert hat, was sie an Problemen beunruhigt, wo sie eine traditionelle Antwort und Regelung für unzureichend empfinden. ... Man muß die Leute auch *in* der Kirche ... ‚sich einmal ausreden' lassen – ... Wer heute ohne dieses Mittel zu wissen glaubt, ‚was los ist', wird sich sehr oft aufs schlimmste täuschen".[10]

Deshalb haben nach Rahner die Gläubigen „unter Umständen eine wirkliche *Pflicht*", sich kritisch zu Wort zu melden, „auch wenn es ‚an höherem Ort' nicht immer sogleich Lob und Anerkennung einbringt", und er erinnert an die vielen Beispiele, die es dafür in der Geschichte der Heiligen gibt.[11]

Dem Einwand, es gebe ja heute durchaus für die Gläubigen Möglichkeiten, ihre Meinung frei zu äußern und auf die Amtsträger Einfluß zu nehmen, hält Rahner entgegen, diese Möglichkeiten seien nicht *rechtlich* abgesichert. Es gebe heute in der Kirche *kein Laienrecht*.

> „Nicht als ob es heute keine öffentliche Meinung in der Kirche gäbe", meint Rahner. „Das zu behaupten wäre sicher falsch. Wohl aber kann man feststellen, daß es heute kaum rechtlich gesicherte Weisen des Funktionie-

> rens einer solchen öffentlichen Meinung in der Kirche gibt."[12]

Mit anderen Worten: Es ist dem freien Belieben der Amtsträger anheimgegeben, wie weit sie der öffentlichen Meinung Rechnung tragen wollen oder nicht.

Wir haben es bei Hans Urs von Balthasar und Karl Rahner gewiß mit zwei unverdächtigen Zeugen zu tun, deren Kirchlichkeit über alle Zweifel erhaben ist. Bald wird der eine, bald der andere als der bedeutendste Theologe dieses Jahrhunderts bezeichnet. Aber wir können ruhig noch höher greifen und Päpste und Bischöfe unserer Zeit beim Wort nehmen. In der Pastoralinstruktion *„Communio et Progressio"* erklärte Papst Paul VI. 1971:

> „Als lebendiger Organismus bedarf die Kirche der öffentlichen Meinung, die aus dem Gespräch ihrer Glieder erwächst. Nur dann ist in ihrem Denken und Handeln Fortschritt möglich. ... Darum müssen Katholiken sich dessen völlig bewußt sein, daß sie wirklich die Freiheit der Meinungsäußerung besitzen. ... Die verantwortlichen kirchlichen Obrigkeiten werden dafür sorgen, daß sich innerhalb der Kirche auf der Basis der Meinungs- und Redefreiheit der Austausch legitimer Ansichten lebendig entfaltet."[13]

Um die Reihe voll zu machen und abzuschließen, darf ich noch den ehemals für mich zuständigen Bischof von Basel, Otto Wüst, anführen. Er gab vor Jahren zu bedenken:

> „Kritik gehört zum Dasein der Kirche. Sie hat eine wichtige Aufgabe im Selbstreinigungsprozeß der Kirche, die ja unablässig den Weg der inneren Erneuerung gehen muß. Kritik hat es darum in der Kirche schon immer gegeben. Schon die Apostelgeschichte berichtet davon: Paulus kritisiert das Verhalten des Petrus ... Jesus selbst war ein großer Kritiker. Denn was kann Kritik in der Kirche anderes sein als Aufforderung zur Buße, zum Umdenken, zur Erneuerung und Veränderung?"[14]

Freilich tun sich Päpste und Bischöfe, die sich grundsätzlich positiv zur Kritik äußern, in der Praxis nicht selten schwer damit. Der gegenwärtige Papst erledigt mißliebige Themen wie das des Priesterzölibats oder der Ordination der Frauen einfach damit, daß er sich jede Diskussion darüber verbietet. Zu Pius XII. sagte einmal ein sehr hoher deutscher Prälat, wie ich aus direkter Quelle weiß: „Heiliger Vater, wenn ich Ihnen einen Rat geben darf ..." Der Papst fiel ihm ins Wort: „Wie, Sie wollen mir einen Rat geben?", stand auf und verließ den Raum. Und sein Privatsekretär, der Jesuit Leiber, erzählte uns einmal, es sei oft hoffnungslos, ja gefährlich, dem Papst zu widersprechen. In solchen Fällen lege er dann einfach gewisse Akten auf seinen Schreibtisch und bemerke dazu: „Heiliger Vater, vielleicht könnte das Sie auch noch interessieren." Ähnliche und schlimmere Vorfälle als von Pius XII. werden vom gegenwärtigen Papst berichtet.

Wir brauchen dringend Propheten!

Daß Amt und Institution der ständigen unabhängigen Kritik bedürfen, bestätigt die Geschichte Israels eindrücklich. Es kann kein Zufall sein, daß die Propheten erstmals zu dem Zeitpunkt auftreten, als sich alle geistliche und weltliche Macht in der Hand eines einzigen Mannes, des Königs David, zusammengeballt hat. David ist eine der größten Führergestalten der Weltgeschichte. Er schloß die auseinanderstrebenden Stämme Israels zu einer politischen Einheit zusammen, gab ihnen mit der Eroberung Jerusalems ein politisches, mit der Überführung der heiligen Lade von Kirjat Jearim in die Stadt aber auch ein religiöses Zentrum (2 Sam 5f). Daß damit der Ehrgeiz Davids nicht gesättigt war, daß er schließlich mit dem Bau eines Jahwetempels seinen Namen verewigen wollte, kann uns nicht verwundern.

Aber auch die Großen und selbst die Größten bedürfen des Korrektivs. So erhebt sich gegen Davids Vorhaben Widerspruch von einer Seite, mit der er nicht gerechnet hatte. Sich seinem Tempelbau zu widersetzen war ungefähr gleichbedeutend, wie wenn ein christlicher Charismatiker Papst Julius II. verboten hätte, den Petersdom zu bauen.

Eines Tages erscheint der Prophet *Natan* ungebeten vor dem König und erklärt ihm, Gott wolle von seinem Tempel nichts wissen. Es spricht für die Größe Davids, daß er sich widerspruchslos unterwirft (2 Sam 7). Noch schwerer dürfte ihm die Unterwerfung gefallen sein, als Natan ihm freimütig seinen Ehebruch mit Batseba und die Tötung ihres Mannes Urija vorhält (2 Sam 12). Es bedurfte zweifellos für Natan eines großen Mutes, dergestalt mit dem König ins Gericht zu gehen. Aber die Propheten reden zu den Mächtigsten mit der gleichen Offenheit wie mit ihresgleichen. Und David hat Natan seine Offenheit honoriert. Nicht nur beichtet er auf der Stelle seine Schuld. Er nimmt Natan auch seinen Freimut und seine Ehrlichkeit nicht übel. Im Verhältnis zwischen David und Natan hat sich nichts geändert. Natan bleibt weiterhin der vertraute Berater des Königs, und als es mit David zu Ende geht, wird Salomo ihm den Thron zu verdanken haben (1 Kön 1).

Nicht alle Könige haben das freie Wort der Propheten so demütig ertragen. Schlimm ergeht es dem Propheten *Micha ben Jimla*, der den König Achab von Israel davor warnt, den Feldzug gegen die Stadt Ramot in Gilead zu unternehmen. Viele gewinnsüchtige Propheten haben Achab Glück verheißen. Michas Bescheid aber lautet anders: „Siehe, Jahwe hat all deinen Propheten da einen Geist der Lüge in den Mund gelegt, weil Jahwe Unheil über dich beschlossen hat." Da spricht der König von Israel: „Nehmt diesen Mann, legt ihn in den Kerker und nährt ihn kärglich bei Wasser und Brot, bis ich wohlbehalten zurückkomme." Micha entgegnet: „Kommst du wirklich wohlbehalten zurück, so hat Jahwe nicht durch mich gesprochen." Und Achab findet im Kampf den Tod (1 Kön 22).

Das freie Wort wird von den Mächtigen selten ertragen. Als Prophetenschicksal gelten deshalb Anfeindung, Verfolgung, Schmach und Tod. Das ergreifende Beispiel dafür ist *Jeremia*, der in Jerusalem am Vorabend der Zerstörung der Stadt durch die Babylonier seine Stimme erhebt. Gegen abergläubische und devote Schwärmerei plädiert er für nüchterne Vernunft, und das heißt: Unterwerfung unter die babylonischen Eroberer. Dafür lassen ihn die judäischen Obersten in eine Zisterne werfen, in der er elend verhungert wäre, hätte nicht ein Neger unter den Hofleuten des Königs sich mutig für ihn eingesetzt und ihn befreit (Jer 38). Was Jeremia am meisten anficht, ist der Haß, den das Eintreten für die Wahrheit ihm einbringt. „Ich höre das Zischeln der Vielen: Zeigt ihn an! Wir wollen ihn anzeigen" (20,10). Und verzweifelt wendet er sich an seinen Gott: „Herr, du weißt, was sie planen, um mich zu töten" (18,23).

Die Propheten wenden sich gegen die weltliche wie gegen die geistliche Macht. Das Paradebeispiel eines Konflikts mit dem höheren Klerus ist der Prophet *Amos*. Der Oberpriester des Staatsheiligtums von Bet-El – heute würde man vielleicht sagen: der Primas – bedroht Amos mit Redeverbot und Landesverweis. Dieser aber läßt sich nicht mundtot machen. Er *muß* reden. „Jahwe", erklärt er, „hat mich von der Herde weggeholt, und Jahwe hat zu mir gesagt: Geh hin und rede als Prophet gegen mein Volk Israel" (Am 7,15).

Es fällt auf, daß die Propheten sich nie auf ein Amt oder eine Vollmacht berufen, die sich von menschlicher Einsetzung oder von einem geschichtlichen Anspruch herleitet. Ihre einzige Legitimation ist ein direkt und ohne Zeugen an sie ergangener Auftrag Gottes, der sich so überzeugend manifestiert, daß die Menschen ihn anerkennen müssen. Sie wissen sich erfüllt und geleitet vom *Geist Gottes*. Nicht ohne Grund werden sie mit Vorliebe *Gottesmänner* genannt. Freilich geht es ihnen schließlich nicht um *Gott*, sondern um den *Menschen*. Die Grundwerte und Menschenrechte, über die in unserer Gesellschaft zur Zeit intensiv diskutiert wird, sind ihnen eine längst bekannte

Größe. Daran messen sie das menschliche Verhalten. Erlaubt oder unerlaubt ist etwas nicht deshalb, weil es geboten oder verboten ist. Noch weniger ist etwas deshalb verbindlich, weil „man" es so macht, weil es immer so gemacht wurde, weil eine „bewährte" Tradition oder eine bestimmte Schicht der Gesellschaft es so will. Gut ist für die Propheten, was dem Leben dient, böse, was sich gegen das Leben richtet. Schon die Propheten bekennen sich zur Ethik Jesu: Die Gebote sind für den Menschen da und nicht der Mensch für die Gebote. Deshalb behaften die Propheten den Menschen bei seinem Gewissen und fordern von ihm eine persönliche Entscheidung. Diese Entscheidung kann niemand dem Menschen abnehmen, weder eine staatliche noch eine kirchliche Autorität.

Die Spannung zwischen Prophet und geistlicher Macht besteht bis zum heutigen Tag darin, daß die geistliche Macht meint, für ihre Untergebenen alle Entscheidungen treffen zu müssen. Damit gerät sie in den Verdacht, Machtinteressen zu betreiben. Der Prophet hingegen erwartet vom Menschen, daß er seine sittliche Entscheidung selbst trifft.

Die Propheten sind eine Erscheinung, die die Geschichte Israels von ungefähr 1000 bis 450 v. Chr. kennzeichnen. Sie treten mit der Monarchie auf und verschwinden wieder, nachdem auch das Königtum untergegangen ist. Sie waren nötig, solange die ganze Macht in der Hand eines einzigen Mannes lag. Denn es gibt nichts Gefährlicheres als die unumschränkte Alleinherrschaft. Der Münchener Kirchenhistoriker Ignaz Döllinger schrieb am Vorabend des 1. Vatikanischen Konzils 1869: „Die absolute Gewalt verdirbt den Menschen, dem sie zuteil wird. Ist diese Gewalt aber eine geistliche und beherrscht sie das Gewissen der Menschen, so ist die Gefahr der Selbstüberhebung um so größer."

Es muß uns zu denken geben, daß Gott in Israel über ein halbes Jahrtausend einzig dazu Menschen in seinen Dienst genommen hat, damit sie freimütig Kritik übten. Sie wußten, daß sie sich damit keine Freunde machten. Deshalb haben sie sich auch gegen die Prophetenberufung gesträubt. Für das mit Macht ausgestattete *Amt* finden sich immer genug Anwärter. Heute eine Pfarrstelle zu besetzen ist eine wahre Kunst. Wird aber ein Bischofsstuhl frei, so drängen sich, unter oft unwürdigen Ellbogenspielen, ein Dutzend Leute darum.

Wir wissen über das Endschicksal der einzelnen Propheten sehr wenig, aber nach jüdischer und christlicher Überlieferung starben sie alle eines gewaltsamen Todes. Jesus spielt darauf an, wenn er den Schriftgelehrten und Pharisäern entgegenhält: „Ihr schmückt die Gräber der Propheten und sagt: Hätten wir in den Tagen unserer Väter gelebt, wir hätten uns nicht am Blut der Propheten schuldig gemacht" (Mt 23,29–31; vgl. Apg 7,52). Weil es Prophetenschicksal ist, getötet zu werden, mußte auch der Prophet Johannes der Täufer sterben, mußte auch der Prophet Jesus sterben.

Das Prophetentum kam, wie wir sahen, im 5. Jahrhundert v. Chr. zum Versiegen. Um so erstaunlicher ist, daß die Prophetie mit dem Erscheinen Jesu zu neuem Leben erwachte. Die Zeit Jesu, die Zeit der Kirche, ist offenbar wieder *die Zeit der Propheten*. Schon Johannes der Täufer stellt sich dezidiert in die Reihe der alten Propheten. „Er predigte Umkehr zu Vergebung der Sünden", heißt es von ihm (Mk 1,4), Auszug aus dem Zwang des Herkommens und des Dahinlebens in die wahre Freiheit. Schließlich muß sich Johannes, wie einst Natan, in eine Frauengeschichte einmischen. Er wirft dem Landesherrn Herodes Philippus ein ungehöriges Verhältnis vor. Zwar nimmt nicht dieser, aber die betroffene Frau an ihm Rache. Herodes läßt ihn enthaupten, obwohl er als Prophet gilt (Mk 14,5).

Wenn aber *einer* sämtliche Gaben aller Propheten in sich vereinigt, dann *Jesus*. Er selbst sieht sich in dieser Rolle, wenn er in der Synagoge von Nazaret erklärt: „Ein Prophet ist nirgends verachtet als in seiner Vaterstadt"

(Mk 6,4), oder wenn er den Weg nach Jerusalem einschlägt, um dort zu sterben, weil „es nicht angeht, daß ein Prophet außerhalb Jerusalems umkomme" (Lk 13,33). „Ein großer Prophet ist unter uns aufgestanden" – so kommentiert das Volk die Zeichen, die Jesus wirkt (Lk 7,16). Indes erscheint bei Matthäus auch die ganze gläubige Gemeinde in der Rolle der verfolgten Propheten, wenn Jesus erklärt: „Selig seid ihr, wenn sie euch schmähen und verfolgen, denn ebenso haben sie die Propheten verfolgt" (Mt 5,11 f).

Grundübel monarchischer Strukturen

Nichts soll uns ferner liegen, als in Mißmut und Defaitismus zu machen. Es hieße aber auch Wasser in die Donau tragen, wollten wir in Breite ausführen, wie sehr der gegenwärtige Zustand der Kirche Anlaß gibt zu tiefer Besorgnis. Wie weit haben wir uns doch von der Freiheit entfernt, die Jesus uns bringen wollte und für die Paulus kämpfte bis aufs Blut, wenn er die Galater, bei denen fanatische Traditionalisten ihr Unwesen trieben, beschwört: *„Für die Freiheit hat uns Christus frei gemacht"* (Gal 5,1). Es ist keine gute Entwicklung, die da vor sich gegangen ist.

Für die frühchristlichen Theologen, etwa Irenäus von Lyon um 200, kommt der Kirche von Rom eine besondere Vorrangstellung zu (*„potentior principalitas"*; was der Ausdruck genau bedeutet, ist umstritten). Die Kirche von Rom ist die vornehmste der Kirchen, wobei zu beachten ist, daß nicht vom Bischof von Rom, sondern von der *Kirche* von Rom die Rede ist. Mit der Kirche von Rom sollen alle anderen Kirchen übereinstimmen („necesse est omnem consentire ecclesiam"). Der Kirche von Rom wird damit die Rolle einer einigenden Mitte unter allen Kirchen zugewiesen.

Welch himmelweiter Unterschied zum heutigen Kirchenbild, in dem der Papst in einsamer Höhe schwebt, nicht mehr *in* der Kirche steht, sondern *über* der Kirche, nicht mehr der Kirche *dient*, sondern über die Kirche *herrscht*. Dieses Herrschaftsamt ist ihm auf dem 1. Vatikanischen Konzil 1870 feierlich und dogmatisch zugesprochen worden: „Wenn jemand sagt" – so wurde von jener Kirchenversammlung beschlossen – „der römische Pontifex habe nur das Amt eines Aufsehers und Lenkers, nicht aber die *volle* und höchste Jurisdiktionsgewalt über die gesamte Kirche, und zwar nicht nur in Glaubens- und Sittensachen, sondern auch in Dingen der Zucht und Leitung der über den ganzen Erdkreis verbreiteten Kirche, oder er habe nur einen Hauptanteil, nicht aber die *gesamte Fülle* dieser Vollmacht, sowohl gegenüber allen Kirchen ausnahmslos als auch gegenüber allen Hirten und Gläubigen ausnahmslos: der sei im Banne."

Das Kollegium der Bischöfe, denen von Amtes wegen die Leitung der Kirche obläge und in welchem dem Bischof von Rom der Vorsitz zustünde, sieht sich hier zu bloßen Befehlsempfängern des Papstes degradiert, und es muß erstaunen, daß die Bischöfe sich das widerspruchslos gefallen lassen. Zwar hört man gelegentlich von einzelnen Bischöfen, die eine selbständige Amtsführung durchzuhalten versuchten, aber ebenso sicher erfährt man nach einigen Monaten oder Jahren, sie seien „aus Gesundheitsgründen" von ihrem Amt zurückgetreten. Freilich kann es dann auch einmal vorkommen, daß ein solcher Bischof nachträglich sein Schweigen bricht und damit die wahren Gründe seines Ausscheidens aus dem Amt offenbar werden.

Diese Konzentration der Macht in der Hand des Papstes bringt es unweigerlich mit sich, daß Entscheidungen, die an sich Sache der Bischöfe wären, dem Papst und seinem Apparat vorbehalten werden, was zu dem heute so bitter beklagten römischen Zentralismus und zur Aufblähung der vatikanischen Bürokratie führt. Das 2. Vatikanische Konzil hatte das Gegenteil gewollt und in einzelnen Belangen auch erreicht, etwa in der Ehegerichtsbarkeit. Zwar liegt im ganzen Ehegerichtswesen noch sehr vieles im argen. Aber immerhin können die Bischöfe heute über Gültigkeit oder Ungültigkeit einer Ehe in eigener Zuständigkeit befinden, während dies früher ein Reservat Roms war. Auf der anderen Seite hat Rom in jüngster Zeit Entscheidungen an sich gerissen, die nicht einsichtig zu machen sind, die sich vielmehr als eigentlicher Machtmißbrauch erweisen, zumal der Papst sich dabei über das von ihm selbst erlassene Kirchenrecht hinwegsetzt.

Ein Beispiel ist die Ernennung der Theologieprofessoren. Auf der ganzen Welt kann heute niemand mehr einen theologischen Lehrstuhl übernehmen, ohne daß Rom dazu seine Einwilligung gibt. Dafür wird jede Äußerung, die der (oder die) Betroffene bisher getan hat, und wäre es im letzten Pfarrblättchen, einer minutiösen Prüfung unterworfen, wobei besonders darauf geachtet wird, ob er/sie sich je in einem dem Papst widersprechenden Sinn zur Empfängnisverhütung oder zum geistlichen Amt der Frau geäußert habe. Die Nuntiaturen leisten hierbei beflissene Schützenhilfe. Das ganze zeitraubende Verfahren zeigt, welches Mißtrauen der Papst sogar den Bischöfen entgegenbringt, die er selbst ernannt hat. Er traut ihnen die Fähigkeit nicht zu, in eigener Instanz über die Rechtgläubigkeit eines Theologen zu befinden, der von den Hochschulgremien in einem objektiven Verfahren für die Übernahme eines Lehrstuhls qualifiziert wurde. Das römische Veto für eine Hochschule zieht automatisch die Ablehnung für eine andere Hochschule nach sich, was für den Betroffenen oder die Betroffene in der Regel das Ende jeder weiteren akademischen Laufbahn bedeutet. Gelegentlich handeln einzelne Bischöfe in vorauseilendem Gehorsam auch schon selbst. Für besonderes Aufsehen sorgten in jüngster Zeit die Ablehnung der Bibelwissenschaftlerin Silvia Schroer durch Bischof Walter Kasper von Rottenburg und der Liturgiewissenschaftlerin Teresa Berger durch „Rom".

Nur nebenbei sei bemerkt, wie viel Geld der ganze für diesen Zentralismus notwendige Beamtenstab kostet. Dabei wird im Vatikan immer wieder über Geldmangel geklagt, der über den sogenannten „Peterspfennig" ausgeglichen werden soll. Überdies steuern reiche Bischofskonferenzen wie die deutsche und die amerikanische Milliarden an den Finanzhaushalt des Vatikans bei. Würde der Apparat auf das wirklich Notwendige reduziert, könnten zwei

Drittel der Beschäftigten andere Arbeit finden, und das Geld würde ausreichen.

Wielange kann es sich die katholische Kirche noch leisten, eine absolute Monarchie zu sein?

Das Grundübel liegt in der *Struktur* der Kirche, wie sie vom 1. Vatikanischen Konzil 1870 geschaffen wurde. Heute, wo auf der Welt eine Diktatur nach der anderen stürzt, müssen wir uns fragen, wie lange es sich die katholische Kirche noch leisten kann, eine absolute Monarchie zu sein, in der ein einziger Mann über nahezu eine Milliarde Menschen gebietet. Es wird gegenwärtig immer lauter nach einem 3. Vatikanischen Konzil gerufen. Ein solches scheint mir aber nur dann Sinn zu haben, wenn es die Strukturen der Kirche in Angriff nimmt, das heißt, wenn es die Fehlkonstruktion korrigiert, die das 1. Vatikanische Konzil geschaffen und an der das 2. Vatikanum trotz gewisser Ansätze nicht gerüttelt hat. Bleibt es hingegen weiterhin dem Gutdünken *eines* Mannes überlassen, wie weit die Beschlüsse des Konzils in die Tat umgesetzt werden, könnte ich einem neuen Konzil wenig Sinn abgewinnen. So wird denn auch von einsichtigen Katholiken, Geistlichen wie „Laien", immer deutlicher gesehen, daß die Zukunft der Kirche in ihren (gewandelten) Strukturen liegt.[15]

Durch das diktatorische Gehaben Roms ist in der Kirche eine Atmosphäre der Angst, der Unfreiheit und vielfach auch der Unehrlichkeit entstanden. Man wagt nicht mehr, offen seine Meinung zu äußern. Der Druck von oben nimmt zu und wird bis in die letzte Pfarrei spürbar. Der Eindruck der Gläubigen, die Prediger verträten nicht ihre eigene Überzeugung, sondern die Lehre, die ihnen von „oben" vorgeschrieben wird und die sie im neuen „Katechismus der Katholischen Kirche" (1992) nachlesen können, wächst und kann für den Rückgang des Gottesdienstbesuches nicht unerheblich sein. Dabei rücken periphere

Fragen zu zentralen Größen auf. Über Jahre hinweg haben die deutschen Bischöfe mit Rom darüber verhandelt, ob Mädchen ministrieren dürfen (in anderen Ländern wurde dies kurzerhand praktiziert), und in regelmäßigen Abständen gaben sie der Hoffnung Ausdruck, man werde zu einem guten Ende kommen, bis endlich 1994 die „erlösende" Zustimmung Roms einging. Was soll die Welt von einer Kirche halten, die keine größeren Sorgen hat? Maßgeblich ist für amtskirchliche und traditionalistische Kreise nicht, was die Gläubigen zu einer Sache sagen, sondern was Rom sagt, und trotz vermehrter Mitwirkung von Diakonen, „Laien", Frauen in Gottesdienst und Seelsorge ist der Rückmarsch in die alte Kleruskirche unübersehbar.

Waren es früher eher die alten Geistlichen, die dazu neigten, eng zu denken, so ist es heute umgekehrt. Die in Kategorien von gestern und vorgestern denkenden Eiferer und Übereiferer findet man derzeit nicht selten gerade im jüngeren Klerus, so daß zum quantitativen Defizit des Priestermangels erschwerend noch ein qualitatives Defizit hinzukommt. An Interesse an der Theologie fehlt es in unserer Zeit nicht, im Gegenteil: Vorübergehend konnte man sogar von einem wahren Ansturm auf die theologischen Fakultäten sprechen. Aber höchstens zehn Prozent der Studierenden sind auch bereit, sich weihen zu lassen. Mindestens ein Drittel der Studierenden, an gewissen Hochschulen mehr als die Hälfte, sind Frauen, die nach dem zur Zeit geltenden Recht für die Priesterweihe von vornherein ausscheiden. Aber auch bei den Männern ist es nur eine kleine Minderheit, und es muß leider gesagt werden – gewiß, es gibt Ausnahmen, aber –, in der Regel sind es die weniger Begabten, die die Priesterweihe anstreben. Die Gefahr ist dann groß, daß die Bischöfe in den Anforderungen ein Auge zudrücken, um nicht diese Wenigen auch noch zu verlieren.

Ähnliches gilt übrigens von den zahlreichen Geistlichen, die in den letzten dreißig Jahren das Priesteramt verlassen haben. Man soll ja nicht glauben, es handele sich dabei um die „Dümmeren", wenn ich diesen Ausdruck überhaupt gebrauchen darf. Ich habe schon oft darüber gestaunt, welche schlummernden Fähigkeiten bei manchen von ihnen hernach zur Entfaltung kamen. Es ist völlig unbegreiflich, wie die Kirche auf die Dienste solcher wertvollen Menschen souverän verzichten und ihre Bereitschaft, im Amt zu bleiben, schnöde ignorieren kann. Für den gegenwärtigen Papst ist es besser, das Evangelium werde nicht verkündet, als es werde von einem Verheirateten verkündet. Das ändert nichts daran, daß man gleichzeitig das Hohelied auf die Erhabenheit des Ehestandes singt und diesen als die einzige legitime Möglichkeit hinstellt, Sexualität zu erfahren.

Es wäre verwunderlich, wenn solche und ähnliche Unstimmigkeiten spurlos an den Gläubigen vorübergingen. Freilich protestiert man im kirchlichen Raum anders als im politischen. Man geht nicht auf die Straße, man zieht lautlos aus. Der Auszug aus der Kirche hat heute Dimensionen angenommen, die man noch vor kurzem nicht für möglich gehalten hätte. Wir haben heute in der alten Bundesrepublik jährlich an die 100.000 Austritte aus der katholischen Kirche. In der gesamten Bundesrepublik werden für das Jahr 1992 gar 192.766 Austritte aus der katholischen Kirche verzeichnet.[16]

Sichtbar äußert sich dieser Auszug zunächst im Fernbleiben vom Gottesdienst. Wir wissen, daß der durchschnittliche Besuch des Sonntagsgottesdienstes weithin schon unter 20% gesunken ist. Kirchen, die vor kurzem noch voll waren, sind heute halbleer, obwohl die Zahl der Gottesdienste vermindert wurde. Während es lange schien, dieses Desinteresse betreffe nur die junge Generation – wo sieht man in Kirchen noch junge Leute? –, erfaßt es jetzt mehr und mehr auch die ältere Generation.

Die Krise bei den Jungen ist längst offenkundig. In einer vor wenigen Jahren vom pastoralsoziologischen Institut St. Gallen vorgelegten Erhebung wird berichtet, drei Viertel der befragten jungen Ehepaare verträten die Meinung, um dem Leben Sinn abzugewinnen, bräuchten sie die Kirche nicht, das sei ihre eigene Sache.[17] Eine überraschende Erscheinung unserer Tage scheint mir auch zu sein, daß Katholiken, die jahrzehntelang aktiv in der Kirche tätig waren, sich engagierten, in Gremien mitarbeiteten, von einem Tag auf den anderen das Handtuch werfen: „Jetzt reicht's mir, jetzt habe ich genug."

Daß der stille, aber um so alarmierendere Auszug aus der Kirche heute noch stärker die Frauen- als die Männerwelt erfaßt hat, ist bekannt. Die Frauen sind es satt, nur dafür gut zu sein, die Kirchen zu füllen, im übrigen aber in der Kirche nichts zu sagen zu haben. Leider wird in der Frage der Zulassung der Frauen zum kirchlichen Amt mit unsachlichen Argumenten operiert. Schon 1983 schärfte der gegenwärtige Papst den amerikanischen Bischöfen bei ihrem gemeinsamen ad-limina-Besuch in Rom nicht nur ein, dafür Sorge zu tragen, daß die kirchlichen Richtlinien zur Sexualmoral eingehalten würden, sondern überdies und vor allem, jede Bestrebung in Richtung Frauenordination streng zu unterbinden. Die Bischöfe müßten sich bemühen, „so überzeugend wie möglich zu erklären, daß die Lehre der Kirche über den Ausschluß der Frauen von der Priesterweihe weit entfernt von jeglicher Form von Diskriminierung sei und auf Christi eigener Auffassung vom Priestertum beruhe".[18]

Man ist überrascht, wie genau der Papst weiß, wie Christus sich das neutestamentliche Priestertum vorgestellt hat (sofern er an ein solches überhaupt dachte). Sein Hauptargument ist, bei der ersten Priesterweihe beim letzten Abendmahl seien nur Männer anwesend gewesen, und nur sie hätten von Christus die Vollmacht zur Feier der Eucharistie empfangen. Konsequenterweise müßte man folgern, daß nur Männer die Kommunion empfangen dürfen, weil Jesus sie nur Männern gereicht hat. Man müßte folgern, daß nur jüdische Männer Priester werden können, weil Jesus nur jüdische Männer geweiht hat. So kommt man von Absurdität zu Absurdität!

Johannes Paul II. hat seine Argumente mit dem Apostolischen Schreiben „Ordinatio sacerdotalis" vom 30. Mai 1994 bekräftigt. Dazu wäre vielerlei anzumerken, das hier nur angedeutet werden kann:

(1) Wenn Jesu Abendmahl ein jüdisches Paschamahl war, wie die Synoptiker – im Unterschied zu Johannes – voraussetzen, dann waren dabei todsicher auch Frauen anwesend. Die Teilnahme der Frauen am Sederabend, wie die Juden den Ablauf der Feier nennen, ist bis heute eine unerläßliche Selbstverständlichkeit.

(2) Wenn Jesus die Jünger beim Abendmahl zu Priestern geweiht und zur Feier der Eucharistie ermächtigt hätte, ist es unverständlich, warum sie, soweit die Quellen das hergeben, von dieser Vollmacht nie Gebrauch gemacht haben, ja daß sich ein amtliches Priestertum in der Kirche erst im Verlauf des 3. Jahrhunderts einbürgert. Von diesem Sachverhalt soll in einem eigenen Kapitel dieses Buches (S. 188–206) eingehender die Rede sein.

(3) Nach dem Zusammenbruch der kommunistischen Herrschaft in der Tschechoslowakei, unter der die Kirche auf das brutalste verfolgt worden war, wurden seit Ende 1989 immer mehr Einzelheiten über die Kirche des Schweigens bekannt, die während des Terrors im Untergrund wirkte. Nicht nur waren Laien, auch verheiratete, zu Bischöfen geweiht worden, sondern auch Frauen zu Priestern. Auf einem anderen Blatt steht freilich, daß Johannes Paul II., der als Erzbischof von Krakau viele geheime Weihen für die tschechische Untergrundkirche spendete, von den Geheimbischöfen, die unter härtesten Bedingungen ihr Leben aufs Spiel gesetzt hatten, bisher keinen in Rom empfangen hat.

Um zur Kirche zurückzukehren: Schließlich aber bleibt es, wie man weiß, in zunehmendem Maß nicht beim stillen Auszug aus der Kirche, es kommt auch zum förmlichen Kirchenaustritt. Von der Bundesrepublik war schon die Rede. In Österreich gingen im Anschluß an umstrittene Bischofsernennungen die Austritte in die Tausende; auch aus einzelnen Schweizer Städten werden alarmierende Zahlen gemeldet. In der Stadt Basel ging die Zahl der Katholiken innerhalb kurzer Zeit von 100.000 auf 50.000, also auf die Hälfte, zurück.

Der Pflichtzölibat

Daß sich der *Pflichtzölibat* der Priester in einer tiefen Krise befindet, ist allbekannt. Auch dieses Thema wird von der Amtskirche mit unsachlichen Argumenten angegangen. Der Pflichtzölibat geht auf ein Gesetz des 12. Jahrhunderts zurück. Man kann also nicht, wie der Papst es tut, behaupten, er beruhe auf apostolischer Überlieferung. Seit dem 12. Jahrhundert hat sich aber in der Gesellschaft ein umstürzender Wertewandel vollzogen. Auch ist die Welt viel größer und vielfältiger geworden. Es sind Völker zur Kirche hinzugekommen, die von ihrem kulturellen Erbe her dem Zölibat verständnislos gegenüberstehen.

Zu welch grotesken Situationen es dadurch kommen kann, zeigt etwa folgendes Beispiel: Bei seiner ersten Pastoralreise nach Brasilien vor 16 Jahren nahm Papst Johannes Paul II. dort eine Massenpriesterweihe vor, in der er in *einer* Handlung 72 Priester weihte. Es wurde gewiß erwartet, die vom Papst persönlich Geweihten würden sich besonders bewähren. Vier Jahre später, 1984, sandte der Papst den Kölner Erzbischof Kardinal Höffner zur Visitation nach Brasilien. Dieser mußte zu seinem Erschrecken feststellen, daß innerhalb der vier Jahre von den 72 Priestern 35 geheiratet hatten, also ziemlich genau die Hälfte. Der Kardinal mußte demnach die Erfahrung machen, daß das Zölibatsgesetz nicht nur in Europa und Nordamerika in Zweifel gezogen wird. Insgesamt haben von den 400.000 Priestern der gesamten Kirche in den letzten 25 Jahren 80.000 geheiratet, also jeder Fünfte. Mittlerweile liegen jedoch Tausende von Gesuchen um Entpflichtung vom Zölibat unbearbeitet auf den Schreibtischen des Vatikans. Gesuchsteller warten sogar jahrlang vergeblich auf eine Bestätigung des Eingangs ihres Schreibens.

Menschenrechte in der Kirche

Was die katholische Kirche zur Zeit vielleicht am meisten in Bedrängnis bringt, ist ihr Verhältnis zu den *Menschenrechten*, für die unsere Zeit sehr sensibel geworden ist. Zwar fordert der Papst auf seinen Reisen um die Welt immer wieder die Menschenrechte ein. Er denkt jedoch nicht daran, sie in der Kirche zu verwirklichen. Der Europarat in Straßburg zählt heute 30 Mitglieder. Nach Ungarn, Tschechoslowakei und Polen wurden 1992 Bulgarien, 1993 Estland, Litauen und Slowenien aufgenommen. Der Vatikan hingegen ist bis heute nicht Mitglied des Europarats. Denn Bedingung für den Beitritt ist die Unterzeichnung der Europäischen Menschenrechtskonvention von 1950. Diese hat der Vatikan bis heute nicht unterzeichnet, und er *kann* sie bei seiner gegenwärtigen Rechtspraxis auch nicht unterzeichnen.

Die Verletzungen der Menschenrechte, deren sich Rom schuldig macht, sind vielfältig. Ich muß mich auf drei Beispiele beschränken (Näheres dazu im Kapitel „Menschenrechte in der Kirche", S. 71–86):

(1) Ein Menschenrecht ist das *Recht der freien Meinungsäußerung*. „Das freie Wort in der Kirche" wird aber gegenwärtig in unwürdigster Weise behindert. Dadurch widerfährt auch der theologischen Forschung eine empfindliche Beeinträchtigung. Es ist heute für einen Theologen nicht mehr möglich, eine kühne These auch nur zur Debatte zu stellen, ohne Sanktionen zu riskieren. Die Wahrheit aber kann nur durch freie Diskussion der zuständigen Fachleute gefunden werden. Wer diese freie Diskussion behindert, hat Angst vor der Wahrheit.

(2) Ein Menschenrecht ist sodann die *Gleichstellung von Mann und Frau*. Jeder von uns weiß, daß die Frau in der katholischen Kirche nicht die gleichen Rechte hat wie der Mann. Die Europäische Menschenrechtskonvention hat von verschiedenen Staaten eine Änderung ihrer Verfassung gefordert. So hat, wie man weiß, die Schweiz mit der Einführung des Stimm- und Wahlrechts für die Frauen unge-

bührlich lange zugewartet. Hätte sie nicht schließlich 1971 ihre Verfassung entsprechend geändert, wäre sie nicht in den Europarat aufgenommen worden.

(3) Ein Menschenrecht ist das Recht auf *Sexualität*. Nach der herkömmlichen katholischen Sexualmoral, die auf Drängen des Papstes zur Zeit unerbittlicher denn je verteidigt wird, darf es Sexualität nur in der Ehe geben. Jede Form außerehelicher Sexualität gilt als schwer sündhaft. Damit wird – wir kommen darauf zurück (S. 130–142) – mehr als der Hälfte der Bevölkerung das Recht auf Sexualität abgesprochen.

Ein spannungsvoller, notwendiger Gegensatz

Als Gegengewicht gegen die absolute Herrschaft bedurfte das alte Israel, wie wir sahen, der *Stimme der Propheten*. Ebenso dringend bedarf ihrer heute die Kirche. Unsere Zeit scheint für das Prophetische in der Kirche wieder einen neuen Sinn bekommen zu haben. Man meint damit, daß die Kirche mehr denn je geisterfüllte Menschen benötige, die ohne Auftrag von seiten der Amtsträger und ohne offizielle Sendung, ja vielleicht sogar im Widerspruch zu den Amtsträgern, der Verkündigung und dem Leben der Kirche Impulse geben.

Statt von Propheten spricht man heute eher von *Charismatikern*, nach dem vom Neuen Testament, besonders von Paulus oft verwendeten griechischen Wort *charisma*, das eine von Gott in freiem Ermessen verliehene Gabe des Geistes zum Wohl und Aufbau der Gemeinde bedeutet. Wenn in der Kirche von Propheten oder Charismatikern gesprochen wird, schwingt, mehr oder weniger unausgesprochen, die Überzeugung mit, daß diese modernen Propheten – wenn wir sie nun einmal so nennen wollen – näher an der Botschaft Jesu sind und die Zeichen der Zeit besser erkennen als die Amtsträger. Die Propheten werden also in einem gewissen Gegensatz zur Amtskirche gesehen, einem spannungsvollen, aber heilsamen und notwendigen Gegensatz. Es wird vorausgesetzt, daß die Kirche als Institution zu viel mit Verwaltung beschäftigt ist, daß dadurch die Verkündigung zu kurz kommt, daß sie an Ursprünglichkeit und Frische einbüßt, daß sie stagniert, daß sie seelenlos geworden ist und der Wiederbelebung durch die Propheten bedarf. Kann sich diese Vorstellung auf die Schriften des Neuen Testaments berufen?

Diese bezeugen in der Tat, daß in der frühen Kirche die Propheten eine Selbstverständlichkeit waren. Sie werden mehrmals neben den *Aposteln*, den (mit den „Zwölf" nicht identischen) Glaubensboten und Gemeindeleitern genannt. Unter den sieben Geistesgaben, die in der Kirche wirksam sind, nennt Paulus im Römerbrief (12,6) an erster Stelle die *Prophetie*, freilich nicht ohne sich dabei auf sein *apostolisches* Amt zu berufen (V.3). Der Epheserbrief weist den Propheten die gleiche fundamentale Rolle zu wie den Aposteln, wenn er die Gemeinde ermahnt: „Ihr seid auferbaut auf dem Grund der Apostel und Propheten" (2,20). Ebenso werden unter den fünf Diensten und Ämtern, die die Kirche von Ephesus kennt: Apostel, Propheten, Evangelisten, Hirten und Lehrer, die Propheten als erste *nach* den Aposteln, genannt (4,11). In Korinth finden wir drei Gruppen von Diensten; Paulus schreibt in seinem ersten Brief an die Korinther: „Gott hat erstens die einen in der Kirche zu Aposteln bestimmt, zweitens andere zu Propheten, drittens andere zu Lehrern" (12,18) – erstens, zweitens, drittens.

Gewiß nahmen die Apostel eine herausragende Stellung ein. Dennoch nennt Paulus neben ihnen als den Gemeindeleitern in einem Atem Propheten und Lehrer. Wir ersehen daraus, wie fern Paulus der Gedanke lag, die Apostel seien *allein* für das Lehramt zuständig, wie es heute jene für sich in Anspruch nehmen, die sich Nachfolger der Apostel nennen. Das Amt des Propheten und Lehrers, sagen wir ruhig: des Theologen, existierte in der frühesten Kirche offenbar gleichberechtigt neben dem des Gemeindevorstehers. So blieb es auch das ganze Mittelalter hindurch bis in die Neuzeit. Daß die Kirchenleiter, die Bischöfe und der

Papst, das exklusive Recht des Lehramtes und gar des unfehlbaren Lehramtes für sich beanspruchen, ist eine relativ späte Fehlentwicklung.

Aber noch eine andere Erscheinung muß registriert werden. Es wiederholte sich auch in der christlichen Kirche, was sich bereits in der israelitisch-jüdischen Gemeinde ereignet hatte: Die Prophetie starb aus. So wie sie in Israel zum Erlöschen kam, so kam sie auch in der Kirche zum Erlöschen. Und wie dies in Israel zur Erstarrung führte, so führte es auch in der Kirche zur Erstarrung. Im 2. Jahrhundert war die Prophetie noch in voller Blüte. In der sog. „Lehre der Zwölf Apostel", auch „Didache" genannt, werden als Gemeindeämter an *erster* Stelle die *Propheten* aufgezählt, *dann* die Lehrer, *dann* die Bischöfe und Diakone. Wir lesen dort: „Wählt euch Bischöfe und Diakone, des Herrn würdig, milde Männer, frei von Geldgier, wahrhaftig und erprobt. Denn auch sie leisten euch den Dienst von Propheten und Lehrern. Achtet sie nicht gering. Denn sie sind eure Geehrten samt den Propheten und Lehrern" (15,1).

Die Bischöfe und Diakone kommen demnach zu den Propheten und Lehrern noch hinzu, und es ergeht die Mahnung, die Bischöfe nicht geringer zu achten als die Theologen. Offenbar kam das vor und bestand dazu Anlaß. Immer wieder aber stoßen wir auch auf Hinweise, daß mit der Prophetie Mißbrauch getrieben wurde, daß es auch falsche Propheten gab. Nach der Didache erkennt man die wahren und die falschen Propheten an ihrem Lebenswandel, je nachdem, ob sie das, was sie lehren, auch selber tun oder nicht. Vielleicht hat der offenbar häufige Mißbrauch der Prophetie dazu geführt, daß sie im Verlauf des 3. Jahrhunderts ausstarb.

Heute sind wir daran, uns auf die Vielfalt von Diensten zurückzubesinnen, die für die Frühkirche bezeugt sind. Im katholischen Raum versucht man vor allem, das Diakonat wieder zu erwecken, das in den Kirchen der Reformation schon lange seinen festen Platz hat. Beiden Kirchen aber ist wohl gemeinsam, daß sie sich – angesichts der Verfestigung von Amt und Verwaltung – wieder auf das prophetische Wesen der Kirche besinnen. Mehr und mehr setzt sich die Erkenntnis durch, daß die einseitige Betonung des Amtes zu einer Verarmung, ja Bürokratisierung der Kirchen führt, und daß sie der Impulse von Männern und Frauen bedarf, die der Kirche als Geistträger außerhalb des Dienstweges geschenkt werden. Denn die Kirchengeschichte lehrt, daß die Erneuerung der Kirche nie von oben, sondern immer von unten ausging, oft im Gegensatz zum Amt, und daß sie der Kirchenleitung gelegentlich regelrecht abgetrotzt werden mußte. Im katholischen Raum wäre hier etwa an die liturgische Erneuerung oder an die ökumenische Arbeit zu erinnern. Je und je sind der Kirche prophetische Männer und Frauen geschenkt worden, die eine Wende herbeigeführt haben, auch wenn sie den Namen Propheten nicht trugen.

Was hindert uns, etwa in Benedikt von Nursia einen Propheten zu sehen? Sicher war Franz von Assisi ein Prophet, sicher seine Freundin Klara eine Prophetin, sicher Katharina von Siena, aber auch Hildegard von Bingen, Bruder Klaus, Jeanne d'Arc. Auch Träger des geistlichen Amtes können Propheten sein, wie Johannes XXIII. Damit sind wir schon in der Gegenwart. Warum nicht in Teilhard de Chardin einen Propheten sehen, in Romano Guardini, in Otto Karrer, in Hans Urs von Balthasar, in Befreiuungstheologen wie Leonardo Boff, protestantischerseits in Sören Kierkegaard, in Dietrich Bonhoeffer, in Roger Schutz – um diese paar Namen zu nennen, die für viele andere stehen. Soll es aber nur im christlichen Raum Propheten geben und nicht vor allem in jenem Volk, das uns die ersten Propheten geschenkt hat? War Martin Buber nicht ein Prophet? Vielleicht auf seine Weise sogar der Atheist Ernst Bloch. – In singulärer Weise wird die Rolle des Propheten oft von Dichtern wahrgenommen. In seinen Notizen „Zärtlichkeit und Schmerz" schreibt Kurt Marti: „Vielleicht hält Gott sich einige Dichter, damit das Reden von ihm jene heilige Unberechenbarkeit bewahre, die den Priestern und Theologen abhanden gekommen ist."

Jedenfalls sollen wir uns hüten, die Gabe des Geistes auf die Amtsträger einzugrenzen. Davon ist der Bibel nichts bekannt. Nach der Lehre des Neuen Testaments sind alle Gläubigen „Geistliche" (vgl. 1 Kor 12,7.13; 1 Petr 2,5). Auf zwei Trägern ruht die Kirche: auf den Aposteln *und* auf den Propheten – „Ihr seid auferbaut auf dem Fundament der Apostel und Propheten" (Eph 2,20). Es ist wichtig, daß wir dieses Schriftwort wieder ernst nehmen. Daß die Kirche eine apostolische Kirche sei, daß sie die Lehre der Apostel verkünde und verkünden müsse, das wird uns fast bis zur Ermüdung gesagt. Die Propheten aber hat man vergessen. Und doch wird die Kirche von zweien getragen: von den Aposteln *und* von den Propheten, und sie ist *nur dann* die Kirche der Apostel, wenn sie auch die Kirche der Propheten ist.

Wovon hat uns Jesus erlöst?

Biblische Überraschungen

Die amtliche Lehre der Kirche findet bei den Menschen unserer Zeit immer weniger Verständnis. Ihre Sprache wird nicht mehr verstanden. Sie entspricht nicht der Wirklichkeit, in der wir leben.

„Meine Sünden haben dich geschlagen"?

Zu den Lehrstücken, die in eine schwere Krise geraten sind, gehört vor allem die Rede von der *Erlösung*. Der heutige Mensch weiß nicht mehr, was er mit der Aussage anfangen soll, er sei erlöst, oder Jesus habe die Welt erlöst. Er fragt spontan, *wovon* wir denn erlöst sind, und ob beim Blick in die Welt von Erlösung etwas sichtbar sei, ob sich der Lauf der Welt und das Verhalten der Menschen durch Christus grundlegend gewandelt habe. „Welt ging verloren, Christ ward geboren", so oder ähnlich singen wir es in unseren Kirchenliedern.

Ratlos stehen wir dann freilich vor der Frage, warum Christus so spät kam, wenn die Menschen ohne ihn vor Gott nicht bestehen können. So lange man noch mit biblischen Zahlen rechnete und das Alter der Menschen von Adam bis Christus auf 4000 Jahre ansetzte, war das noch leichter einsichtig zu machen. Was sind schon 4000 Jahre! Durch die paläontologische Forschung ist jedoch das Alter der Menschheit sprunghaft angewachsen und wird heute bereits auf vier Millionen Jahre veranschlagt. Vier Millionen Jahre Menschheit ohne den heilsnotwendigen Christus!

Ein wichtiges Element in diesem System ist, daß zwischen Gott und der Menschheit, die durch eigene Schuld in Sünde gefallen war, ein *Kriegszustand* herrschte, der erst durch den Tod Jesu am Kreuz aufgehoben wurde. Er hat den Zorn Gottes, der auf der Menschheit lastete, besänftigt; er hat zwischen Gott und der Menschheit Frieden gestiftet; er hat die Menschen mit Gott versöhnt oder eben: *erlöst*.

Nach dieser Vorstellung wäre die Welt rettungslos verloren gewesen, wenn Christus nicht gestorben wäre. Die Kirchenlieder sind bekannt. Im Lied „Christi Blut und Gerechtigkeit" bekennt die evangelische Gemeinde:

> Gelobet seist du, Jesus Christ,
> daß du ein Mensch geboren bist,
> und hast für mich und alle Welt
> bezahlt ein ewig Lösegeld.

Es ist ein beliebtes und geläufiges Thema christlicher Bußpredigt, daß nicht die römischen Soldaten, sondern unsere Sünden Jesus gekreuzigt haben und daß wir ihn durch jede Sünde, die wir begehen, aufs neue ans Kreuz schlagen. Auch diese Vorstellung spricht sich in unseren Passionsliedern aus (es genügt, den Namen Paul Gerhardt zu nennen):

> Nun Herr, was du erduldet,
> ist alles meine Last.
> Ich habe es selbst verschuldet,
> was du getragen hast.

Oder nehmen wir das Lied 180 „Herzliebster Jesus" im „Gotteslob":

> Was ist doch wohl die Ursache solcher Plagen?
> Ach, meine Sünden haben dich geschlagen.
> Ich, mein Herr Jesus, habe dies verschuldet,
> was du erduldet.

Dabei muß uns freilich zu denken geben, daß im ältesten *Glaubensbekenntnis*, das wir eben wegen seines Alters (2. Jahrhundert) das *apostolische* nennen, das Wort Erlösung nicht vorkommt. Dort werden lediglich ein paar geschichtliche Fakten aufgezählt. Wir bekennen von Jesus Christus, er sei empfangen durch den Heiligen Geist, er sei geboren von der Jungfrau Maria, er habe gelitten unter Pontius Pilatus, er sei gekreuzigt worden, gestorben, begraben worden und am dritten Tag auferstanden von den Toten. Daß Menschwerdung, Tod und Auferstehung Jesu zu unserer *Erlösung* geschehen seien, wird nicht gesagt.

Das Glaubensbekenntnis der alten Konzilien von Nikaia und Konstantinopel (4. Jahrhundert) ist etwas ausführlicher. Dort heißt es:

> „Er (Jesus Christus) ist *wegen uns Menschen* und *wegen unseres Heiles* (propter nos homines et propter nostram salutem) vom Himmel herabgestiegen. ... Er ist sogar gekreuzigt worden *für uns* (pro nobis) unter Pontius Pilatus, hat gelitten und ist begraben worden."

Hier bekennt also die alte Kirche ausdrücklich, daß Jesus *zu unserem Heil* Mensch wurde, litt, starb und auferstand. Aber das Wort „Erlösung" kommt auch hier nicht vor.

Unser verändertes Glaubensbewußtsein

Noch schwieriger wird es, wenn wir nicht nur fragen, *ob* Jesus uns erlöst habe, sondern *wovon* er uns erlöst habe. Die Antworten, die darauf gegeben werden, haben wir in hundert Predigten gehört: Jesus hat uns von der Sünde erlöst, er hat uns vom Bösen erlöst, er hat uns von der Herrschaft des Teufels erlöst, er hat uns vom Tod erlöst, er hat uns von der ewigen Verdammnis erlöst. So steht es ja auch im großen Katechismus Martin Luthers: „Nachdem wir geschaffen waren und Gutes aller Art von Gott dem Vater empfangen hatten, kam der Teufel und brachte uns in Ungehorsam, Sünde, Tod und alles Unglück, daß wir in Gottes Zorn und Ungnade lagen, zu ewiger Verdammnis verurteilt. ... Da war kein Rat, keine Hilfe und kein Trost, bis sich dieser einzige und ewige Gottessohn unseres Jammers und Elends aus grundloser Güte erbarmte und vom Himmel kam, um uns zu helfen ... So sind denn jene Tyrannen und Kerkermeister alle vertrieben, und an ihre Stelle ist Jesus Christus getreten als ein Herr des Lebens, der Gerechtigkeit, alles Guten und aller Seligkeit." So weit Martin Luther.

Je mehr wir uns aber Mühe geben, über solche Antworten nachzudenken, um so fragwürdiger müssen sie uns erscheinen. Wie steht es mit der Versicherung, Jesus habe alle Tyrannen und alle Kerkermeister vertrieben? Sind Ungehorsam, Sünde und Tod nicht in der Welt wie eh und je? Und wenn Jesus Teufel und ewige Verdammnis vertrieben hat, warum warnt denn die kirchliche Verkündigung weiterhin vor ihnen?

Daß wir heute nicht mehr so schlicht glauben können wie Augustinus und Luther und noch unsere Großeltern, kommt nicht daher, daß wir weniger fromm sind, weniger demütig, daß wir uns aufgeklärter und gescheiter vorkommen. Unser verändertes Glaubensbewußtsein hat vielmehr drei sehr ernst zu nehmende Ursachen.

(1) Die erste ist unser *gewandeltes Weltbild.* Wir können auch in unserem Glaubensleben von den gesicherten Einsichten in die Beschaffenheit dieser Welt nicht absehen, sonst müßten wir in einer permanenten Schizophrenie leben. So wissen wir heute mit Sicherheit, daß die Erschaffung des Menschen nicht so vor sich ging, wie sie in der Bibel dargestellt wird, wonach Gott eines Tages einen ersten Mann und eine erste Frau erschaffen hätte, aus deren Verbindung die ganze Menschheit hervorgegangen wäre. Wir wissen, daß die gesamte irdische Schöpfung unter dem Gesetz der Evolution steht, die vor mehr als vier Milliarden Jahren einsetzte und vor vielleicht vier Millionen Jahren in das Wesen ausmündete, das wir „Mensch" nennen. Wie aber die vorzeitlichen Funde uns zeigen, können wir wiederum nicht einfach von „dem Menschen" sprechen, denn auch die Gattung Mensch hat einen Entwicklungsprozeß durchgemacht, der sicher mit der heutigen Form des Men-

schen noch nicht zum Abschluß gekommen ist. Auf gar keinen Fall hat sich die Hominisation nur in *einem* Paar vollzogen, sondern in ganzen Verbänden, weshalb es unmöglich ist, von *dem* ersten Menschen zu sprechen, von *der* ersten Sünde, die *dieser* erste Mensch beging und durch die er das ganze Menschengeschlecht ins Unglück gestürzt hätte.

(2) Wir haben aber heute gegenüber früher nicht nur bessere Einsichten in die Verfaßtheit der *Welt*, sondern auch in die Verfaßtheit des *Menschen*. Sowohl die Erkenntnisse über die Evolution wie die der Humanwissenschaften – Medizin, Anthropologie, Soziologie, Psychologie – haben erwiesen, daß der Mensch von seiner Verfaßtheit her ein unvollkommenes Wesen ist. Nicht nur die physische, auch die moralische Schwachheit, somit auch die Sünde gehören zu seiner Natur. Und da Jesus die Natur des Menschen nicht verändert hat, konnte er ihn auch nicht von der Sünde *„erlösen“*, er konnte und wollte die Sünde nicht aus der Welt schaffen. Der heutige Mensch ist, auch *nach* Christus, noch der gleiche, der er von Anfang an war.

(3) Die Veränderung des Glaubensbewußtseins hat aber noch eine dritte Ursache. Die biblischen Schriftsteller hatten nicht nur ein anderes *Weltbild*, sie hatten nicht nur ein anderes *Menschenbild*, sie hatten auch ein anderes *Gottesbild*, nämlich das Gottesbild des damaligen Judentums. Diesem Gottesbild wußten sich auch Jesus und die neutestamentlichen Schriftsteller verpflichtet. Wenn Jesus uns zum Beispiel beten heißt: „Vater unser im Himmel", so setzt dies die Vorstellung voraus, daß Gott im Himmel wohnt, daß er im Himmel seine Wohnung hat. Wir können diese Vorstellung nicht mehr übernehmen. *Wir* wissen, daß Gott im ganzen Weltall wohnt, daß er auf dieser Erde wohnt, daß er vor allem im Herzen der Menschen wohnt, die an ihn glauben.

Teufel, Sünde, Tod – biblische Vergewisserung

Wenn wir also zur Aussage zurückkehren, Jesus habe uns vom Bösen, von Sünde, Tod, Teufel und ewiger Verdammnis erlöst, so müssen wir zunächst einmal prüfen, ob solche Aussagen sich auf die Bibel berufen können. Wenn ja, müssen wir immer noch damit rechnen, daß sie in der Bibel zeitgebundene antike und jüdische Vorstellungen widerspiegeln.

(1) Beginnen wir mit dem *Teufel*, von dessen Herrschaft Jesus uns erlöst haben soll. Der Teufel ist ursprünglich eine jüdische Vorstellung. Weil man im Judentum zur Zeit Jesu die Verursachung des Bösen weder Gott noch dem Menschen anlasten wollte, suchte man dafür einen Sündenbock, eben den Teufel. Diese Anschauung ist in die Schriften des Neuen Testaments eingegangen, und während sie im Judentum nur ein kurzes Dasein fristete, wurde sie durch die christliche Verkündigung zementiert. Freilich zeigt sich Jesus selbst äußerst zurückhaltend, ja wir haben Grund zur Annahme, er habe das Wort Teufel nie in den Mund genommen. In der Tat ist der Teufel zur Erklärung des Bösen absolut ungeeignet. Nach herkömmlicher Lehre ist ja der Teufel ein gefallener Engel. Und von den Engeln lehren die Theologen, sie hätten einen helleren Verstand und einen stärkeren Willen als wir Menschen. Wenn wir schwache Menschen das Böse durch den Einfluß des Teufels tun, so wird es unbegreiflich, wie die Engel mit ihrem helleren Verstand und ihrem stärkeren Willen dazu kamen, das Böse zu tun, ohne von einem Teufel versucht zu werden. Überdies sahen wir soeben, daß das Böse bereits in der Verfaßtheit des Menschen angelegt ist.

Vor allem aber wird im Neuen Testament nirgendwo dem Tod Jesu die Wirkung zugeschrieben, uns von der Herrschaft des Teufels zu befreien. Das Johannes-Evangelium läßt Jesus freilich im Hinblick auf seinen Tod sagen: „Jetzt wird der Herrscher dieser Welt hinausgeworfen" (12,31), womit im dualistischen Weltbild dieses Evangeliums nur der Teufel gemeint sein kann.[19] In unserer Sprache heißt das: Die Botschaft, für die Jesus in den Tod geht, bedeutet das Ende einer widergöttlichen Knechtschaft und den Anbruch einer neuen Freiheit.

(2) Als zweites hören wir, Jesus habe uns von der Herrschaft der *Sünde* befreit. Wir kennen dazu zahlreiche Bibelstellen. So wird Josef, der Vater Jesu, im Traum angewiesen: „Du sollst ihm den Namen Jesus (Rettung) geben, denn er wird sein Volk erretten von seinen Sünden" (Mt 1,21). Ein unvoreingenommener Blick in die Welt belehrt uns jedoch, daß darin auch durch das Kommen Jesu die Sünde nicht weniger geworden ist. Und es sind nicht nur die „anderen", die sündigen. Auch die Jünger und Jüngerinnen Jesu sündigen, und damit hat Jesus offenbar auch gerechnet, wenn er sie im Herrengebet den Vater täglich bitten läßt: „Vergib uns unsere Schuld!" Und nicht ohne Grund beginnt die christliche Gemeinde ihren Gottesdienst mit der Bitte um Vergebung.

Nicht nur für die moderne Anthropologie gehört die moralische Hinfälligkeit des Menschen zu seiner Natur. Auch der Bibel ist die Vorstellung einer Welt, in der es das Böse nicht gibt, völlig fremd. Die christliche Verkündigung hat uns zu lange das Bild eines Gottes gezeichnet, der eine Welt ohne Böses und einen Menschen ohne Sünde geplant hatte und der eines Tages enttäuscht feststellt, daß der Mensch sündigt. Wenn Gott allwissend ist, wie wir glauben, dann muß er dies ja im voraus gewußt haben. Wenn er also zu diesem Menschen, von dem er wußte, daß er sündigen würde, ja sagte, dann hat er ein für allemal zu allem Bösen in der Welt ja gesagt.

Die Bibel gibt uns denn auch unmißverständlich zu verstehen, daß die Sünde zum Menschen gehört. Schon die Paradieserzählung (Gen 2f) macht dies deutlich. Mit dem Menschen ist sofort auch die Sünde da. Die erste Tat, die die Bibel vom Menschen erzählt, ist, daß er sündigt. Seit Augustinus wird in der christlichen Theologie gelehrt, die sogenannte böse Begierde, die den Menschen zur Sünde verleitet, sei eine Folge der Adamssünde. Durch sie sei der Mensch aus dem Gleichgewicht geworfen worden. Diese Vorstellung spielt auch bei Luther eine große Rolle. Sie steht jedoch in offenem Widerspruch zur biblischen Erzählung. Von der Frau wird gesagt, sie habe den Baum *begehrenswert* gefunden und von seiner Frucht gegessen. Die *Begierde* ist somit nicht die *Folge*, sondern die *Voraussetzung* der Sünde. Mit anderen Worten: Begierde und Sünde gehören zum Menschen. Sie werden in der Welt sein, solange es Menschen gibt. Sie sind auch durch Jesus nicht aus der Welt geschafft worden.

Dagegen wird nun eingewendet: Gewiß, die Sünde ist in der Welt geblieben und bleibt in der Welt. Weil aber Christus am Kreuz gestorben ist, *verzeiht* uns Gott die Sünde. Das heißt: Jesus hat uns nicht von der Sünde befreit, uns aber das *göttliche Verzeihen* zugewendet. In diesem Sinn hat er uns von der Sünde erlöst. Hat aber Gott den Menschen nicht schon *vor* dem Tod Jesu die Sünden verziehen? Als David nach seinem Ehebruch reuig bekennt: „Ich habe vor Jahwe gesündigt", bekommt er vom Propheten Natan die Zusage: „So hat dir denn Jahwe deine Sünde vergeben" (2 Sam 12,13). Und wenn der Beter von Psalm 51 zu Gott schreit: „Sei mir gnädig, mein Gott! In deiner großen Barmherzigkeit tilge meine Schuld!", hat ihm da Gott nicht verziehen? Hat er ihm die kalte Schulter gezeigt? Hat er ihm geantwortet: Warte noch 500 Jahre, bis mein Sohn am Kreuz gestorben ist?

Die Theologen, die immer eine Antwort finden, sagen dann: Gewiß, Gott hat ihm sofort verziehen, aber nur, weil er den Tod seines Sohnes schon voraussah – eine Erklärung, die uns schwerlich befriedigen kann. Ist denn Gott so grausam und unversöhnlich, daß er nur verzeiht, wenn zuvor sein Sohn geschlachtet wird? Ist das nicht ein gräßliches Gottesbild, von dem wir uns mit Schauder abwenden müssen?

(3) Jesus hat uns danach nicht vom Teufel erlöst, nicht vom Bösen und nicht von der Sünde. Wovon also? Vom *Tod*, wird

weiter gesagt. Daß damit nicht der leibliche Tod gemeint sein kann, erleben wir Tag für Tag. Aus einer evolutiven Welt ist der Tod nicht wegzudenken. Evolution besteht ja darin, daß die Schöpfung ständig Neues hervorbringt. Neues aber kann nur dort entstehen, wo Altes zurückgelassen wird. Also kann mit dem Tod, von dem Jesus uns erlöst haben soll, nur der *ewige* Tod gemeint sein. Ohne die Tat Jesu würden wir nach Ablauf dieses Lebens im ewigen Tod versinken. Aber ist es denkbar, daß Gott, der das *Leben ist*, uns dieses Leben gab, um es im ewigen Tod enden zu lassen?

Das gleiche gilt von der ewigen *Verdammnis*, von der Jesus uns erlöst haben soll. Das würde praktisch bedeuten, daß ohne den Tod Jesu alle Menschen in die Hölle kämen, wie wir es vorhin bei Luther gehört haben. Ist es aber glaubhaft, daß Gott die Menschen erschaffen hat, um sie hernach zu verdammen? Und wenn Gott, wie wir sahen, eine Welt geschaffen hat, in der es das Böse geben *muß*, wenn es an der gottgewollten Verfaßtheit des Menschen liegt, daß er nicht frei von Sünde leben kann, wäre dann Gott nicht ungerecht, wenn er ihn für seine unvermeidlichen Sünden mit der ewigen Verdammnis bestrafen würde? So steht denn auch die Lehre von der Hölle und der ewigen Verdammnis auf sehr schwachen biblischen Füßen.

„Sollen sprechen die Erlösten“ – Alttestamentlicher Rückblick

Wir sehen, wie vorsichtig wir mit der Rede umgehen müssen, Jesus habe uns *erlöst.* Wie kommen wir aber dabei mit der Bibel zurecht? Zu unserem Erstaunen finden wir, daß das *Alte Testament* viel mehr von Erlösung spricht als das Neue Testament. „Jahwe, mein Fels und mein Erlöser", so redet der Fromme im Gebet seinen Gott an (Ps 19,25). Der Fels ist in der Bibel Symbol für Festigkeit, Sicherheit, Zuflucht, Geborgenheit. Die parallel dazu stehende Bezeichnung „Erlöser" muß somit in die gleiche Richtung weisen.

Die hebräische Vokabel für „Erlöser" ist *go'el.* Es ist ein Begriff aus der israelitischen Rechtssprache. Ein *go'el* ist, wer die Pflicht des nächsten Verwandten gegenüber einem Glied seiner Familie oder seiner Sippe wahrnimmt. Er hat die in fremden Besitz übergegangenen Güter zurückzukaufen und vor allem die Familie vor dem Aussterben zu bewahren, indem er die kinderlose Frau seines nächsten Verwandten heiratet. Wir kennen diese Szene aus der Rut-Novelle, in der Boas gegenüber Rut als *go'el,* als „Löser" auftritt.

Nun war die Vorstellung einer *Verwandtschaft* des Menschen mit Gott für die alten semitischen Religionen typisch. Dies zeigen die zahlreichen Personennamen, in denen Gott *Vater* (hebr. *ab*: Abraham, Abimelech, Abschalom u. a.), *Bruder* (*ach*: Achiram, Achinoam) oder *Onkel* (*am*: Amminadab, Amram) genannt wird. Als Verwandter nimmt Jahwe gegenüber dem einzelnen, vor allem aber seinem Volk die Rolle des *go'el,* des „Lösers", wahr. Freilich verblaßt dabei der ursprüngliche Bezug zum Loskauf oder Rückkauf und weicht dem erweiterten Sinn von *Lösung, Befreiung.* Mit seinem „Ich weiß, daß mein Erlöser lebt" – von Händel unübertrefflich vertont – spricht Ijob das Vertrauen aus, Gott werde ihm im Rechtsstreit als rettender und befreiender Anwalt beistehen. Der in schwerster Krankheit vor dem Tod Bewahrte preist Jahwe, „der mein Leben aus der Grube erlöst" (Ps 103,4).

Vor allem aber ist Jahwe der *go'el* Israels aus der Knechtschaft Ägyptens und Babyloniens. Diese Befreiung wird episch erzählt, prophetisch verkündet, hymnisch besungen: „Ich erlöse dich mit ausgerecktem Arm" (Ex 6,6); „fürchte dich nicht, ich erlöse dich" (Jes 43,1). Weil Deuterojesajas Predigt nur um diese Erlösung kreist, wird für ihn „Erlöser" zum bevorzugten Titel Jahwes (Jes 41,14 u. a.), dem die „Erlösten" nur immer danken können (Ps 107,1f: „Danket dem Herrn, denn er ist gut – so sollen sprechen die Erlösten"). Erlösung ist für das alte Israel etwas Innerweltliches: Befreiung aus politischer Knechtschaft und persönlicher Todesnot durch den rettenden Gott.

Erlösung, Erlöser – Neutestamentliche Überraschungen

Nach dieser Freigebigkeit, mit der das Alte Testament mit den Worten „Erlöser" und „erlösen" umgeht, sind wir um so mehr überrascht, daß das Wort „erlösen" im *Neuen Testament* kaum vorkommt.

Mit Hilfe einer deutschen Bibelkonkordanz kann man feststellen, daß sich das Zeitwort „erlösen" im Neuen Testament ganze fünfmal findet. Diese Zahl verringert sich noch dadurch, daß in unseren Bibelübersetzungen da und dort das Wort „erlösen" gebraucht wird, wo im griechischen Text, streng genommen, ein anderes Wort steht. Das bekannteste Beispiel ist das Herrengebet, wo wir bitten: „Erlöse uns von dem Bösen", wo es aber buchstäblich heißt: „Errette, bewahre uns vor dem Bösen". Noch überraschender ist, daß Jesus im Neuen Testament nie *Erlöser* genannt wird. Jesus als „Erlöser" ist somit kein Thema, das für das Neue Testament von Bedeutung wäre.

Wir müssen somit versuchen, auf einem anderen Weg weiterzukommen, indem wir fragen: Wie hat Jesus selbst sich und seine Aufgabe verstanden? Wozu wußte er sich gesandt? Wie hat er sich selbst dazu geäußert? Wir finden in den Evangelien eine ganze Reihe von Selbstaussagen Jesu, die immer mit der Formel beginnen: „Ich bin gekommen, um ..." oder „Ich bin nicht gekommen, um ..." Sie sind für unser Thema von wegweisender Bedeutung. Es sind vor allem die folgenden: „Ich bin nicht gekommen, Gesetz und Propheten aufzulösen, sondern sie zu erfüllen" (Mt 5,17). „Ich bin nicht gekommen, Gerechte zu berufen, sondern Sünder" (Mk 2,17; Mt 9,13). „Ich bin nicht gekommen, Frieden zu bringen, sondern das Schwert" (Mt 10,34). „Ich bin gekommen, *Feuer* auf die Erde zu werfen" (Lk 12,49). „Der Sohn des Menschen ist gekommen, das Verlorene zu suchen und zu retten" (Lk 19,10). „Der Sohn des Menschen ist nicht gekommen, um bedient zu werden, sondern um zu dienen und sein Leben als Lösegeld zu geben für viele" (Mt 20,28; Mk 10,45). „Ich bin gekommen, damit sie das Leben haben und es in Fülle haben" (Joh 10,10). „Ich bin als Licht in die Welt gekommen" (Joh 12,46). „Ich bin nicht gekommen, die Welt zu richten, sondern sie zu retten" (Joh 12,47). „Dazu bin ich in die Welt gekommen, um für die Wahrheit zu zeugen" (Joh 18,37).

In diesen zehn „Ich bin gekommen"-Worten ist nur in *einem* von „Erlösung" die Rede, jenem, in dem Jesus sagt, er sei nicht gekommen, um sich bedienen zu lassen, sondern um zu dienen und sein Leben hinzugeben als *Lösegeld* für viele. Hierher gehört auch Jesu Einsetzungswort über den Becher beim Abendmahl: „Das ist mein Blut des Bundes, das für viele vergossen wird" (Mk 14,24). „Viele" bedeutet im Sprachgebrauch der Bibel sehr oft „alle". Demnach bezeichnet Jesus sein Leben als den entscheidenden Dienst, den er den Menschen erweist, und als Kaufpreis, mit dem er ganz Israel, aber auch die ganze Menschheit freikauft. Der Tod Jesu erwirkt den Menschen die *Freiheit*. Um diese Freiheit geht es im Grund auch in allen anderen „Ich bin gekommen"-Worten. Wenn Jesus sagt: „Ich bin gekommen, das Verlorene zu suchen und zu retten", „Ich bin als *Licht* gekommen", „Ich bin gekommen, um für die *Wahrheit* zu zeugen", „Ich bin gekommen, damit sie das *Leben* haben", „Ich bin gekommen, um *Feuer* zu bringen" – Feuer, Licht, Wahrheit, Leben – Leben im Licht der Wahrheit, Leben im Feuer des Geistes: Was ist das anderes als Leben in einer unerhörten Freiheit? *Erlöstsein* heißt nichts anderes als *frei sein.*

Welche Freiheit hat doch Jesus an den Tag gelegt, nicht erst an Ostern, vielmehr schon während seines ganzen Lebens! Gewiß, auch er hatte seine Pflichten, auch für ihn gab es Dinge, die er tun *mußte.* Auch er mußte sich den vielfältigen Anforderungen stellen, die das religiöse und gesellschaftliche Leben seiner Zeit und seines Volkes mit sich brachten. Auch Jesus *mußte* freundlich und höflich sein, er *mußte* am Sabbat in die Synagoge gehen, er *mußte* zu den hohen Feiertagen nach Jerusalem wallfahren, er *mußte* sein tägliches Brot verdienen, er *mußte* sich kleiden, wie es Sitte war, und er war auffallend gut gekleidet (vgl. Joh 19,23 f), er *mußte* Steuern zahlen. Die Freiheit liegt nicht darin, daß wir keine Pflichten haben. Das menschliche Zusammenleben setzt der persönlichen Freiheit des einzelnen notwendig Grenzen. Umgekehrt aber gewährleistet gerade die Orientierung am Wohl des Menschen die wahre Freiheit.

Von dieser Freiheit legte Jesus auf Schritt und Tritt Zeugnis ab, weil es ihm um nichts anderes ging als um den Menschen. Immer wieder verblüffte er seine Freunde und ärgerte er seine Gegner durch die Freiheit und Unbefangenheit, die er gegenüber den Sabbatvorschriften einnahm, gegenüber den Speisegesetzen, gegenüber den Kranken, gegenüber den Frauen, gegenüber den Sündern und Dirnen, gegenüber dem Geld. Diese Freiheit artete bei ihm jedoch nie in Zügellosigkeit aus. Sie ging vielmehr Hand in Hand mit einer absoluten sittlichen Treue und Reinheit, so weit, daß er seine erbittertsten Gegner bedenkenlos fragen durfte: „Wer von euch kann mich einer Sünde bezichtigen?" (Joh 8,46).

Das Jesusbild, das uns die Evangelien zeichnen, ist das des widersprüchlichsten Menschen, der sich denken läßt: eines Menschen, der sich *nichts* erlauben und sich doch *alles* erlauben konnte. Deshalb ging damals ein so tiefes Aufatmen durch das jüdische Land: nicht weil Jesus Kranke heilte – das tat er zwar auch –, sondern weil er das Beispiel eines wahrhaft *freien* Menschen gab: eines Menschen, der frei *war* und frei *machte.*

Zur Freiheit gerufen – Erlösung in ganzheitlicher Sicht

Vielleicht beginnen wir jetzt zu begreifen, was Erlösung ist. *Erlösen* hat ja mit *Lösen* zu tun: lösen von Fesseln, lösen von Bindungen, lösen von Zwängen, die nicht Gott uns auferlegt, die vielmehr Menschen uns auferlegen: andere

Menschen und vor allem wir selber. Nichts hat Jesus so verpönt wie dieses: Menschengebote an die Stelle des Willens Gottes zu setzen (Mt 15). Nicht ohne Grund halten die Gegner der christlichen Religion den Christen immer wieder vor, sie sähen so wenig *erlöst* aus. Statt *erlöst* könnten wir auch sagen *gelöst*, oder eben *frei*. Es ist einzuräumen, daß auch die Kirchen ihren Gläubigen diese Freiheit nicht immer leicht gemacht hat, daß periphere Dinge ungebührlich ins Zentrum gerückt wurden, daß das Leben der Gläubigen auf dem Gebiet des Gottesdienstes, der Sakramente, der Glaubenslehre, der Kirchenordnung, der Sexualität durch überflüssige Gesetze, Vorschriften und Dogmen geregelt und eingeengt wurde.

Freiheit ist ein Wort, das unsere Zeit versteht, Erlösung ein Wort, das sie nicht versteht. In der Tat plädieren die namhaftesten Bibliker und Systematiker beider Konfessionen dafür, daß für das Neue Testament und besonders für Paulus Erlösung und Freiheit austauschbare Begriffe sind. Paulus faßt die Situation des erlösten Christen in die Formel: „Für die Freiheit hat uns Christus frei gemacht" (Gal 5,1), „ihr seid zur Freiheit berufen worden" (Gal 5,13).

Die Bestimmung des Menschen zur Freiheit durchzieht die ganze Bibel. Schon auf ihrer ersten Seite lesen wir, Gott sei mit sich zu Rate gegangen und habe dann den Menschen als *sein Bild* erschaffen. Die Fachwissenschaft hat viel darüber gemutmaßt, worin diese Bildhaftigkeit Gottes im Menschen bestehe, die *ratio imaginis*. Die vorgebrachten Vorschläge sind hier nicht aufzuzählen. Sie reichen bis zur These, es sei der aufrechte Gang des Menschen, der ihn Gott ähnlich mache. In Wirklichkeit liegt die Antwort nicht fern. Denn gleich anschließend an die Aussage, Gott habe den Menschen als sein Bild erschaffen, wird dem Menschen im Schöpfungsbericht das freie Schalten und Walten in der Schöpfung übertragen (Gen 1,28). Es ist die *Freiheit*, die den Menschen zum Bild Gottes macht. Unter allen Geschöpfen kann er allein frei wählen und frei entscheiden, wie Gott frei wählt und frei entscheidet.

Im Unterschied zu Gott kann freilich der Mensch seine

Freiheit auch mißbrauchen. Deshalb haben Philosophen wie Hegel vom „gefährlichen Geschenk der Freiheit" gesprochen. Für den *richtigen* Gebrauch der Freiheit verwendet die Bibel das Wort *Wahrheit.* „Wahrheit" ist für den biblischen Menschen weniger eine Sache des Verstandes als des Willens und des Tuns. Deshalb redet das Johannesevangelium vom „Tun" der Wahrheit: „Wer die Wahrheit tut, kommt zum Licht" (Joh 3,21), das heißt: Wer richtig handelt, kommt zum Licht.

So verstehen wir auch, warum in der Bibel Wahrheit und Freiheit so nahe beieinander liegen. Wir denken hier vor allem an das Jesuswort bei Johannes: *„Die Wahrheit wird euch frei machen"* (8,32). „Wahrheit" ist hier nicht eine Lehre im dogmatischen Sinn. Es ist vielmehr das richtige Handeln, ein Tun, das mit der Wirklichkeit übereinstimmt. Der einzelne Mensch wird nur frei, wenn er „wahr" ist, wenn er sich und seine Wirklichkeit: seine Fähigkeiten, seine Grenzen, seine Schwierigkeiten, seine Lebensumstände akzeptiert und danach handelt. Wer an der Hand Jesu zu dieser Freiheit hinfindet, darf sich von ihm *erlöst* wissen.

Aber noch ein weiterer zentraler neutestamentlicher Begriff ist mit Freiheit austauschbar: der Begriff *Rechtfertigung.* Auch ihn kann der Mensch von heute nicht mehr verstehen. Er muß und kann ihm durch den Begriff *Freiheit* verständlich gemacht werden. Es ist kein Zufall, daß Paulus seine Darlegungen über die Rechtfertigung aus dem Glauben im Römerbrief ausmünden läßt in die Zusage, alles Geschaffene werde *befreit* werden von der Knechtschaft des Verderbens zur *Freiheit* der Herrlichkeit der Kinder Gottes (Röm 8,21).

Vor allem ist Freiheit nicht ein äußerer Zustand, sondern eine *innere Haltung.* Sie besteht darin, daß wir uns nicht von den Dingen beherrschen lassen, von Pflichten und Terminen, daß wir vielmehr *sie* beherrschen. Selbst in totaler äußerer Unfreiheit kann ein Mensch sich wunderbar frei fühlen. Das haben uns nicht nur die Märtyrer der Frühzeit, sondern ebenso die Märtyrer unserer Zeit gezeigt, etwa ein Dietrich Bonhoeffer oder ein Alfred Delp. Dieser schrieb kurz vor seiner Hinrichtung aus dem Gefängnis in Tegel (mit gefesselten Händen!): „Noch nie habe ich mich so frei gefühlt", und in einem anderen Brief: *„Einen schönen Raum der inneren Freiheit hat mich Gott gewinnen lassen."* Ja, Freiheit ist geradezu das Leitmotiv aller Schriften Delps.

Damit ist uns nun wohl auch ein Zweifaches klar geworden:

(1) Wenn Erlösung *Ruf in die Freiheit* ist, dann ist es eine zu enge Sicht, die Erlösungstat Jesu nur in seinem Tod und in seiner Auferstehung zu sehen. Das ganze Leben Jesu, seine Predigt, sein Beispiel waren Erlösung, die dann gewiß in seinem Tod und seiner Auferweckung ihre Vollendung und Besiegelung fand.

(2) Erlösung ist nicht ein Geschehen, das allein schon dadurch, daß es sich ereignet, die Welt verändert hat. Wir sind nur erlöst, insofern wir uns erlösen *lassen,* insofern wir Jesu Ruf in die Freiheit *hören,* insofern wir uns seinen Geist *zu eigen machen* und in seiner Nachfolge den Weg in die Freiheit *gehen.*

„Wo der *Geist* des Herrn ist, da ist *Freiheit*", verkündet der Apostel Paulus (2 Kor 3,17). Wer Jesu *Geist* gewinnt, der gewinnt seine *Freiheit,* und wer seine Freiheit gewinnt, der ist *erlöst.*

Wozu starb Jesus am Kreuz?

Wie verstand er selber seinen Tod?

Ist der Halbmond das Symbol des Islam und der Davidstern oder der siebenarmige Leuchter das Symbol des Judentums, so ist unbestritten das *Kreuz* das Symbol des Christentums. Wo immer in einer völlig unchristlichen Umgebung ein Gebäude mit einem Kreuz gekennzeichnet ist, etwa in Kairo oder in Jerusalem, weiß man sofort, daß man es mit einer christlichen Einrichtung zu tun hat.

Dürfen wir daraus ableiten, das Kreuz sei die bestimmende Mitte des christlichen Glaubens? Für den Apostel Paulus gibt es darüber keinen Zweifel. Paulus faßt das ganze Evangelium in das eine Wort KREUZ zusammen. Rückblickend auf sein Wirken in der Stadt Korinth schreibt er der Gemeinde: „Ich hatte beschlossen, bei euch nichts anderes zu wissen als Christus, und diesen als Gekreuzigten" (1 Kor 2,2). Obwohl Paulus von manchen anderen Dingen gesprochen und geschrieben hat, reduziert sich für ihn doch die ganze christliche Predigt auf das Thema KREUZ. Es ist bemerkenswert, daß Paulus (und auch die deuteropaulinischen Briefe) nicht allgemein vom Tod Jesu (oder vom Blut Jesu) spricht, sondern mit besonderem Nachdruck vom Kreuz und vom Gekreuzigten. Damit wird nicht nur das ungewöhnliche Ausmaß des Leidens und der Erniedrigung hervorgehoben, mit der Jesus seinen Tod starb. Der Tod Jesu am Kreuz bedeutet vor allem, daß dem Jünger zugemutet wird, einem Meister zu folgen, der den Tod eines Verbrechers starb, eines Ausgestoßenen, eines nicht nur von den Menschen, sondern von Gott Verworfenen und Geächteten.

Wir müssen uns vergegenwärtigen, welch eine Belastung dies für eine junge Religion bedeutete, die ihre Glaubensboten zur Missionierung aussandte und in der antiken Welt um Gefolgschaft werben mußte. Wir heute haben uns nach zweitausend Jahren christlicher Geschichte an den Anblick des Kreuzes gewöhnt, sind davon sogar abgestumpft. Das Kreuz ist zum Schmuckstück geworden. Es ziert in Gold den Hals der Dame, mit Diamanten besetzt die Brust von Bischöfen und Prälaten. Bestenfalls gilt es uns als Symbol der Liebe, des Leidens, der Hoffnung, des Sieges. Die *Schande* des Kreuzes empfinden wir nicht mehr. Gerade diese Schande aber war für die alte Welt, für Juden und Heiden, das große Ärgernis. Hatten die Juden schon Mühe, einen *leidenden* Messias zu akzeptieren, so war ein *gekreuzigter* für sie unannehmbar.

> „Wir predigen Christus, den Gekreuzigten, den Juden ein *Ärgernis*, den Heiden eine *Torheit*", schreibt Paulus an die Gemeinde von Korinth (1 Kor 1,23).

Für die Juden ist das Kreuz ein *Ärgernis*, ein *skándalon* – so lautet das griechische Wort: ein *Skandal*. Richtiger als mit „Ärgernis" würden wir das Wort *skándalon* übersetzen mit *Anstoß*, Stein des Anstoßes, Hindernis: Es *hindert* die Juden daran, an Christus zu glauben. Für die Heiden wiederum ist das Kreuz eine *Torheit*. Unter Torheit verstand man in der damaligen griechischen Welt etwas, was gegen den Anstand verstieß: In Gegenwart anständiger Menschen darf man das Wort Kreuz überhaupt nicht in den Mund nehmen.

Paulus läßt sich von solcher Verpönung des Kreuzes nicht beirren, noch fällt es ihm ein, das Kreuz abzuschwächen, es in weiche Watte zu verpacken: Nein – das Kreuz, für die Juden ein Ärgernis, für die Heiden eine Torheit, ist *für die Berufenen Gottes Kraft und Gottes Weisheit*, also der von Gott gesetzte Weg zum Heil. „Er erniedrigte sich selbst und ward gehorsam bis in den Tod, ja bis in den Tod am Kreuz" – so belehrt Paulus die Gemeinde zu Philippi (Phil 2,8). Dieser berühmte Christushymnus des Philipperbriefs stammt nicht von Paulus selbst; es ist ein altchristliches Kirchenlied, das Paulus zitiert bis zur Stelle „bis in den Tod". Die Worte „ja bis in den Tod am Kreuz" hat Paulus eigenhändig noch hinzugefügt. So wichtig war es ihm festzuhalten, daß Jesus nicht irgendeinen Tod gestorben ist, sondern den Tod des *Kreuzes.*

Welchen *Sinn* hat nun aber der Kreuzestod Jesu in den Augen des Apostels Paulus? Wir finden bei ihm darüber mehrdeutige Aussagen. Am vertrautesten ist uns wohl jene aus dem 15. Kapitel des 1. Korintherbriefes, der großen Katechese, die er der Gemeinde von Korinth über die Auferstehung erteilt:

> „Ich habe euch überliefert, was auch ich empfangen habe: *daß Christus gestorben ist für unsere Sünden* nach den Schriften, und daß er begraben wurde, und daß er auferweckt wurde am dritten Tag nach den Schriften" (1 Kor 15,3f).

Auch hier formuliert also Paulus nicht selbst, er beruft sich vielmehr darauf, es sei ihm so überliefert worden.

Woher diese Überlieferung stammt, ist nicht schwer zu erraten. Denn sie nimmt zweimal Bezug auf die „Schriften", das heißt auf das Alte Testament. Die Aussage „Er ist gestorben *für unsere Sünden*" enthält eine Anspielung auf das Lied vom Gottesknecht Jesaja 53, wo es heißt: „Er ward durchbohrt um unserer Sünden willen" (53,5). Wir haben es also mit einer Deutung des Todes Jesu zu tun, die aus judenchristlichen Kreisen stammt und in der, im Sinne alttestamentlicher Denkformen, der Tod Jesu als *Sühnopfer* verstanden wurde. Ähnlich lautende Aussagen, wiederum auf judenchristliche Überlieferung zurückgehend, finden wir im Römerbrief, wo Paulus sagt, Jesus sei von Gott *„um unserer Übertretungen willen dahingegeben worden"* (4,25), und wo er den Preis der Liebe Gottes singt, die keine Grenzen kennt:

„Hat er doch seinen eigenen Sohn nicht verschont, sondern ihn für uns alle *dahingegeben*: wie sollte er uns *mit ihm* nicht auch alles schenken?" (8,32).

Hier erscheint der Tod Jesu als Erweis der nie enttäuschenden *Liebe* Gottes:

„Ist Gott für uns, wer kann dann wider uns sein?", so erläutert Paulus sich selbst (8,31).

Noch einmal eine neue Sicht bringt eine dritte Reihe von paulinischen Texten, in denen der Tod Jesu als *Selbsthingabe* dargestellt wird, die Jesus aus Liebe vollzog. Wir finden sie im Galaterbrief (1,4; 2,20) und im 2. Korintherbrief (5,14):

„Er hat sich um unserer Sünden willen *dahingegeben*, um uns aus der gegenwärtigen bösen Welt zu erretten" (Gal 1,4);
„Ich lebe im Glauben an den Sohn Gottes, der mich geliebt und sich für mich dahingegeben hat" (Gal 2,20);
„Die Liebe Christi drängt uns, da wir erkannt haben: Einer ist für alle gestorben, also sind alle gestorben" (2 Kor 5,14).

Jesus hat, das will der Apostel sagen, das Sterben auf sich genommen, nicht um uns Menschen das Sterben zu ersparen, sondern um uns alle in den Weg seines Sterbens hineinzunehmen. Er ist nicht „statt uns" gestorben, sondern ist uns den Weg des Sterbens vorangegangen, damit wir ihm darin nachfolgen. Auf diesen Gedanken kommt Paulus immer wieder zurück.

Der Tod Jesu hat nicht in sich selbst schon die Welt und die Menschen verändert; er hat nur in dem Maße Wert, als die Menschen sich ihn aneignen im Glauben und im Gehorsam. „Das Kreuz hilft niemandem, der das Wort vom Kreuz nicht hört und nicht darauf seinen Glauben gründet" (Ernst Käsemann). So ist für Paulus der Gläubige der in seiner ganzen Existenz vom Kreuz Gezeichnete. „Ferne sei es von mir, mich zu rühmen, außer im Kreuz unseres

Herrn Jesus Christus, durch das mir die Welt gekreuzigt ist und ich der Welt", schreibt Paulus den Galatern (Gal 6,14), und wiederum der Gemeinde von Korinth: „Allezeit tragen wir die Tötung Jesu an unserem Leibe herum, damit auch das Leben Jesu an unserem sterblichen Fleisch offenbar werde" (2 Kor 4,10). Ja, Paulus erkühnt sich sogar zu sagen: „Ich trage die Wundmale Jesu an meinem Leib" (Gal 6,17).

So finden in der Verkündigung des Apostels Paulus Tod und Kreuz Jesu eine unerhört reiche, vielfältige und die ganze Existenz des Christen umgreifende Sinngebung. Aber, so mögen wir nun fragen: Hat Paulus Jesus richtig verstanden? Wie hat *Jesus selbst* von seinem Tod gedacht und gesprochen? Welche Deutung hat *er* ihm gegeben?

Wie hat Jesus selber seinen Tod verstanden?

Wir werden uns dabei zunächst mit Vorzug an das älteste Evangelium, das des Markus, halten. Nachdem die frohe Botschaft von Jesus schon 30 Jahre im römischen Reich verkündet worden war, hat sie in diesem Evangelium ihren ersten schriftlichen Ausdruck gefunden, um auf eine neue Weise die Menschen anzusprechen und für die Sache Jesu zu gewinnen. Was sagt Jesus in diesem Evangelium über seinen Tod?

Dreimal kündet Jesus sein bevorstehendes Leiden an, aber er tut es nie, ohne daran eine Aufforderung zur *Nachfolge* anzuschließen. Den *ersten* Text finden wir im 8. Kapitel bei Markus im Anschluß an die Szene von Cäsarea Philippi, wo erzählt wird: „Er fing an, sie zu lehren, der Sohn des Menschen müsse viel leiden und von den Ältesten und den Hohenpriestern und Schriftgelehrten verworfen werden und getötet werden, und nach drei Tagen müsse er auferstehen. Und er redete das Wort frei heraus." Petrus versucht, Jesus von diesem Vorhaben abzuhalten, wird aber von Jesus scharf zurechtgewiesen, und dieser fährt fort:

„Wenn jemand mit mir gehen will, verleugne er sich selbst und nehme sein Kreuz auf sich und folge mir nach. Denn wer sein Leben retten will, der wird es verlieren; wer aber sein Leben verliert um meinetwillen und um des Evangeliums willen, der wird es retten" (8,34f).

Eine merkwürdige Umwertung der Werte wird hier von Jesus vorgenommen: Sein Leben retten heißt: es verlieren; sein Leben verlieren heißt: es retten. Der Tod Jesu schafft ganz neue Gesetze.

Diese Umwertung der Werte nimmt Jesus auch im Anschluß an seine *zweite* Leidensweissagung vor. Unter den Jüngern war ein Streit ausgebrochen, wer von ihnen der Größte sei (9,34). Jesus ruft sie zusammen und läßt sie wissen: „Wenn jemand der erste sein will, so sei er der Letzte und der Diener von allen" (9,35). Deutlich spielt Jesus hier auf sein eigenes Beispiel und auf seine Nachfolge an. Noch stärker wird dieses Gesetz der Nachfolge im Zusammenhang mit der *dritten* Leidensweissagung betont:

„Ihr wißt, daß die, welche als Fürsten der Völker gelten, sie knechten und ihre Großen über sie Gewalt üben. Unter euch aber ist es nicht so, sondern wer unter euch groß sein will, sei euer Diener, und wer unter euch der erste sein will, sei der Knecht aller. Denn auch der Menschensohn ist nicht gekommen, um bedient zu werden, sondern um zu dienen und sein Leben als Lösegeld zu geben für viele" (10,42–45).

Wie für Paulus, so gehören also auch für Markus Jesu Tod und seine Nachfolge unlöslich zusammen. Simon von Zyrene, der gezwungen wird, Jesus das Kreuz nachzutragen, steht exemplarisch für die Gemeinde, die darin ihren Weg erkennen soll. Damit hat das Leiden, mit dem sich das Judentum so schwer tat, für den Jünger Jesu ein für allemal seinen klaren und tiefen Sinn.

Wir müssen aber bei dem letzten Jesuswort noch ein wenig innehalten: „Der Menschensohn ist nicht gekommen, um bedient zu werden, sondern um zu dienen und sein Leben hinzugeben als Lösegeld für viele" (10,45). Zwar sagt Jesus *nicht*, er gebe sein Leben *für unsere Sünden*, aber doch, er gebe es als *Lösegeld*. Demnach hätte Jesus schon, als er dieses Wort sprach, mit seinem gewaltsamen Tod gerechnet. Hat er ihn vielleicht sogar bewußt provoziert? Oder lief sein Leben aufgrund einer fatalen Zwangsläufigkeit darauf zu? Die Evangelien lassen erkennen, daß Jesus vom Anfang seines Auftretens an mit der herrschenden Lehre und Praxis in Konflikt geriet. So setzte er sich über die geltenden Reinheitsvorschriften und Sabbatgebote hinweg und suchte bewußt den Umgang mit den Menschen, die von den Frommen gemieden wurden. „Seht, ein Fresser und Säufer, ein Freund von Zöllnern und Sündern", hieß es von ihm (Lk 7,34). Es konnte Jesus nicht verborgen bleiben, welcher Gefahr er sich damit aussetzte.

Überdies verstand sich Jesus als *Prophet*, und zum Schicksal eines Propheten gehörte der gewaltsame Tod. Somit mußte auch Jesus für sich mit einem solchen rechnen. Darauf deutet seine verhüllte Aussage bei Lukas hin:

> „Heute und morgen muß ich wandern, und am dritten Tag werde ich vollendet. Denn es geht nicht an, daß ein Prophet außerhalb Jerusalems umkomme" (13,33).

Dennoch geht Jesus der sich verdichtenden Gefahr nicht aus dem Weg, er ändert sein Verhalten nicht, im Gegenteil: Er scheint den gewaltsamen Tod geradezu herauszufordern. Freiwillig tritt er den Weg nach Jerusalem an, obwohl er sich des damit verbundenen Risikos bewußt sein muß. Durch die Tempelreinigung beschleunigt er vollends den Ablauf der Ereignisse und liefert seinen Gegnern den willkommenen Anlaß zu seiner Festnahme. Jesus hat den Konflikt gesucht. Er gibt uns das Beispiel dafür, daß es unter Umständen geboten sein kann, einen Konflikt vom Zaun zu brechen.

Von daher werden wir sagen müssen: Jesus hat seinen Tod zwar nicht gewollt, aber doch bewußt in Kauf genommen. Konnte er dies aber tun, ohne in diesem Tod einen Sinn zu sehen? Und: *welchen Sinn*?

(1) Ohne Blutvergießen keine Vergebung?

Damit müssen wir zum Jesuswort zurückkehren, er sei gekommen, um sein Leben hinzugeben als Lösegeld für viele (Mk 10,45; Mt 20,28). Das hier verwendete griechische Wort *lytron* bezeichnet das Lösegeld für den Loskauf von Kriegsgefangenen oder Sklaven oder auch das Ersatzgeld für einen zum Tod Verurteilten. Somit wird der Tod Jesu mit einer Geldmünze verglichen, mit der die Menschen aus der Gefangenschaft der Sünde und von der Todesstrafe losgekauft werden. In die gleiche Richtung weist das Kelchwort im Einsetzungsbericht des Abendmahls bei Matthäus: „Das ist mein Blut des Bundes, das für viele vergossen wird zur Vergebung der Sünden" (26,28). Im Evangelium wird also klar die Überzeugung ausgesprochen, daß Jesu Tod den Charakter eines Freikaufs und eines Sühnopfers hat.

Wir müssen uns dabei aber vor Augen halten, daß nach damaligem jüdischen Verständnis Gott sein Verzeihen von einer Ersatzleistung, einem Sühnopfer, abhängig macht. Daß Gott einfach spontan und ohne eine Gegenleistung verzeihen kann, lag zur Zeit Jesu jüdischem Denken fern. Deshalb spielte im Kult des Jerusalemer Tempels das Sündopfer oder Bußopfer eine bevorzugte Rolle, das für freiwillig begangene Sünden dargebracht werden mußte. Je nach der Stellung des Opfernden war das Opfertier ein Stier oder ein Schafbock. Dabei wurde dem *Blut* des Tieres eine besondere sühnende Kraft zugeschrieben: Es wurde gegen den Vorhang des Tempels gesprengt, die Hörner des Räucheraltars wurden damit eingerieben, der Rest wurde am Fuß des Brandopferaltars ausgegossen. Wir können uns leicht vorstellen, wie stark diese Opferbräuche das jüdische Denken prägten: *Ohne Blutvergießen keine Vergebung!* Deshalb wird zum Beispiel in der Ijob-Erzählung am Verhalten Ijobs lobend hervorgehoben, er habe jedesmal, nachdem seine Söhne und Töchter miteinander ein frohes Mal gehalten hätten, am anderen Morgen Gott Opfer dargebracht, weil er befürchtet habe, seine Kinder könnten sich beim Essen und Trinken versündigt haben (Ijob 1,4f).

Gerade in dieser Hinsicht hat aber Jesus durch seine Predigt vom himmlischen Vater mit den herkömmlichen jüdischen Vorstellungen gebrochen. Denken wir an das Gleichnis vom verlorenen Sohn, dem der Vater bei seiner reuigen Heimkehr bedingungslos verzeiht, *ohne* eine Gegenleistung zu fordern. „Mein Sohn, deine Sünden sind dir vergeben", spricht Jesus selbst zum Gelähmten, den man vor ihn schleppt, damit er ihn heile (Mk 2,5). Von der Sünderin, die seine Füße mit ihren Tränen netzt und mit ihren Haaren trocknet, sie salbt und küßt, erklärt er: „Ihre vielen Sünden sind ihr vergeben, weil sie viel geliebt hat" (Lk 7,47). Und auch zur Ehebrecherin spricht er das schlichte und erlösende Wort der Verzeihung: „Ich verurteile dich nicht. Geh hin und sündige nicht mehr" (Joh 8,11). Nie erwartet Jesus für sein Verzeihen eine Vorausleistung, nie fordert er: Laß zuerst Blut fließen. Für ihn gibt es nur *eine* Vorbedingung des Verzeihens: die ehrliche Reue und die Bereitschaft, auch selbst zu verzeihen:

> „Vergib uns unsere Schulden, wie auch wir vergeben haben unseren Schuldigern. ... Denn wenn *ihr* den Menschen ihre Verfehlungen vergebt, wird auch euer himmlischer Vater euch vergeben. Wenn *ihr* aber den Menschen nicht vergebt, wird euer Vater eure Verfehlungen auch nicht vergeben" (Mt 6,12.14f).

Somit widerspricht Jesus durch seine Predigt und sein Verhalten ausdrücklich der jüdischen Vorstellung, Gott verlange ein Opfer, gar die Schlachtung seines eigenen Sohnes, bevor er sich bereitfinde, den Menschen zu verzeihen und sie in Gnaden anzunehmen. Wie sollten wir uns das auch überhaupt im Näheren vorstellen? Wäre Jesus nicht gestorben, hätte dies bedeutet, daß es kein göttliches Verzeihen für die Menschen gäbe, daß somit die Menschen unweigerlich der Verdammnis verfallen würden? Wir haben schon zuvor (s. S. 45–47) gesehen, daß dies eine geradezu absurde Ansicht wäre, daß sie nicht nur den Aussagen des Neuen, sondern schon des Alten Testaments widerspricht. Und umgekehrt: Nachdem Jesus eben doch als „Lösegeld für viele" gestorben ist, heißt dies, daß es nun keine Verwerfung mehr geben kann? Sicher ist dies nie die Sicht der kirchlichen Verkündigung gewesen. Von Augustinus über Luther bis zur Gegenwart hat es nie an Höllenpredigten gefehlt, *trotz* des Sühnetodes Jesu! Wenn wir uns in der Sixtinischen Kapelle das gewaltige und doch gräßliche Bild Michelangelos vom Jüngsten Gericht anschauen, haben wir nicht den Eindruck, Jesus habe im voraus alle unsere Sünden gesühnt. Somit müssen wir uns fragen: Was hat er denn eigentlich verändert?

(2) „Eine größere Liebe hat niemand ..."

Wir sahen schon (s. S. 62), daß sich bei den neutestamentlichen Schriftstellern ältere jüdische Anschauungen mit neueren christlichen Anschauungen kreuzen. Dies gilt auch für den Sinn des Todes Jesu. Die Vorstellung, Jesus habe seinen Tod als Sühnopfer für unsere Sünden verstanden, stellt innerhalb der Evangelienüberlieferung nur eine schmale Linie dar, neben der sich ein anderes Verständnis eindringlich Gehör verschafft.[20] Im Gleichnis vom verlorenen Sohn ist es nichts anderes als die *Liebe*, die den Vater veranlaßt, täglich nach dem Sohn Ausschau zu halten, so daß er ihn schon von ferne kommen sieht, um ihn mit offenen Armen zu empfangen und ihm bedingungslos zu vergeben.

So hat Jesus den Sinn seines Lebens darin gesehen, uns die Liebe des Vaters nahezubringen, und zwar weniger durch seine Predigt als durch sein eigenes Leben und Beispiel. Wenn Jesus in der Bergpredigt zum Gewaltverzicht auffordert: „Ihr sollt dem Bösen nicht entgegentreten" (Mt 5,39), so heißt dies, daß nur die Liebe die Gewalt des Bösen brechen kann. Diese gewaltverzichtende Liebe hat er selbst in seinem Leben vorgelebt, diese gewaltverzichtende Liebe hat er am Kreuz vollendet. „Da er die Seinen liebte, liebte er sie bis zur Vollendung" (Joh 13,1): Der Kreuzestod Jesu ist die *Vollendung seiner Liebe*. „Eine größere Liebe hat niemand, als wer sein Leben hingibt für seine Freunde" (Joh 15,13). So wird das Kreuz zum Manifest der Liebe Jesu, und seine Liebe ist ja keine andere als die Liebe Gottes.

Auch hier nimmt Jesus wieder eine Umkehrung der Werte vor: Nicht weil es das Kreuz gibt, liebt uns Gott, sondern weil Gott uns liebt, gibt es das Kreuz.

(3) Der treue Zeuge der Wahrheit

Noch eine dritte Deutung des Todes Jesu finden wir im Neuen Testament. Jesus verstand sich als Prophet, so sahen wir, und wußte aus der Geschichte seines Volkes, daß die Propheten eines gewaltsamen Todes starben. Demnach mußte er für sich mit dem gleichen Schicksal rechnen. „Es geht nicht an, daß ein Prophet außerhalb Jerusalems umkomme" – so deutet Jesus sein bevorstehendes Ende in Jerusalem an (Lk 13,33). Jesus wußte auch, *warum* die Propheten getötet worden waren: weil sie unerschrocken für Wahrheit und Gerechtigkeit eintraten.

Das ergreifendste Beispiel unter den Propheten Israels ist sicher Jeremia. An einem Feiertag, als viele Menschen zum Tempel strömen, stellt er sich an den Eingang des Tempels und droht den Menschen an, Tempel und Stadt würden bald untergehen, wenn sie ihren Wandel nicht besserten:

> „Verlaßt euch nicht auf täuschende Worte wie dieses: Der Tempel Jahwes, der Tempel Jahwes, der Tempel Jahwes ist hier!
> Sondern bessert euren Wandel, bessert eure Taten!
> Man stiehlt und mordet, bricht die Ehe und schwört Meineide,
> man opfert dem Baal und läuft anderen Göttern nach,
> und dann kommt ihr und tretet vor mein Angesicht und sprecht:
> Wir sind geborgen – um alle diese Greuel weiter zu treiben" (Jer 7,4.9f).

Damit zieht sich Jeremia vor allem den Unwillen des Klerus zu, der am Fortbestand des Tempels und am abergläubischen Vertrauen auf ihn am meisten interessiert war:

> „Als er nun alles gesagt hatte, was ihn Jahwe zu reden geheißen, ergriffen ihn die Priester und die Propheten

und alles Volk und sprachen: Du mußt sterben. Warum weissagst du im Namen Jahwes, diese Stadt müsse öde werden, daß niemand mehr darin wohne?" (26,8f).

Die Leute möchten hören, was ihnen *lieb* ist, sie möchten in ihren Ansichten bestätigt werden. Die Propheten aber reden, was *wahr* ist, und damit setzen sie ihr Leben aufs Spiel. So verstehen wir Jesu Drohwort an seine Gegner:

> „Wehe euch, ihr Schriftgelehrten und Pharisäer, ihr Heuchler, ihr baut die Gräber der Propheten und schmückt die Grüfte der Gerechten und sagt: Hätten wir in den Tagen unserer Väter gelebt, wir hätten uns nicht mit ihnen am Blut der Propheten schuldig gemacht. Somit stellt ihr euch selbst das Zeugnis aus, daß ihr Söhne derer seid, die die Propheten getötet haben" (Mt 23,29–31).

Während die Gegner Jesu schon auf seinen Tod sinnen, brüsten sie sich, am Tod der Propheten nicht schuldig zu sein.

Glaubhaft sind nur jene Zeugen, die bereit sind, für ihr Zeugnis zu sterben. So zeichnet uns denn vor allem das Johannes-Evangelium einen Jesus, der *wegen* seiner Lehre verfolgt wird und *für* seine Lehre in den Tod geht. Das Verhör vor der jüdischen Glaubensbehörde geht geradewegs auf seine Lehre zu: „Der Hohepriester fragte Jesus über seine Jünger und über seine Lehre" (18,19). Jesus beruft sich auf seine Redlichkeit:

> „Ich habe frei heraus zur Welt geredet, und im geheimen habe ich nichts geredet" (18,20).

Es gab bei Jesus nicht jene Doppelzüngigkeit wie bei manchen unserer Theologen und Politiker, die unter Eingeweihten anders reden als in der Öffentlichkeit. Und weil die jüdischen Kirchenführer das freie Wort nicht ertragen, schämen sie sich nicht, die römische Staatsgewalt zu Hilfe zu rufen – wie oft hat später die Kirche diesen Weg beschritten, wo der Staat ihr willfährig war! Der unbequeme Redner soll mit Gewalt zum Schweigen gebracht werden.

Jesus stellt denn auch klar, daß er auf einer anderen Ebene kämpft, daß er keine Truppen einzusetzen hat, sondern nur die Macht des Wortes: „Wäre mein Reich von dieser Welt, so würden meine Diener für mich kämpfen" (18,36). Sein einziger Anspruch ist die Wahrheit:

> „Dazu bin ich geboren und dazu in die Welt gekommen, um für die Wahrheit zu zeugen" (18,37).

Nichts vermag ihn abzubringen von der Treue zur Wahrheit, und so kann er im Abendgebet seines Lebens bekennen: „Ich habe das Werk vollendet, das du, Vater, mir aufgetragen hast" (17,4).

Weil er sein Zeugnis in Treue durchgehalten hat, wird er im Neuen Testament der „treue Zeuge" *(ho mártys ho pistós)* genannt (Offb 1,5). Jesus ist *der* Zeuge, *der* mártys, *der* Märtyrer, Anführer und Vorbild aller, die in der Geschichte des Christentums den Weg des Martyriums gegangen sind. Dieses Martyrium der Zeugnistreue braucht nicht immer zum physischen Tod zu führen. Männer wie Martin Niemöller und Teilhard de Chardin und Otto Karrer, um nur diese paar Namen zu nennen, sind in meinen Augen Märtyrer. Die Kirche hat die Akten der Märtyrer sorgfältig gesammelt. Die Leidensgeschichte Jesu in den Evangelien ist die erste christliche Märtyrerakte.

(4) „... damit ihr seinen Spuren folgt"

Dem leidenden und vor allem dem ungerecht leidenden Menschen bietet das Neue Testament eine vierte Deutung des Todes Jesu an. Wir finden sie im ersten Petrusbrief. Der Verfasser des Briefes wendet sich unmittelbar an die christlichen Sklaven, deren Stand es mit sich brachte, daß sie vielerlei Unrecht zu erdulden hatten:

> „Wenn ihr recht tut und doch leidet und ausharret, so ist dies Gnade bei Gott. Dazu seid ihr ja doch berufen. Denn auch Christus hat für euch gelitten und euch ein Beispiel gegeben, damit ihr seinen Spuren folgt" (2,20f).

Wenn die christlichen Märtyrer in den Tod gingen, hatten

sie das Bild ihres gekreuzigten Herrn vor Augen. Schon die Apostel nehmen die Prügelstrafe freudig hin, „weil sie gewürdigt worden waren, für den Namen Jesu Schmach zu leiden" (Apg 5,41), ein Motiv, das in den Märtyrerakten ständig wiederkehrt. Im Kreuze Jesu finden die Geprüften, Kranken und Sterbenden Kraft und Trost.

(5) Gottes Kraft und Gottes Weisheit

Eine letzte Deutung des Todes Jesu finden wir vor allem in den Predigten des Petrus und des Paulus, die uns in der Apostelgeschichte überliefert sind. Danach gibt es im Grunde keine andere Erklärung für den Tod Jesu als die, daß Gott ihn gewollt hat, und weil er ihn gewollt hat, hat er ihn in den heiligen Schriften Israels vorausverkündet. Als die Zeit erfüllt war, ist er eingetroffen, damit die Schriften – das heißt Gottes Heilsplan – erfüllt würden.

Gewiß sind die Juden an seinem Tod schuld, und doch wieder nicht schuld, denn sie haben aus Unwissenheit gehandelt, sie waren verblendet, und Gott hat das wiederum so gefügt, damit die Schriften erfüllt würden.

Es sind vier Stellen der Apostelgeschichte, in denen diese Deutung ausgesprochen wird. Zunächst in der Pfingstpredigt des Petrus (Apg 2,23):

> „Diesen, der nach Gottes festgesetztem Ratschluß und Vorsatz dahingegeben worden war, habt ihr durch die Hand der Gesetzlosen annageln und töten lassen."

Dann noch einmal eine Petruspredigt auf dem Tempelplatz (Apg 3,15–18):

> „Den Anführer des Lebens habt ihr getötet, ihn, welchen Gott von den Toten auferweckt hat, wofür wir Zeugen sind ... Und nun, Brüder, weiß ich, daß ihr aus Unwissenheit gehandelt habt, wie auch eure Oberen. Gott aber hat das, was er durch den Mund aller Propheten vorherverkündet hat, daß nämlich sein Christus leiden werde, auf diese Weise erfüllt."

Also: Es hat nach Gottes Willen so kommen müssen. Diesen göttlichen Willen haben die Propheten schon vorausgesagt.

Die dritte Stelle findet sich in der Predigt, die Paulus in der Synagoge von Antiochien in Pisidien hält (Apg 13,26–28):

> „Ihr Brüder, Söhne des Geschlechtes Abrahams, und die Heiden unter euch, die Gott fürchten: zu uns ist das Wort von diesem Heil gesandt. Denn die, welche in Jerusalem wohnen, und ihre Oberen haben Jesus nicht erkannt und so die Stimmen der Propheten, die an jedem Sabbat vorgelesen werden, durch ihr Urteil erfüllt. Obwohl sie keinen Grund zu einem Todesurteil fanden, begehrten sie von Pilatus, daß er hingerichtet werde."

Noch einmal sagt es Paulus in seiner Rede vor Agrippa (Apg 26,22):

> „Ich stehe da als Zeuge für klein und groß und sage dabei nichts anderes als das, was die Propheten und Mose geredet haben, daß der Messias sterben *muß*."

Vielleicht finden wir diese letzte Deutung die schönste: Für Jesu Tod gibt es keine andere Begründung als den unbegreiflichen Ratschluß Gottes; er wird immer vom Geheimnis umgeben sein und für menschliches Begreifen ein Geheimnis bleiben. Wir denken hier wieder an das Pauluswort, wonach die Predigt vom Kreuz für die Juden ein Ärgernis ist, für die Heiden eine Torheit, für die Berufenen aber Gottes Kraft und Gottes Weisheit (1 Kor 1,23f)

Das Manifest der Liebe

Diese kurze Darstellung mag gezeigt haben, daß die Deutung des Todes Jesu im Neuen Testament überaus reich und vielfältig ist und fern von jener Engführung, wie wir sie in vielen christlichen Predigten antreffen. Neben der Deutung, die von *Freikauf* spricht, stehen – mit größerem Gewicht – vier andere, wonach Jesu Tod das erschütternde

Manifest der Liebe Gottes ist und wonach Jesus, wie alle Propheten, *für seine Botschaft getötet* wurde und für sie bewußt den Tod auf sich nahm, ja provozierte und damit zum Vorbild für alle Leidenden und Sterbenden wurde. Letzten Endes aber lag sein Tod ganz schlicht im *unergründlichen Ratschluß Gottes.*

Dennoch stehen alle diese Deutungen nicht unversöhnlich nebeneinander. Denn Lehre und Leben, für die Jesus starb, waren eine einzige liebende Hinwendung zu den angefochtenen und sündigen Menschen. Noch im Tod bekennt sich Jesus zum Sünder. Er stirbt den Tod des Sünders und Verbrechers, ohne selber Sünder zu sein. Damit offenbart er uns einen Gott, der auf nichts anderes sinnt als darauf, den Sünder zu suchen und ihm seine helfende Hand zu reichen.

Und was ist – richtig verstanden – Erlösung anderes als die Hinwendung des gnädigen Gottes zum Menschen, als die Umarmung des Menschen durch Gott? Wenn diese im Tode Jesu geschehen ist, *dann* ist er wahrhaft gestorben, wie es altchristliches Bekenntnis will, *wegen* der Sünder und *für* die Sünder, für *uns* und für *unsere* Sünden.

Beschämendes Defizit

Menschenrechte in der Kirche

Die Menschenrechte sind heute in aller Mund: im Mund der Politiker, der Philosophen, der Vereinten Nationen, der Theologen, seit etwa 20 Jahren auch im Mund des Papstes. Dieses Letzte kann uns freilich nicht darüber hinwegtäuschen, daß die Menschenrechte weitgehend gegen den Widerstand der Kirchen, vor allem der katholischen Kirche, durchgesetzt werden mußten. Die gezielte Besinnung auf die Menschenrechte ist eine Frucht des 18. Jahrhunderts, sowohl in Europa wie in Amerika. Das grundlegende Dokument in Amerika ist die von Thomas Jefferson verfaßte Unabhängigkeitserklärung der Kolonien von 1776, worin es heißt:

> „Wir halten diese Wahrheiten für offensichtlich: daß alle Menschen gleich erschaffen wurden, daß sie durch ihren Schöpfer mit bestimmten unleugbaren Rechten bedacht wurden; daß das Leben, die Freiheit und die Suche nach Glück dazu gehören; daß, um diese Rechte zu gewährleisten, Regierungen eingesetzt werden …; daß, wenn immer eine Form von Regierung diese Ziele nicht mehr beachtet, das Volk das Recht hat, sie auszuwechseln oder abzusetzen und eine neue Regierung zu bestimmen …“[21]

Durchbruch der Menschenrechte

In Europa haben die *Aufklärung* und die *französische Revolution* den Menschenrechten zum Durchbruch verholfen. Die Prinzipien von Freiheit, Gleichheit und Brüderlichkeit wären in der französischen Revolution schwerlich zum Zug gekommen, wäre ihnen nicht vorher durch die Aufklärung der Boden geebnet worden. Hier sind bekanntlich vor allem Voltaire und Lessing zu nennen. Das Gleichheitsdenken, die Erziehung der Menschheit zum vollen Gebrauch der Vernunft und der Persönlichkeitsrechte (Lessing) sind bestimmende Züge der Aufklärung. Daher auch deren beißende Kritik sowohl am herkömmlichen Staat als auch am Papsttum als zweier Mächte, die die Freiheit des einzelnen behindern. Lessing zeigt sich deutlich von Voltaire beeinflußt: Lessing, der ungekrönte König der deutschen Aufklärung, der innerlich Unabhängige, keiner Partei Verschriebene, von keinem Namen Geblendete, alles Prüfende, rastlos nach der Wahrheit Suchende. Lessing meint, daß der Mensch aus der *Suche* nach der Wahrheit mehr Gewinn ziehe als aus der Wahrheit selbst. Er setzt den Fall, daß ihm Gott mit der rechten Hand alle Wahrheit darböte und mit der linken Hand den Trieb nach Wahrheit, selbst auf die Gefahr, sich immer und ewig zu irren, und zu ihm spräche: „Wähle!" „Dann" – so Lessing – „fiele ich ihm in Demut in seine *Linke* und sagte: Vater, gib! Die reine Wahrheit ist ja doch nur für dich allein."[22]

Lessing hat diesem Denken in seinem Drama *„Nathan der Weise"* bleibenden Ausdruck verliehen. Er hatte das Thema bereits in seinem Bühnenstück „Die Juden" aufgegriffen, in dem anhand einer Heirat zwischen einem Juden und einer Christin der religiösen Toleranz das Wort geredet wird. In „Nathan der Weise" sind es dann der Jude, der Christ und der Muslim, die lernen sollen, statt über die Wahrheit des je eigenen Glaubens zu diskutieren, sich als Brüder zu fühlen, die Schwächen des anderen zu ertragen und in Religion, Nationalität und Stand jeder Intoleranz zu entsagen. Lessing bringt es in dem Drama auf die Formel:

> „Es eifre jeder seiner unbestochnen,
> von Vorurteilen freien Liebe nach!"

Man mag solchem Indifferentismus gegenüber seine Vorbehalte haben; sicher ist, daß hier der Mensch mit seiner

Freiheit in neuer Weise ernstgenommen wird, und wenn auch die Vernunft den Glauben nicht ersetzen kann, so ist und bleibt sie doch das, was eben den Menschen letztlich zum *Menschen* macht.

Zehn Jahre nach Nathan der Weise (1779) brach die französische Revolution aus (1789), in der das Menschenbild der Aufklärung sich gewaltsamen Durchbruch verschaffte. Die Menschen- und Bürgerrechtserklärung der Pariser Nationalversammlung von 1789 ist die erste von einem europäischen Parlament verabschiedete Deklaration der Menschenrechte. Hier wird festgehalten:

> „Die in der Nationalversammlung vereinigten Vertreter des französischen Volkes ziehen in Erwägung, daß die Unkenntnis, das Vergessen oder die Mißachtung der *Menschenrechte* die alleinigen Ursachen des allgemeinen Unglücks und der Bestechlichkeit der Regierungen sind. Sie haben beschlossen, in einer feierlichen Erklärung die natürlichen, unverrückbaren und heiligen Menschenrechte darzulegen. ... Infolgedessen anerkennt und erklärt die Nationalversammlung in Gegenwart und unter den Vorzeichen des Höchsten Wesens folgende Menschen- und Bürgerrechte: *[Ich muß mich von den 17 Artikeln auf die ersten zwei beschränken]*
> I. – Die Menschen sind von Geburt an für immer frei und gleich vor dem Recht. Die sozialen Unterschiede können einzig in der gemeinsamen Nützlichkeit begründet sein.
> II. – Das Ziel jeder politischen Vereinigung ist die Erhaltung der unumstößlichen Rechte des Menschen. Es sind die Rechte auf: Freiheit, Besitz, Sicherheit und Widerstand gegen Unterdrückung."

Damit war für die Besinnung auf die Menschenrechte der Grundstein gelegt. Aufgrund seiner Würde stehen jedem Menschen bestimmte Rechte zu, die unverlierbar und unverzichtbar sind.
Das Grundgesetz der Bundesrepublik Deutschland formuliert es in seinem ersten Artikel so:

„Die Würde des Menschen ist unantastbar. Sie zu achten und zu schützen ist Verpflichtung aller staatlichen Gewalt."

Damit sind wir bereits in unserer Gegenwart. Wir müssen in der Tat von der französischen Revolution jetzt eineinhalb Jahrhunderte überspringen. Maßgeblich für unsere Zeit sind die „Allgemeine Erklärung der Menschenrechte" der Vereinten Nationen vom 10. Dez. 1948 und die „Europäische Konvention zum Schutz der Menschenrechte und Grundfreiheiten" vom 4. Nov. 1950, auch kurz Straßburger Menschenrechtskonvention genannt.

Der Unterschied zwischen den beiden Dokumenten liegt darin, daß die Erklärung der Vereinten Nationen von 1948 kein international geltendes Recht ist, weil keine Nation sich ausdrücklich darauf *verpflichtet* hat. Sie hat vielmehr den Charakter eines weltweiten humanen Wertmaßstabs und wendet sich als ethisches Postulat an die angesprochenen Regierungen und staatlichen Gesetzgeber. Auf die Straßburger Menschenrechtskonvention hingegen haben sich alle jene europäischen Staaten *verpflichtet*, die sie unterzeichnet haben.[23] Diese Staaten bilden den Europarat. Es sind zur Zeit 30 Staaten. Als letzte wurden 1993 Estland, Litauen und Slowenien aufgenommen. Die Aufnahme in den Europarat setzt die Unterzeichnung der Menschenrechtskonvention voraus. Die Schweiz z. B. konnte das erst tun, nachdem sie 1971 das Frauenstimmrecht eingeführt hatte. Der Vatikan ist bis heute nicht Mitglied des Europarats, sondern besitzt in diesem nur den Status eines Beobachters, weil er die Menschenrechtskonvention bis heute nicht unterschrieben hat und bei seiner gegenwärtigen Rechtspraxis auch nicht unterschreiben kann.

Vatikan – Menschenrechte – Die ersten Seiten der Bibel

In der Tat hatte die katholische Kirche seit vielen Jahrhunderten zu den Menschenrechten ein sehr gebrochenes Verhältnis. Noch während des ganzen 19. Jahrhunderts gaben die Päpste Äußerungen von sich, die uns die Haare zu Berge stehen lassen, als hätte keine französische Revolution stattgefunden. 1832 bezeichnete Papst Gregor XVI. die Gewissensfreiheit als falsche Überzeugung, ja als Wahnsinn.[24] Allein das Wort Freiheit war in der Kirche weiterhin das rote Tuch. Selbst Leo XIII., der als der große Sozialpapst in die Geschichte eingegangen ist, konnte noch am Ende des 19. Jahrhunderts erklären, es sei niemals erlaubt, die Gedankenfreiheit, Pressefreiheit, Lehrfreiheit sowie unterschiedslos Religionsfreiheit zu fordern.[25]

Dabei hätte doch gerade der christlichen Kirche von der Bibel her, auf die sie sich verpflichtet weiß, der Zugang zur Freiheit des Menschen und zu den Menschenrechten so nahe gelegen. Schon auf der ersten Seite der Bibel wird der Mensch als Bild Gottes bezeichnet. Höheres könnte von der Würde des Menschen nicht ausgesagt werden. Im Menschen wird der unsichtbare Gott sichtbar. Der Mensch darf an der Stelle Gottes auf der Erde schalten und walten und Verantwortung übernehmen, was er aber nur in Freiheit tun kann. Im alten Israel waren es vor allem die Propheten, die unerschrocken die Menschenrechte eingefordert haben. Die Propheten können sich den Menschen nur in Freiheit vorstellen, freilich nicht in zügelloser Freiheit. Seiner Freiheit sind von einer höheren Ordnung her Schranken gesetzt. Der Prophet Jeremia (um 600 v. Chr.) klagt: „Der Storch am Himmel kennt seine Zeiten. Turteltaube, Schwalbe und Drossel halten die Zeit ihrer Rückkehr ein. Mein Volk aber kennt nicht das Recht Jahwes" (8,7). Die von Gott gesetzte Ordnung, an die sich die Tiere instinktiv halten, sollte der Mensch aus freiem Entschluß respektieren. Er kann sie nicht ungestraft durchbrechen, wenn sein Leben glücken soll.

Wir finden diese prophetische Predigt schon auf den ersten Seiten unserer Bibel, in der Paradieserzählung. In dieser Erzählung geht es nicht um den geschichtlich ersten Mann und die geschichtlich erste Frau und die geschichtlich erste Sünde. Adam und Eva repräsentieren den Menschen überhaupt, wie er war und ist und immer sein wird. Gott gibt dem Menschen ein Gebot, das seiner Freiheit Grenzen setzt:

> „Von allen Bäumen des Gartens darfst du essen nach Begehr, nur von dem Baum der Erkenntnis von Gut und Böse, von dem darfst du nicht essen" (Gen 2,16f).

Gleich zu Beginn stellt sich die Gehorsamsfrage. Gehorsam aber setzt die freie Entscheidung des Menschen voraus. Mit einer Hand wird also dem Menschen die Freiheit gereicht, mit der anderen aber wird sie ihm auch schon wieder genommen, richtiger: nicht genommen, sondern eingeschränkt. Denn kein Mensch kann unabhängig auf dieser Welt leben. Er ist in eine Ordnung eingebunden. Verletzt er diese Ordnung, so schadet er damit nicht Gott, er schadet sich selbst. In der volkstümlichen Predigt spricht man dann von der Strafe Gottes. In Wirklichkeit ist es nicht Gott, der bestraft. Der Mensch bestraft sich selbst, weil sich die von Gott gesetzte Ordnung, die er durchbrochen hat, an ihm rächt. Ein besonders provokantes Beispiel ist heute die Verletzung der Natur, die Zerstörung unserer Umwelt. Sie schlägt auf uns zurück und entzieht uns unseren gesunden Lebensraum.

Dem Menschen sind also in seiner Freiheit Grenzen gesetzt. Was ist es aber, das seine Freiheit einschränkt? Es sind die Rechte des *Mitmenschen, seine* Menschenrechte. Wir sagten es schon: Kein Mensch kann auf dieser Welt leben, als wäre er allein. Wir sind auf das menschliche Zusammenleben angewiesen. Dieses Zusammenleben aber hat seinen Preis. Es kann nur gedeihen und glücken, wenn es sich in bestimmten Formen und nach bestimmten Regeln abspielt (z. B. daß einer nicht einfach das Eigentum des anderen, nicht einfach die Frau des anderen nehmen darf). Im Grunde müssen alle Glieder einer Gemeinschaft an solchen Regeln interessiert sein. Sie müssen einsehen, daß diese Regeln ihrem Vorteil und ihrem Glück dienen; daß sie ihre Freiheit, auch wenn sie sie einschränken, nicht unterdrücken, sondern sie im Gegenteil gewährleisten und sie schützen.

Daß einzig die Rechte des Mitmenschen die Freiheit des einzelnen einschränken können, hat schon die vorhin erwähnte französische Nationalversammlung von 1789 erkannt. Nach der grundsätzlichen Bekräftigung der Menschenrechte in den zwei ersten Artikeln, die wir gehört haben, erklärt sie im 4. Artikel:

> „Die Freiheit besteht darin, alles tun zu können, was anderen nicht schadet. Die Ausübung der natürlichen Rechte jedes Menschen hat somit keine Grenzen außer jenen, die den anderen Mitgliedern der Gesellschaft den Genuß dieser gleichen Rechte sicherstellen."

Die älteste Charta der Menschenrechte

Diese Regeln des menschlichen Zusammenlebens hat das alte Israel in den *Zehn Geboten* zusammengefaßt. Die Verkündigung der Zehn Gebote wird in der Bibel in sehr volkstümlicher Weise dargestellt: Gott habe sie von der Spitze des Berges Sinai unter Donner und Blitz dem am Fuß des Berges lagernden Volk verkündet (Ex 20,1–21; Dtn 5,1–22). Selbstverständlich dürfen wir diese Darstellung nicht wörtlich verstehen. In Wirklichkeit gab nicht Gott die Gebote. Israel gab sie sich selbst. Die Regeln des menschlichen Zusammenlebens ergaben sich ganz einfach aus dem Leben, aus den Einsichten in das Wesen des Menschen und aus dem menschlichen Alltag. Das Verbot zu töten, zu stehlen, die Ehe zu brechen galt nicht nur in Israel, sondern auch bei den anderen Völkern des Alten Orients. Es war damals nicht anders als heute. Nicht *Gott* gibt die Gesetze, die *Menschen* geben sie sich selbst. Die ganze

Welt würde lachen, würden die Politiker für ein Gesetz, das sich aufdrängt, auf eine göttliche Offenbarung warten (obwohl es gelegentlich den Eindruck macht, sie warteten darauf). Aufgrund von gemachten Erfahrungen treffen die Menschen selbst die Bestimmungen, die für ein gedeihliches menschliches Zusammenleben nötig sind.

Dennoch ist etwas Wahres an der biblischen Überlieferung, Gott habe die Zehn Gebote gegeben. Denn wenn Gott das Leben des einzelnen und der menschlichen Gemeinschaft will, dann will er auch die Regeln des menschlichen Zusammenlebens. Deshalb hat das alte Israel die Regeln, die sich ihm aus seiner eigenen Erfahrung ergaben, mit Recht Gott in den Mund gelegt.

Die Zehn Gebote sind die *älteste Charta der Menschenrechte.* Im Unterschied zur Menschenrechtserklärung der Vereinten Nationen ist sie nicht vierzig, sondern dreitausend Jahre alt. Sie gewährleistet das Recht auf Leben, das Recht auf Achtung der Persönlichkeit, das Recht auf Wahrheit, das Recht auf Eigentum, das Recht auf Sexualität. Und wenn auch das alte Israel die Gleichberechtigung von Mann und Frau in unserem modernen Sinn noch nicht kannte und wir uns hüten müssen, unsere Gesellschaftsmodelle unbesehen auf die damalige Zeit zu übertragen, so sind wir doch aufs höchste überrascht darüber, welche souveräne Freiheit die Frau genießen konnte. Es genügt, den Lobpreis auf die tüchtige Frau im letzten Kapitel des Sprüchebuches (Spr 31,10–31) zu lesen, um sich davon zu überzeugen. Da wird das Bild einer überlegenen Frau entworfen, die nicht nur im Hause schaltet und waltet, alles kann und alles weiß, alles sieht und an alles denkt. Vielmehr kauft sie, ohne ihren Mann zu fragen, einen Acker und legt einen Weinberg an, verfügt über Grundstücke, schließt Kaufverträge ab über große Projekte, und zwar mit selbst erwirtschaftetem Geld. Das ganze Gedicht ist eine Hymne auf die Freiheit der Frau. Sie entscheidet selbst über sich und ihr Tun.

Wenn die *Propheten* sich für die Menschenrechte einsetzen, dann genügt es ihnen, sich auf die Zehn Gebote zu berufen. Das tut im 8. Jahrhundert v. Chr. der Prophet Hosea, wenn er seinen Mitbürgern vorhält: „Man schwört und lügt, man mordet und stiehlt und bricht die Ehe" (4,2). In einem einzigen kurzen Satz beruft er sich auf das dritte, das sechste, das siebte, das achte und das neunte Gebot. Vor allem aber kennen die Propheten kein Ansehen der Person. Die modernen Menschenrechtserklärungen betonen als erstes die Gleichheit aller Menschen. Indes haben schon die Propheten mit Leidenschaft gegen die Vorstellung protestiert, es dürfe zwei Klassen von Menschen geben: Reiche und Arme, Mächtige und Schwache, Große und Kleine, wobei für die einen mehr Rechte gelten als für die anderen: Was die einen dürfen, das dürfen die anderen nicht.

Da möchte der König Achab (871–852 v. Chr.) im Nordreich Israel seinen Besitz abrunden. Dem steht aber der Weinberg des einfachen Bürgers Nabot im Wege. Der König versucht es zunächst auf korrekte Weise: „Gib mir deinen Weinberg", sagt er zu Nabot, „ich will mir einen Gemüsegarten daraus machen, weil er so nahe bei meinem Palast liegt. Ich gebe dir einen besseren Weinberg dafür, oder wenn es dir gefällt, bezahle ich dir den Kaufpreis in Geld." Nabot aber will von dem Geschäft nichts wissen: „Gott bewahre mich davor, daß ich dir das Erbe meiner Väter geben sollte." Der König kehrt mißmutig nach Hause und hat keinen Appetit. Seine Frau Isebel erkundigt sich, was vorgefallen sei, und er erzählt ihr von seiner Unterredung mit Nabot. Die Königin ist um eine Lösung nicht verlegen. „Führst du denn noch das Regiment in Israel?" hält sie ihrem Mann vor. „Steh auf und iß und sei guten Mutes. Ich verschaffe dir den Weinberg des Nabot." Sie organisiert eine Versammlung des Stadtrates und bietet falsche Zeugen auf, die beschwören: „Nabot hat Gott und den König gelästert." Nabot wird vor die Stadt hinausgeführt und zu Tode gesteinigt. Als Achab hört, daß Nabot tot ist, geht er hinab und nimmt seinen Weinberg in Besitz. Aber ebenso rasch ist der Prophet *Elija* zur Stelle und kündigt Achab zur Strafe den Untergang seines ganzen Hauses an (1 Kön 21). Auch ein König darf sich nicht über die Menschenrechte hinwegsetzen.

Nicht weniger schonungslos geht der Prophet *Natan* mit dem König David um. Dieser hat sich die schöne Batseba genommen, während ihr Mann Urija den Kriegsdienst ableistet. Als sich zeigt, daß Batseba schwanger ist, versucht David zunächst, das Kind ihrem Mann anzulasten. Als das mißlingt, schickt David Urija an die vorderste Front, wo er auch tatsächlich fällt, und David kann Batseba behalten. Natan verwendet ein Gleichnis, um David sein niederträchtiges Verhalten bewußt zu machen: „Zwei Männer" – so erzählt er ihm – „waren in derselben Stadt, der eine reich, der andere arm. Der Reiche hatte sehr viele Schafe und Rinder. Der Arme aber hatte nichts als ein einziges kleines Schäflein, das er sich gekauft hatte. Er zog es auf, und es ward bei ihm zugleich mit seinen Kindern groß. Es aß von seinem Bissen und trank aus seinem Becher und schlief an seiner Brust, und er hielt es wie ein Kind. Da kam einst zu dem reichen Mann ein Gast. Weil es ihn nun reute, von seinen eigenen Schafen oder Rindern eines zu nehmen, um es dem Wanderer herzurichten, der zu ihm gekommen war, nahm er das Lamm des armen Mannes und richtete es dem Manne zu, der zu ihm gekommen war." Da geriet David in heftigsten Zorn und sprach: „Der Mann, der dies getan hat, ist des Todes." Jetzt kann der Prophet nicht länger an sich halten. Schonungslos schleudert er David ins Gesicht: „Du bist der Mann" (2 Sam 11 f). Es bedurfte für Natan sicher eines großen Mutes, um so mit dem König ins Gericht zu gehen. Aber er bringt diesen Mut auf, weil die Menschenrechte auf dem Spiel stehen.

Bei den Menschenrechten geht es ja um nichts anderes, als den Menschen *als* Menschen ernst zu nehmen in seiner Würde und in seiner Freiheit, ihn voll und ganz Mensch sein zu lassen.

Das war auch das Erlösende, das Jesus für die Menschen seiner Zeit bedeutete, deshalb flogen ihm die Herzen zu. Endlich wurden sie als Menschen ernstgenommen mit ihrem Hunger und ihrem Durst, mit ihrem Leid und mit ihren Tränen, mit ihrem Wollen und ihrem Versagen, mit ihrer Sehnsucht nach Geborgenheit und nach Liebe. Jesus nahm auch jene ernst, die von den religiösen Führern des Volkes als Menschen zweiter und dritter Klasse behandelt wurden: die Frauen, die Andersgläubigen, die Ungebildeten, die Kranken, die Prostituierten, die Unmoralischen. Nur mit einer Art von Menschen konnte er nichts anfangen: den Rechthaberischen, den Eingebildeten, den Hochmütigen, den Heuchlern.

Jesu prophetische Botschaft

Jesus hat nicht eine neue Moral und ein neues Menschenbild verkündet. Er stand auf dem Boden der jüdischen Bibel, des Alten Testaments. Dort fand er, wie wir soeben sahen, schon die Menschenrechte formuliert. Er brauchte sie also nicht neu zu verkünden. Jesus stellt sich hinter die Ethik des Alten Testaments. Freilich lag zu seiner Zeit im jüdischen Volk in der Auslegung und Befolgung der Bibel manches im Argen, nicht anders als heute bei Christen. Für die tonangebenden religiösen Führer war der Buchstabe des Gesetzes wichtiger als sein Geist.

Jesus hingegen gibt keine neuen Gebote, sondern legt die alten Gebote in einem neuen, einem vertieften, einem auf das Wesentliche sehenden Sinn aus. Er wird nicht müde, daran zu erinnern, daß die Gebote für den Menschen da sind und nicht, wie wir es in der Kirche zu hören gewohnt sind, die Menschen für die Gebote („Der Sabbat ist für den Menschen da und nicht der Mensch für den Sabbat": Mk 2,27). Um der Menschenrechte willen sind die Gesetze da. Um der Menschenrechte willen aber muß man auch einmal ein Gesetz übertreten und etwas Verbotenes tun. Denn die Gesetze können niemals alle Situationen des Lebens erfassen. Es gibt das allgemeine Gesetz, aber es gibt nicht den allgemeinen Menschen, sondern nur den Menschen in einer ganz konkreten Situation, die unter Umständen im Gesetz nicht vorgesehen ist, in der vielmehr der Mensch nach seinem Gewissen handeln muß.[26]

Wenn sich Jesus das Gebot „Du sollst deinen Nächsten lieben wie dich selbst" besonders zu eigen macht, dann deshalb, weil es beides enthält: die eigenen Menschenrechte und die Rechte des Mitmenschen. Er erwartet von uns, daß wir selber ganz Mensch sind, aber auch den anderen ganz Mensch sein lassen. Das heißt: *Christ sein ist nichts anderes als voll und ganz Mensch sein.* Wir sollten deshalb vorsichtig sein, das Wort „christlich" zu mißbrauchen. Wir sprechen von der „christlichen Nächstenliebe". Den Nächsten zu lieben sind wir aber nicht erst als *Christen* verpflichtet, sondern als *Menschen.* Im Grunde kann auch der Christ nur *menschlich* handeln. Wenn er *menschlich* handelt, handelt er auch *christlich.*

Unter den katholischen Moraltheologen herrscht heute Einmütigkeit darüber, daß es keine spezifisch christliche Moral gibt, sondern eine Moral, die sich aus unserem Menschsein gegenüber einer vorgefundenen Wirklichkeit herleitet. Das heißt: Das, was der Christ zu tun hat, ist nichts anderes, als was auch der Nichtchrist zu tun hat. Der Christ kann es lediglich aus einem anderen *Motiv* heraus tun. Er kann sich bei seinem Tun am Vorbild Jesu orientieren. Mit anderen Worten: Der Christ kann sich vom Nichtchristen grundsätzlich nicht unterscheiden durch das, *was* er tut, sondern dadurch, *warum* er es tut.

Deshalb ist das Wort *„christlich"* zur Bezeichnung von Verbänden und Parteien nicht ohne Gefahr. Wenn es sich etwa um einen Verband „christlicher Unternehmer" handelt, so kann das nur bedeuten, daß die Mitglieder sich auf dem Boden des Christentums stehend betrachten und ihre Arbeit in christlicher Überzeugung und Verantwortung tun. Niemals aber kann es bedeuten, daß sie sich zu einer christlichen Unternehmensführung bekennen. Denn eine christliche Unternehmensführung gibt es nicht. Es gibt nur eine

Unternehmensführung, die sich den Prinzipien der Gerechtigkeit, der Wahrhaftigkeit und der Liebe verpflichtet weiß. Gerechtigkeit, Wahrhaftigkeit und Liebe aber sind nicht genuin *christliche*, sondern *menschliche* Tugenden.

Erst recht sollte meines Erachtens das Wort „christlich" (C) in der Bezeichnung politischer Parteien vermieden werden. Wenn Vertreter solcher Parteien mir sagen, sie betrieben eine christliche Politik, so kann ich auch darauf nur antworten, daß es eine christliche Politik nicht gibt und nicht geben kann. Alles, was an dieser Politik angeblich christlich ist: Einsatz für soziale Gerechtigkeit, Glaubens- und Gewissensfreiheit, öffentliche Sittlichkeit, Schutz des Lebens, Achtung der Menschenwürde, Gleichberechtigung der Frau ist nicht *christliche*, sondern *menschliche* Pflicht, ist nichts anderes als Respektierung der Menschenrechte.

Menschenrechte sind in der katholischen Kirche inexistent

Weil Jesus den Menschen ernst nahm, nahm er auch die *Rechte* des Menschen ernst. Leider ist ihm seine Kirche hierin nicht gefolgt. Vielmehr sind die Menschenrechte in der katholischen Kirche praktisch inexistent. Ich muß mich, um dies darzustellen, auf wenige Beispiele beschränken.

(1) Ein Menschenrecht ist das *Recht der freien Meinungsäußerung*, das heute in der katholischen Kirche auf das Beschämendste unterdrückt wird. Schon vor über 40 Jahren, 1953, hat Karl Rahner, der heute vielfach als der größte katholische Theologe dieses Jahrhunderts bezeichnet wird, eine kleine Schrift herausgegeben mit dem Titel „Das freie Wort in der Kirche". Wir sprachen ganz zu Anfang darüber. Rahner – ich will es des Ernstes wegen noch einmal wiederholen – begründete damals sein Anliegen mit den bewegenden Worten:

„Heute darf die Kirche weniger denn je nach innen oder nach außen auch nur den Eindruck erwecken, als sei sie einer jener totalen Staaten, bei denen die äußere Macht und ein in tödlichem Schweigen geschehender Gehorsam alles, und Freiheit und Liebe nichts ist, als seien ihre Regierungsmethoden dieselben wie die der totalitären Systeme, wo die öffentliche Meinung in einem Propagandaministerium gemacht wird."[27]

(2) Ein Menschenrecht ist sodann die *Gleichberechtigung von Mann und Frau*. In der katholischen Kirche hat die Frau noch längst nicht die gleichen Rechte wie der Mann, und heute ist die Tendenz feststellbar, ihre mühsam errungenen bescheidenen Rechte eher wieder zu beschneiden als auszuweiten. Von den unsachlichen Argumenten, die ins Feld geführt werden, um die Frau vom vollen kirchlichen Amt auszuschließen, war bereits die Rede (S. 30f).

(3) Schon die Unabhängigkeitserklärung von Jefferson bezeichnete es als ein Menschenrecht, daß das Volk seine Regierung *frei wählen* und, wenn sie sich für das Gemeinwohl als schädlich erweist, auch absetzen kann. In krassem Widerspruch zu diesem Prinzip steht in der katholischen Kirche das Recht des Papstes, Bischöfe einsetzen, ohne daß das Volk, dessen Bischöfe sie sein werden, dazu auch nur das leiseste Wort mitzureden hätte. Welch unheilvolle Folgen diese Verletzung der Menschenrechte durch den Vatikan hat, haben in den letzten Jahren eine ganze Reihe von Bischofsernennungen gezeigt. In der Schweiz beispielsweise ist die Affäre um Bischof Wolfgang Haas in Chur sattsam bekannt. Den Kräften, die hier am Werk sind, geht es nicht um das Wohl der Gläubigen, nicht um Eintracht und Frieden, sondern um die Erhaltung und den Ausbau ihrer Macht.[28]

(4) Besonders schlimm ist es um die römische *Rechtspraxis* bestellt. Sie steht in eklatantem Gegensatz zu den heute allgemein anerkannten Grundsätzen eines ordnungs-

gemäßen Rechts- und Verwaltungsverfahrens. Vor allem die Prozesse der römischen Behörde gegen angeblich abweichlerische Theologen sprechen jeder gesunden Rechtsordnung Hohn. Ankläger und Richter sind die gleiche Instanz. Der Angeklagte hat keine Akteneinsicht, keine Kenntnis der Gutachten, die in seiner Sache angefordert wurden. Er kennt nicht einmal den Namen seines Verteidigers, geschweige denn, daß er mit ihm verkehren könnte. In einem kirchlichen Prozeß gibt es auch keine Möglichkeit eines Rekurses an eine höhere Instanz. Zwar kann man gegen die Verfügung eines Bischofs nach Rom rekurrieren. Gegen eine Entscheidung „Roms" (zum Beispiel Verweigerung des „Nihil obstat" für die Übernahme eines theologischen Lehrstuhls) aber gibt es keine Appellationsinstanz. Mit anderen Worten: Der Angeklagte ist praktisch rechtlos.

(5) Ein Menschenrecht ist schließlich das Recht auf *Sexualität*. Nach der herkömmlichen katholischen Sexualmoral darf es Sexualität nur in der Ehe geben. Jede Form außerehelicher Sexualität gilt als schwer sündhaft, ein Prinzip, das sich freilich weder aus der Bibel noch aus dem Naturrecht begründen läßt. Andererseits sind nach Auskunft des Statistischen Jahrbuchs 1993 von den in der Gesamt-Bundesrepublik Deutschland lebenden Menschen nur 49 % verheiratet, 51 % sind nicht verheiratet (die nicht wieder verheirateten Verwitweten und Geschiedenen eingeschlossen). Fast die gleichen Verhältniszahlen gelten für die Schweiz. Das bedeutet, daß die katholische Kirche mehr als der Hälfte der Bevölkerung das Recht auf Sexualität abspricht. Man redet heute viel vom Pflichtzölibat der Priester und hält ihn mehr und mehr für unzeitgemäß. Aber es ist doch so, daß meine Kirche nicht nur die Priester, sondern faktisch sämtliche Nichtverheiratete auf sexuelle Enthaltsamkeit verpflichtet.

Das Grundübel, auf das alle diese Mißstände letztlich zurückgehen – wir sahen es (S. 27) – ist die Struktur der katholischen Kirche, wie sie vom 1. Vatikanischen Konzil

1870 geschaffen wurde. In jenem Konzil wurde der römische Papst dogmatisch zum unumschränkten Herrscher über die ganze Kirche bestellt. Die katholische Kirche ist heute eine der letzten absoluten Monarchien der Welt. Heute aber, wo im internationalen Staatengefüge eine Diktatur nach der anderen stürzt, müssen wir uns fragen, wie lange es sich die katholische Kirche noch leisten kann, daß *ein* Mann allein über nahezu eine Milliarde Menschen gebietet. Von der Bibel, der maßgeblichen Urkunde der Kirche her müßte dem nicht so sein. Vom Neuen Testament her stünde einer demokratischen Wahl der Papstes nichts im Wege, auch nicht einer Wahl des Papstes auf Zeit, auch nicht der Leitung der Kirche durch ein Kollegium oder der Wahrnehmung der Legislative durch einen Rat oder ein Parlament.

In einer absoluten Diktatur ist die Verletzung der Menschenrechte nachgerade schon vorprogrammiert. Davon spricht die Geschichte der Vergangenheit, aber auch unserer Gegenwart, eine beredte Sprache. Was heute immer lauter und dringender von den Gläubigen gefordert ist, ist eine *menschlichere* Kirche, eine Kirche, die die Sorgen der Menschen kennt und in der diese sich wohl fühlen können. Nur eine Kirche, die die Menschenrechte ernst nimmt, kann eine menschliche Kirche sein.

Das Hohelied der Liebe

Erotik und Sexualität – für die Bibel kein Tabu

Wie kam es, daß Jesus die Menschen anzog wie ein Magnet, daß sie ihn umdrängten, Fußwanderungen von Tagen auf sich nahmen, um ihm zu begegnen, ihm in die Einöde hinaus nachliefen, wohin er sich geflüchtet hatte, um sich und seinen Jüngern ein paar Stunden Ruhe zu gönnen? Offenbar fühlten sich die Menschen von Jesus *verstanden*, und es war damals nicht anders als heute: Je besser wir uns von einem Menschen verstanden wissen, um so mehr Vertrauen haben wir zu ihm. Jesus redete nicht von Dingen, die vielleicht auch wichtig waren, die aber die Leute nicht interessierten. Er kannte ihre Sorgen, er teilte ihr Leben. Er schwebte nicht wie ein Monarch *über* ihnen, er war mitten *unter* ihnen. Die Menschen wußten sich *als Menschen* von ihm ernst genommen. Ihm ging es nicht nur um einen *Teil* des Menschen: seine Seele, seinen Glauben, sondern um den *ganzen* Menschen; nicht nur um *einen* Bereich des menschlichen Lebens, sondern um *alle* Bereiche. Jesus hatte den Menschen etwas zu sagen, er sprach ihren Geist und ihr Herz an. Aber er verkündete keine Dogmen. Vielmehr zeigte er ihnen, wie sie ihren Lebensweg gehen konnten und sollten. Und noch weniger vergaß er vor lauter Theologie ihre *leiblichen* Bedürfnisse. Wenn seine Predigt zu Ende war, überließ er sie in der Einöde nicht ihrem Schicksal. Er stillte auch ihren Hunger liebevoll und im Überfluß, so wie der Gott der jüdischen Bibel – Christen nennen sie das Alte Testament – sein Volk freigebig mit Weizen und Gerste, mit Trauben, Feigen und Granatäpfeln, mit Oliven und Honig nährt.

Leider konnte sich diese ganzheitliche Schau in der Geschichte des Christentums nicht durchhalten. Bald war in der kirchlichen Verkündigung mehr von Erlösung und Heil der *Seele* die Rede als von Erlösung und Heil des *Menschen.* Als besonders schlimm mußte sich auswirken, daß ein den Menschen in seinem Wesen bestimmender Bereich, der Bereich der Erotik und der Sexualität, ignoriert, totgeschwiegen, nur mit Widerstreben hingenommen, wenn nicht sogar verteufelt wurde. Wir brauchen hier nicht auf die Frage einzugehen, wie es kam, daß alles, was die Bibel, vor allem das Alte Testament, über die erotische Liebe sagt, nicht mehr gesehen, nicht mehr verstanden wurde, nicht mehr zur Sprache kam. „Wenn er mich doch küßte mit den Küssen seines Mundes!" – welcher Christ weiß schon, daß dieser Ausruf eines verliebten Mädchens in der Bibel steht? In unseren Predigten ist viel von Gott die Rede, von Jesus, von der Kirche, von Moral, auch von der sogenannten „christlichen" Liebe. Nichts jedoch hören wir von der Freude, die zwei Menschen aneinander finden können. Von der Liebe, die den ganzen Menschen umfaßt, wird kaum gesprochen. Sie bedarf der Legitimation in der Ehe, und selbst dann können viele christliche Eheleute ihrer nicht recht froh werden. Sie bereitet ihnen mehr Gewissensnot als gottgewollte und gottgeschenkte Freude. Vielleicht ist dies der Grund dafür, daß die Gläubigen heute Dichtern und Psychologen mehr Glauben schenken als ihren Predigern.

Nicht nur für *junge* Leute ist die Beziehung zum Partner Thema Nummer eins. Sexuelle Fragen, Partnerschaftsprobleme, Eheschwierigkeiten beschäftigen den Menschen bis ins hohe Alter hinein, und Ehescheidungen kommen nicht nur bei Leuten jungen und mittleren Alters vor, sondern mit überraschender Häufigkeit noch in verhältnismäßig hohem Alter. Psychologische Beratungsstellen und die Telefonseelsorge werden weitaus am häufigsten wegen Partnerschaftsproblemen angegangen.

Gleichzeitig stellen wir fest, daß die Einstellung zur Sexualität und die Beurteilung sexuellen Verhaltens heute in einem Wandel begriffen ist und daß kirchliche Direktiven nur noch mit Vorbehalt akzeptiert werden. Auf katholischer Seite hat dies in drastischer Weise das päpstliche Rundschreiben „Humanae Vitae" aus dem Jahr 1968 gezeigt. Der hier gemachte Versuch, durch kirchlichen Rechtsspruch das Sexualverhalten mündiger Christen zu reglementieren, scheiterte. Nur ein geringer Prozentsatz selbst der sich kirchlich gebunden wissenden Katholiken hält sich daran.

Hier klafft ein Abgrund zwischen dem kirchlichen Anspruch und der Wirklichkeit. Die herkömmliche Sexualmoral ist in eine Krise geraten. Neue Einsichten der Humanwissenschaften, der Psychologie, Psychotherapie, Soziologie, Medizin und Philosophie überlagern die traditionellen Sexualvorstellungen der Kirchen. Wir wissen heute, daß Sexualität eine Qualität des Menschen ist, die man nicht durch Gebote und Verbote in den Griff bekommen, die man noch weniger unterdrücken oder verdrängen kann, ohne daß sie sich in unbewußten Prozessen rächt.

Was ist zu tun in einer solchen Zeit des Umbruchs und der Unsicherheit? Es kann wohl nicht darum gehen, kurzerhand einem Laissez-faire das Wort zu reden. Ist es da nicht sinnvoll, einen Blick in die Bibel zu tun? Vor allem liegt es nahe, sich auf *ein* biblisches Buch zu besinnen, das ausschließlich dem Thema Liebe gewidmet ist: das HOHELIED. Haben wir nicht Grund zur Annahme, der heutige Mensch sei bereit, zu denken wie die beiden Liebenden im alten Israel, und das Alte Testament komme hierin, wie auch in anderen Bereichen, dem Lebensverständnis unserer Zeit entgegen, sogar besser entgegen als das Neue Testament?

Freilich ist bei der Berufung auf die Bibel Vorsicht und Sorgfalt geboten. Es dürfte Einmütigkeit darüber bestehen, daß wir biblische Vorstellungen, Denk- und Handlungsweisen nicht unbesehen auf unsere Zeit übertragen dürfen. Denn die Bibel stammt aus einem völlig anderen Kulturraum. Zum Beispiel setzt die Bibel, das Alte wie das Neue

Testament, die Sklaverei als selbstverständliche Institution voraus. Niemandem wird es deshalb einfallen, im Namen der Bibel für die Sklaverei einzutreten. Die Bibel verbietet, Zins zu nehmen. Keiner unserer Bankleute hat jedoch schlaflose Nächte, weil seine Bank Zinsen gibt und noch lieber Zinsen nimmt. Dennoch bleibt es dabei, daß sich in der Bibel menschliche Erfahrungen niedergeschlagen haben, die überzeitlichen Charakter haben, einfach deshalb, weil sich der Mensch in seinem Wesen bis heute gleich geblieben ist. Das gilt vor allem von der Liebe zwischen Mann und Frau.

Das große Liebeslied der Bibel

Zwar ist an Liebesliedern in der Weltliteratur kein Mangel. Aber das Hohelied ist etwas Besonderes. „Wenn er mich doch küßte mit den Küssen seines Mundes!", so sehnt sich das Mädchen nach seinem Freund. Nicht ohne Grund heißt dieses Liebeslied das „Hohelied". Und dazu steht es noch in der Bibel, die den Anspruch erhebt, uns den Weg zu Sinn und Erfüllung des Lebens zu weisen. Daß Liebeslieder überhaupt in der Bibel stehen, ist schon erstaunlich. Noch verwunderlicher ist, daß sie durch die Überschrift vor allen anderen biblischen Büchern ausgezeichnet werden. Der hebräische Titel heißt „Lied der Lieder Salomos". Durch die Verbindung eines Wortes mit seinem eigenen Plural drückt die hebräische Sprache die höchste Steigerung aus. „Lied der Lieder Salomos" bedeutet dann nichts anderes als „das schönste Lied Salomos", so wie mit „König der Könige" der größte König und mit „Buch der Bücher" das wichtigste Buch gemeint ist. Nach mittelalterlicher Sprachgewohnheit prägte Luther den Ausdruck „Das Hohelied".

Das Hohelied wird dem König Salomo zugeschrieben. Aber die Erkenntnisse der Bibelwissenschaft verbieten uns, diese Überlieferung zu übernehmen. Es war vielmehr in der Antike ein beliebter Kunstgriff, daß ein unbekannter

Dichter oder Schriftsteller sein Werk mit einem berühmten Namen schmückte. Die Bezeichnung „Das Lied der Lieder Salomos" ist aber auch insofern irreführend, als wir es im Hohenlied nicht mit *einem* Liebeslied, sondern mit einer Sammlung von Liebesliedern zu tun haben, die ursprünglich selbständig umliefen. Das bedeutet auch, daß wir im Hohenlied keinen strengen Aufbau und logischen Ablauf erwarten dürfen, ja daß zwischen einzelnen Liedern Widersprüche und Ungereimtheiten bestehen können. Die Sammlung der im Hohenlied vereinigten Liebeslieder dürfte erst nach dem babylonischen Exil (586–538 v. Chr.), vielleicht im 4. Jahrhundert vor Christus, entstanden sein. Das schließt nicht aus, spricht vielmehr dafür, daß einzelne Lieder erheblich älter sind. Heute neigt die Forschung dazu, die salomonische Epoche wieder sehr ernsthaft ins Auge zu fassen. Es war eine Zeit aufgeklärter Weltlichkeit und Freiheit, zugleich offen für alle im Hohenlied deutlich erkennbaren ausländischen, vor allem ägyptischen Einflüsse.

Was aber sollen Liebeslieder, die nur mit der menschlichen Liebe, nichts aber mit Gott zu tun haben, ja in denen das Wort „Gott" überhaupt nicht vorkommt, in der Bibel? Entsprechend groß war schon früh die Verlegenheit der Ausleger, wie sie mit diesen Texten umgehen sollten. Ursprünglich gehörte das Hohelied fraglos zu den maßgeblichen und heiligen Schriften Israels. Und alles deutet darauf hin, daß man das Hohelied in seinem eigentlichen Sinn verstand: als Ausdruck der erotischen Liebe zwischen Mann und Frau. Das entspricht ja auch ganz und gar dem Empfinden des biblischen Menschen. Für ihn ist diese Welt, so wie sie ist, mit Freude und Trauer, mit Hoffnung und Angst, mit Liebe und Leid, mit Sünde und Gnade, mit Leben und Tod von Gott gewollt. Und dem Menschen kommt es zu, diese Wirklichkeit zu gestalten. Dann aber muß auch die stärkste Kraft, die diese Schöpfung kennt, die Kraft der Liebe, darin ihren Platz finden, dann darf auch der Bereich der Erotik mit der ganzen Faszination, die ihm eigen ist, nicht fehlen.

Nachträglich aber wurden in jüdischen Kreisen Zweifel laut, ob das so verstandene Hohelied zu Recht in den Kanon, das heißt in die anerkannte Sammlung heiliger Schriften, aufgenommen worden sei. Es galt also von nun an, dem Hohenlied seinen Platz in der Bibel zu sichern, und dies scheint seit dem 2. christlichen Jahrhundert den jüdischen Auslegern nur mit Hilfe einer übertragenen oder „geistigen" Deutung möglich gewesen zu sein. Diese Hinwendung zum Geistigen und Geistlichen hatte notwendig eine Abwertung, ja Verachtung des Leiblichen im Gefolge. Man hielt es für unzumutbar, daß der Heilige Geist seine Inspiration für die Verherrlichung der Liebe zwischen Mann und Frau verschwendete. Die Liebe, die im Hohenlied besungen wird, gilt nun als die Liebe zwischen dem Bräutigam Jahwe und der Braut Israel.

Daß die christliche Auslegung des Hohenliedes sehr bald in die Fußstapfen dieser jüdischen trat, ist angesichts der Sexualfeindlichkeit der frühen Kirche – die in Augustinus ihren einflußreichsten Vorkämpfer fand – nicht verwunderlich. Man bezog also die im Hohenlied besungene Liebe auf das Verhältnis zwischen Christus und der Kirche, Christus und der einzelnen Seele, Christus und Maria. Nur so ist zum Beispiel zu erklären, daß Thomas von Aquin sich auf seinem Sterbebett das Hohelied von Anfang bis Ende vorlesen ließ. Wir haben es mit einem verhängnisvollen Wechselverhältnis zu tun: Aus einer falschen Einstellung zum Leib und zur Sexualität ergab sich eine falsche Deutung des Hohenliedes und aus dieser wieder eine falsche Einstellung zur Sexualität. Diese allegorische Deutung des Hohenliedes ist heute weitestgehend aufgegeben. Warum sollen die Liebeslieder der Bibel anders zu verstehen sein als andere Liebeslieder aus der gleichen Zeit, dem gleichen Raum? Denn die Liebeslyrik Israels, wie sie uns im Hohenlied entgegentritt, steht im alten Orient keineswegs isoliert da. Auch die Nachbarvölker Israels hatten ihre Liebeslieder, die Babylonier, die Assyrer, die Hetiter.

Am besten wissen wir heute Bescheid über die Liebeslyrik der alten Ägypter, und sie ist es auch, die zum biblischen Hohenlied die größte Ähnlichkeit aufweist. Liebesdichtung fand im alten Ägypten auch deshalb besonders günstige Voraussetzungen, weil in keinem Land des alten Orients die Frau sich solcher Wertschätzung und Freiheit erfreute wie in Ägypten, so daß sich Mann und Frau auch in der Liebe als zwei gleichberechtigte Partner begegneten. Die Ähnlichkeit zwischen den ägyptischen und den biblischen Liebesliedern liegt weniger in der sprachlichen Form als in den verwendeten Bildern. So sagt im Hohenlied das Mädchen, es sei krank vor Liebe (2,5; 5,8). Die Liebe ist eine Krankheit. Eben dieses Bild wird in einem uns erhaltenen ägyptischen Liebeslied entfaltet. Ein verliebter junger Mann erklärt, er sei krank, weil er seine Geliebte eine ganze Woche nicht gesehen habe:

„Sieben Tage sah ich die Geliebte nicht.
Krankheit hat mich befallen.
Mein Herz wird schwer.
Ich habe mich selbst vergessen.

Wenn Ärzte zu mir kommen,
bin ich mit ihren Mitteln nicht zufrieden.
Keinen Ausweg finden die Beschwörer,
meine Krankheit wird nicht erkannt.

Wenn man mir sagt: Siehe, sie ist da,
belebt es mich.
Ihr Name ist das, was mich erhebt.
Das Kommen und Gehen ihrer Boten
ist das, was mein Herz am Leben hält.

Besser als alle Mittel ist für mich die Geliebte.
Mehr ist sie mir als das Rezeptbuch.
Ihr Eintritt von draußen ist mein Amulett.
Wenn ich sie sehe, dann gesunde ich.

Wenn sie ihr Auge öffnet,
verjüngt sich mein Leib.

Wenn sie spricht, dann erstarke ich.
Wenn ich sie umarme, verjagt sie von mir das Übel.
Sie ging von mir vor sieben Tagen."

Oder nehmen wir ein anderes Beispiel. Mehrfach erscheint im Hohenlied der Baum als stummer Zeuge der Liebe. „Unter dem Apfelbaum weckte ich dich", sagt der junge Mann zu seiner Freundin (8,5). In einem ägyptischen Liebeslied wird eine solche Sprache dem Baum selbst in den Mund gelegt:

„Es ergeht sich unter mir
die Geliebte in ihrem Wandel.
Ich bin verschwiegen
und verrate mit keinem Wort, was ich sehe."[29]

Erotik und Sexualität kein Tabu

Der in der christlichen Tradition erzogene und mit dem Alten Testament wenig vertraute Mensch ist immer wieder überrascht, wenn nicht schockiert, mit welcher Offenheit das Alte Testament über den Bereich von Erotik und Sexualität spricht. Wir finden erotische Aussagen nicht nur im Hohenlied. Sie ziehen sich durch das ganze Alte Testament. Gelegentlich sind sie von solcher Freimütigkeit, daß immer wieder gefragt wurde, ob es sich zieme, sie in der Kirche vorzulesen.

Die bekannteste erotische Erzählung ist vielleicht die Geschichte der jungen Witwe Rut, die sich auf Anraten ihrer Schwiegermutter abends aufs Feld begibt, wo ihr Geliebter zwischen den Garbenhaufen nächtigt, und, nachdem er eingeschlafen ist, unter seine Decke schlüpft und die ganze Nacht „zu seinen Füßen" schläft, wie es mit verhüllender Offenheit heißt. Die Bibel billigt ihr Tun. An anderen Stellen wird die Erotik mit einfühlsamer Zartheit mehr angedeutet als ausgesprochen, etwa in der Erzählung von Jakob, der sich von seinem Dienstherrn Laban dessen schöne Tochter Rahel zur Frau erbittet. Der geizige Laban fordert als Brautpreis, daß Jakob ihm für Rahel sieben Jahre diene. Und der Erzähler sagt: „Also diente Jakob um Rahel sieben Jahre, und sie kamen ihm vor wie *ein* Tag, so lieb hatte er sie" (Gen 29,20). Die Bibel läßt auch keine Unklarheit darüber aufkommen, welches das auslösende Moment für Jakobs Liebe zu Rahel war: „Rahel hatte eine schöne Gestalt und ein schönes Gesicht" (V.17).

Das Alte Testament hat einen ausgesprochenen Sinn für weibliche Schönheit. Im Neuen Testament lesen wir von keiner Frau, sie sei schön gewesen, auch nicht von Maria, der Mutter Jesu; auch nicht von Maria von Magdala, jener Frau, die Jesus am heißesten geliebt hat und sicher auch von ihm geliebt wurde. Im Alten Testament aber wird von mindestens einem Dutzend Frauen gesagt, sie seien schön, ja sehr schön gewesen, so von Sara, Rebekka, Rahel, Abigajil, Batseba, Tamar, Ester, Judit. Aber auch bei Männern wird ihre Schönheit hervorgehoben, wenn auch weniger häufig als bei Frauen: bei Josef, bei David, bei seinem Sohn Abschalom. Von Abschalom wird berichtet: „In ganz Israel gab es keinen schöneren Mann als Abschalom. Von der Fußsohle bis zum Scheitel war kein Fehl an ihm" (2 Sam 14,25).

In keiner biblischen Schrift aber hat sich die Erotik so dicht und drängend artikuliert wie im Hohenlied. Wir haben es im Hohenlied mit einer Sammlung von Liebesliedern zu tun, wie sie im alten Israel gesungen wurden. Liebeslieder sind zeitlos, und so darf es uns nicht wundern, daß noch heute im modernen Israel die meisten Liebeslieder aus Motiven und Wendungen des alten biblischen Hohenliedes bestehen. Hier erfahren wir, was ein israelitisches Mädchen unter einem schönen Mann verstand. Die Freundinnen fragen: „Was hat dein Geliebter mehr als sonst ein Geliebter?" Da läßt das Mädchen seinen Blick im Geist vom Kopf bis zu den Füßen des Geliebten gleiten:

„Mein Geliebter ist leuchtend rot,
unter Tausenden fällt er auf.

Sein Haupt ist feinstes Gold,
seine Locken Dattelrispen,
rabenschwarz,

seine Augen wie Tauben an Wasserbächen,
die baden in Milch, sitzen an vollen Becken,

seine Wangen wie Balsambeete,
darin Würzkräuter wachsen,
seine Lippen sind Blumen,
sie triefen von Myrrhenöl,

seine Arme goldene Ringe,
besetzt mit Tarschisch,
sein Leib ein Kunstwerk aus Elfenbein,
bedeckt mit Saphiren,

seine Schenkel Säulen von Alabaster,
die stehen auf goldenen Sockeln,
er sieht aus wie der Libanon,
auserwählt wie Zedern,

sein Gaumen ist lauter Süße
und alles an ihm ist Lust.

So ist mein Geliebter, so ist mein Freund,
Töchter Jerusalems!" (5,9–16).

Vielleicht mutet uns diese Sprache fremd an. Die ganze Beschreibung des Geliebten besteht aus einem einzigen Satz. So als könnte das Mädchen nicht aufhören, seine Schönheit zu preisen, reiht sich ein Eindruck an den anderen, bis das Mädchen am Ende überwältigt ausruft: So ist er! Sie beschreibt ihn nicht direkt. Man kann sich von seiner Größe, seiner Augenfarbe, seinem Gesichtsausdruck kein Bild machen. Und doch steht er lebendig vor uns, eine Harmonie von Farbe, Glanz und Formen. In farblichem Kontrast zueinander stehen zum Beispiel sein tiefschwarzes Haar und das milchige Weiß seiner Zähne, die Bronzefarbe von Gesicht und Armen und das Elfenbein seines Körpers. Ebenso sind die Umrisse und Linien entgegengesetzt: Die weichen Locken und die kelchförmigen Lippen stehen den Walzen der Arme und den Säulen der Schenkel gegenüber. Leben kommt in das Bild durch die Bewegung der Augen, das Spiel der Lippen, den Duft der Wangen. In einem späteren Kapitel des Hohenliedes ist es der Mann, der seinerseits die Geliebte besingt, und auch hier befähigt die Freude an der Schönheit der Frau den Dichter zu einer ungewöhnlichen Schönheit der Sprache:

„Wie schön sind deine Schritte in den Sandalen,
Fürstentochter!
Das Rund deiner Hüften ist wie ein Kleinod,
von Künstlerhand gemacht.

Dein Schoß ist eine runde Schale,
nicht mangle der Mischwein!
Dein Leib ist ein Weizenhaufen,
umgeben von Blumen.

Deine beiden Brüste sind wie zwei Zicklein,
Zwillinge der Gazelle.

Dein Hals ist wie ein Elfenbeinturm,
deine Augen sind wie die Teiche von Heschbon
am Tor Bat-Rabbim.
Deine Nase ist wie der Libanonturm,
der nach Damaskus späht.

Oben dein Kopf ist wie der Karmel,
und dein Haar glänzt wie Purpur“ (7,2–6).

Und nun natürlich auch das Verlangen, das die Schönheit der Frau im Manne weckt:

„So wie du dastehst,
gleichst du der Palme
und deine Brüste den Trauben.

Ich dachte: Ich steige auf die Palme,
greife nach ihren Rispen.
Deine Brüste will ich genießen
wie Trauben des Weinstocks,

den Duft deiner ‚Nase' wie Äpfel
und deinen Mund wie besten Wein" (7,8f).

Der erotische Ton dieser Beschreibungen der männlichen und weiblichen Gestalt wird noch verstärkt durch eine Fülle von Vergleichen, die im alten Orient einen erotischen Beiklang hatten. Die junge Frau stellt sich als Hirtin vor (1,5f), redet aber gleichzeitig von ihrem Garten, in dem der Geliebte als Gärtner waltet, und auch von ihrem Weinberg, und sie bekennt ganz offen: „Ich habe meinen Weinberg nicht gehütet" (1,6). Die Liebe wird mit dem Wein verglichen, an dem man sich berauscht (1,4; 4,10; 5,1), aber auch mit der Süße des Honigs (4,11; 5,1). Das Haus, in dem die beiden sich der Liebe hingeben, wird Weinhaus genannt (2,4). Das Mädchen erscheint als Narzisse und als Lilie, die man pflückt (2,3), der Geliebte als Apfelbaum, in dessen Schatten man sitzt und dessen Früchte man begehrt (2,3), die Zeit der Liebe wird als Frühling beschrieben (2,11–13). Ihren Gipfel aber erreicht diese erotische Sprache, wenn der junge Mann die Geliebte anredet: „Dein Schoß ist ein Park" (4,13), oder wenn er erklärt:

„Bis der Morgenwind weht
und die Schatten fliehen,
will ich zum Myrrhenberg gehen
und zum Weihrauchhügel" (4,6),

und wenn die Freundin ihn einlädt:

„Mein Geliebter komme in seinen Garten
und esse von seinen köstlichen Früchten" (4,16).

Solche Texte zeigen uns, daß im Hohenlied trotz aller Offenheit vieles mehr verhüllt angedeutet, als ausgesprochen wird. Es gibt letzte Wirklichkeiten, von denen wir nur in Bildern sprechen können, weil sie unsere Erfahrung und unser Begreifen übersteigen. Das gilt von Gott, das gilt vom Tod, das gilt auch von der Liebe. Deshalb löst im Hohenlied ein Vergleich den anderen ab. Die Bilder werden der Pflanzenwelt, der Tierwelt, der Landschaft, der Architektur und dem menschlichen Körper entnommen.

An *Pflanzen* dienen als Vergleich die Feldblume (Lilie) und die Narzisse (2,1f). Sie stehen nicht nur für Unschuld und Schönheit, sondern weisen wegen ihrer lippenhaften Form auf die Sexualität der Frau hin; aus dem gleichen Grund wird auch vom Mann gesagt, seine Lippen seien Blumen (5,13). Blumen sind insgesamt Bild für den Liebesbereich und Liebesgenuß (6,2; 7,3), wobei die Zyperblume, mit der der Geliebte verglichen wird (1,14), aber auch der Schoß der Frau (4,13) und das nächtliche Liebeslager (7,12) vor allem wegen ihrer rötlichen Farbe auf vitale Lebensfreude und Liebe hinweisen. Der Apfel, womit die junge Frau erquickt werden möchte (2,5) und wonach ihre Brüste duften (7,9), ist ein in der Antike weit verbreitetes Liebessymbol, so daß der Apfelbaum sich als Bild für den Geliebten anbietet (2,3) und der Platz unter dem Apfelbaum für das Liebeslager (8,5), das Sitzen in seinem Schatten für die Hingabe der Frau (2,4). Der Wein steht als Bild für Liebe und Liebkosung wegen seiner Süße (1,2; 4,10; 7,10) und seiner berauschenden Wirkung (1,4; 5,1; 8,2). Kein Wunder, daß die Liebe (2,15), vor allem aber der Leib der Frau mit dem Weinberg (1,6; 8,11f) und ihre Brüste mit den Trauben verglichen werden (7,8f), daß die Liebenden sich nach den sprossenden Weinstöcken umsehen (6,11; 7,13) und daß das Liebesgemach „Weinstube" genannt wird (2,4). Der Granatapfel ist wegen seiner vielen Kerne im gesamten alten Orient Symbol der Fruchtbarkeit (6,11; 7,13; 8,2). Die Liebenden sehen sich deshalb um, ob die Granaten blühen. Der Schoß der Frau ist ein Park von Granatbäumen (4,13), während ihre hinreißende Gestalt der Palme gleicht (7,8f). Das Haus der Liebe ist mit Zedern und Zypressen gebaut. Während die Zeder mit ihrem mächtigen Stamm und ihren weit ausladenden Ästen Schutz und Geborgenheit schenkt, ist die schlanke und nach oben sich zuspitzende Zypresse ein männliches Sexualsymbol.

Daß die Liebe und ihre Anziehungskraft mit allen Arten von Düften verglichen wird, liegt nahe: Narde (1,12; 4,13f), Safran (4,14), Gewürzrohr (4,14), Zimt (4,14), Aloe (4,14), Weihrauch (3,6; 4,14) und vor allem immer wieder

Myrrhe (5,5.13; 3,6), das köstlichste aller Salböle. Kein Wunder, daß die Gabe des Mannes damit verglichen wird, und wir haben keine Mühe zu verstehen, was die junge Frau meint, wenn sie erklärt:

„Ein Myrrhesäckchen ist mir mein Geliebter,
zwischen meinen Brüsten nächtigt er" (1,13),

und wenn er wiederum sie einlädt:

„Steh auf, meine Freundin,
meine Schöne, und komm!

Schau doch, der Winter ist vorüber,
der Regen ist dahin, vorbei.

Die Blüten erscheinen im Land,
die Zeit des Rebschnitts ist da.

Der Feigenbaum treibt seine Feigen,
die Reben blühen und duften" (2,10–13).

Blüte und Duft nach Regen und Winter (2,12f) kennzeichnen die nach Trennung, Trauer und Langeweile erwachende Liebe, so wie die am Feigenbaum sich abzeichnende Wandlung und Reifung der Früchte zur Reifung und zum Vollzug der Liebe einlädt.

Kühn sind auch die der *Tierwelt* entnommenen erotischen Bilder. Die junge Frau wird mit der Stute am Wagen des Pharao verglichen (1,9). Hier ist das Pferd, vor allem in der ägyptischen Liebeslyrik, Bild für die königliche Erscheinung, vor allem aber für die ungehemmte Vitalität der Frau. Bevorzugt werden im Hohenlied aber die Tiere, die durch ihre Schnelligkeit wie durch ihre schlanke und zarte Anmut auffallen. Der ungestüm auf das Haus der Geliebten zueilende Mann wird mit der Gazelle und dem jungen Hirsch verglichen (2,9), beide Tiere – sie paaren sich, wann es sie dazu drängt – stehen aber auch für die unbefangene Liebesbegegnung (2,17; 8,4), ja die Liebe wird, anstelle Gottes, bei Gazelle und Junghirsch, den Symboltieren der

Liebesgöttin, beschworen (2,7; 3,5). Die Zwillingsjungen der anmutigen Gazelle sind Bild für die Brüste der Frau (4,5; 7,4). „Meine Taube" ist Kosename für sie (2,14; 5,2; 6,9) – weiße Tauben waren die Attribute der Liebesgöttin Astarte. Wegen ihres erregenden Augenschnitts werden die Augen sowohl des Mannes (5,12) als auch der Frau (1,15; 4,1) mit Tauben verglichen. Hingegen stehen die Löwen, die Panther (4,8) und die Füchse (2,15) für alles, was die Liebe bedroht.

Einen deutlich erotischen Hintersinn haben des weiteren gewisse *Landschaftsbilder* im Hohenlied. Mit dem „Tal" (2,1; 6,11) ist ebenso wie mit dem Garten, Lustgarten (4,12.15f; 5,1; 6,2; 8,13), Park, Paradies (4,13) der Schoß der Frau gemeint, vollends mit dem „Myrrhenberg" und dem „Weihrauchhügel" (4,6). Die Brüste werden „geteilte Berge" genannt (2,17).

Felsenklüfte und Steilwand weisen umgekehrt auf die Unnahbarkeit und Unzugänglichkeit des unberührten Mädchens hin (2,14). Seine Schönheit gleicht der der Königsstädte Tirza und Jerusalem (6,4). Der Libanon ist allgemein Inbegriff von Schönheit, Hoheit, Mächtigkeit, weshalb sowohl die Gestalt des Mannes (5,15) als auch die der Frau (7,5) an ihn erinnert. Die Wüste mit ihren Schrecknissen, die die Geliebte mit der Prunkhalle (3,6–10) und dem Apfelbaum (8,5) vertauscht, markiert für die Liebenden den Kontrast zwischen Sehnsucht und Erfüllung, einst und jetzt. Die ganze Schöpfung wird eingefangen, wenn der Freund in der Freundin Sonne und Mond, Morgenröte und Naturspiele verkörpert sieht (6,10). In den Nachträgen werden die Brüste des Mädchens allgemein mit Türmen verglichen, seine Standhaftigkeit und Unnahbarkeit mit einer Mauer (8,1).

Gelegentlich werden Bilder aus der *Architektur* für das Liebesleben eingesetzt. Die Thronhalle Salomos, deren Wände zwar aus Zedernholz sind, die im übrigen aber von Silber, Gold und Purpur strotzt (3,9f), ist keineswegs der

Hochzeitssaal. Vielmehr symbolisiert sie den herrlichen Raum der Liebe – ist doch ihr Inneres „mit Liebe ausgelegt“. Der schlanke Hals der Frau wird mit dem „Turm Davids“ verglichen – in idealisierender Anspielung auf die weiße Hautfarbe auch „Elfenbeinturm“ genannt (7,5) –, einem uns unbekannten, damals aber offenbar jedem bekannten Befestigungswerk in Jerusalem (4,4). Mit Säulen aus Alabaster werden die Schenkel des Mannes verglichen (5,15). Wenn allerdings gesagt wird, die Säulen stünden auf goldenen Basen, so zeigt sich darin wieder, wie in der verliebten Bewunderung der Vergleich die Grenzen der Wirklichkeit sprengt. Dasselbe gilt, wenn der Leib der Geliebten mit einer Elfenbeinschnitzerei verglichen wird – solche sind durch Funde in Palästina aus der Früh- bis zur Spätzeit vielfältig bezeugt! –, die aber mit Saphiren besetzt ist (5,14).

Unter den *körperlichen* Reizen, die den Liebespartner in ihren Bann schlagen, scheinen die Augen eine dominierende Rolle zu spielen. Die Augen des Mädchens (1,15; 4,1), aber auch die des Mannes (5,12), sind aufregend wie Taubenaugen, die der Frau klar und tief wie ein Teich (7,5), sie bringen den jungen Mann völlig aus der Fassung (6,5), ja ein einziger Blick von ihr genügt, um ihn zu verzaubern (4,9): „Verzaubert hast du mich“ – so redet der Mann die Geliebte an – „verzaubert hast du mich (schon) mit *einem* Blick deiner Augen“ (4,9). Bei beiden übt der Mund eine erotische Wirkung aus (4,3; 5,13), beim Mädchen besonders das Rot der Lippen (4,3), aber auch das Haar (4,1). Während der Frau am Mann Arme und Schenkel auffallen (5,14f), fühlt sich dieser angezogen von ihren zierlichen Füßen (7,2), den runden Hüften (7,2) und vor allem den Brüsten (4,5; 7,4.8f). Wird davon mit großer Freimütigkeit gesprochen, so vom Schoß nur in diskreten Bildern: Er ist ein Paradies mit Fruchtbäumen (4,13), eine runde Schale, in die sich der Mischwein ergießt (7,3).

Diese wohltemperierte Mischung von Verhüllung und Enthüllung ist im Hohenlied überhaupt etwas Frappierendes. Offen begehrt die Frau die Küsse des Geliebten: „Wenn er mich doch küßte mit den Küssen seines Mundes!" (1,2), spricht aber doch wieder zurückhaltend von der dabei empfundenen Seligkeit, indem sie bekennt: „Dein Gaumen ist lauter Süße" (5,16), so wie seinerseits der Mann von ihrem Kuß: „Honigseim triefen deine Lippen, Honig und Milch sind unter deiner Zunge" (4,11), und „ich genieße deinen Mund wie besten Wein" (7,10).

Das gleiche gilt von der Liebeshingabe. Was könnte sie deutlicher bezeichnen als die Aussage der Frau: „Ein Myrrhebeutel ist mir mein Geliebter, zwischen meinen Brüsten nächtigt er" (1,13), oder: „Sein linker Arm liegt unter meinem Kopf und sein rechter umfängt mich" (2,6; vgl. 8,3), und daneben wieder diskrete Bilder und Anspielungen, die in der Verhüllung alles besagen: „Der König liegt an seiner Tafel" (1,12); „Komm, wir gehen hinaus aufs Feld und nächtigen in den Zyperblumen, dort schenke ich dir meine Liebe" (7,12f); „Laub ist unser Lager" (1,16) – die Hingabe in der freien Natur –; der Geliebte ist ein Apfelbaum, in dessen Schatten das Mädchen sitzt und dessen Frucht es genießt (2,3f); sie lädt ihn ein, es den Gazellen und Hinden gleich zu tun, „bis der Tag heranweht und die Schatten fliehen", also die ganze Nacht (2,17; 4,6); sie ruht nicht, bis sie ihn in das Haus und in die Kammer ihrer Mutter gebracht (3,4); der Geliebte kommt in „seinen" Garten, ißt von seinen allerbesten Früchten (4,16; 5,1) und pflückt von seinen Blumen (6,2.11); er besteigt die Palme (7,9); an der Tür der beiden duften die Liebesäpfel (7,14).

All das spielt sich ab im Alltag Israels, und doch wieder diesem entrückt in einer „heilen", idealen bzw. idealisierten Welt. Wir hören die spöttischen Bemerkungen der Hirten über die junge Frau, die, um sich an den Mann zu bringen, sich „zufällig" in ihrer Nähe zu schaffen macht (1,7); wir sehen das Schwärmen der anderen Mädchen um den begehrten Mann (1,3), aber auch alle Hindernisse, die sich dem ungestörten Zusammensein der beiden Liebenden entgegenstellen: die sittenhütenden Brüder (1,6), die eifersüchtigen Nebenbuhler (2,15; Nachtrag 8,13), die Wächter über die öffentliche Ordnung und Sittlichkeit (3,3; 5,7), das Gerede der Leute (8,1), weshalb die beiden zum Schutz der Nacht (3,4; 5,2–7) oder zu Apfelwiesen und Weinbergen ihre Zuflucht nehmen müssen (2,16f; 7,12f). Zwar hilft die Mutter verständnisvoll nach (3,4; 8,2), denn sie hat die gleichen Erfahrungen gemacht (8,5). Dennoch müssen die beiden stets bangen, beim Liebesglück gestört zu werden (2,7; 3,5; 8,4).

Die Frau war im alten Israel durchaus nicht so bevormundet, wie wir anzunehmen geneigt sind. Eine ganze Reihe von Texten, etwa die Erzählungen von Rebekka, Rahel, Dina, Rut zeigen uns, daß Frauen mit großer Selbstsicherheit auftreten konnten. Aber auch das Hohelied ist ein schlagender Beweis dafür, mit welcher Freiheit sich junge Frauen in der Öffentlichkeit und gegenüber dem Mann bewegten. Offenbar wird nichts Böses darin gesehen, daß sich zwei Liebende den Augen der Menschen entziehen, um sich einander ungestört hingeben zu können. „Ich bin meines Geliebten, und er hat Verlangen nach mir", spricht das Mädchen, und:

„Komm, mein Geliebter, hinaus auf die Flur,
dort will ich dir meine Liebe schenken.

Es duften die Liebesäpfel,
vor unseren Türen sind köstliche Früchte …,

die habe ich, mein Geliebter,
dir aufgespart" (7,11–14).

Es fällt auf, daß im Hohenlied die Frau eher öfter die Initiative zur Liebe ergreift als der Mann. Sie meint keineswegs warten zu müssen, bis der Mann um sie wirbt. „Nimm mich mit", bittet sie ihn (1,4). „Bis der Tag heranweht und die Schatten fliehen, komm, mein Geliebter" (2,17). „Mein Geliebter komme in seinen Garten und esse von seinen allerbesten Früchten" (4,16), und schließlich: „Lege mich doch wie ein Siegel an dein Herz" (8,6).

Nichts und niemand kann die Geliebten trennen. „Ich

bin meines Geliebten, und mein Geliebter ist mein", beteuert die junge Frau erneut (6,3), obwohl es doch eine heimliche, nicht legitimierte Liebe ist. Der diesbezüglich kühnste Text dürfte im 3. Kapitel des Hohenliedes stehen:

„Auf meinem Lager eine lange Nacht
suchte ich, den ich so innig liebe.
Ich suchte ihn, und ich fand ihn nicht.

Aufstehen will ich und die Stadt durchstreifen,
die Straßen und Plätze,
ihn suchen, den ich so innig liebe.
Ich suchte ihn, und ich fand ihn nicht.

Ich stieß auf die Wächter
bei ihrer Runde durch die Stadt.
„Den ich so innig liebe, habt *ihr* ihn gesehen?"

Kaum war ich an ihnen vorbei,
da fand ich, den ich so innig liebe.

Ich hielt ihn fest und ließ ihn nicht los,
bis ich ihn in das Haus meiner Mutter gebracht,
in die Kammer, wo sie mich gebar" (3,1–4).

Wie sollte das Lied anders zu verstehen sein, als daß sich zwei Liebende bei Nacht heimlich suchen und finden? Wie tolerant kann doch die Bibel sein!

Die erotische Liebe ist das einzige Thema des Hohenliedes. Ihr gilt aller Preis, unabhängig von irgendwelchen Interessen und Konsequenzen wie Ehe und Kind. Sie ist in sich selbst das köstlichste Gut dieser Welt. Zwar müssen die zwei jungen Menschen bis zu einem gewissen Maß auf die öffentliche Meinung Rücksicht nehmen, im übrigen aber geben sie sich ganz der Liebe hin, unbekümmert um moralische und juridische Folgen. Wenn im Alten Testament sittliches Fehlverhalten dargestellt wird, wie der Brudermord des Kain, der Betrug der Brüder Josefs, der Ehebruch Davids, dann läßt der Erzähler nie einen Zweifel darüber aufkommen, daß er dieses Tun verurteilt. Der im Hohenlied dargestellten Liebe gegenüber deutet jedoch weder die Dichtung selbst noch ein anderer Text des Alten und Neuen Testaments irgendeinen Vorbehalt an. Unermüdlich wird die körperliche Schönheit des Mannes und vor allem der Frau gepriesen: „Schön bist du, mein Geliebter" (1,16), „schön bist du, meine Freundin, schön bist du" (1,15; 4,1; 6,4), „schön sind deine Wangen" (1,10), „wie bist du schön" (7,7), „rundum bist du schön" (4,7).

Indes bleibt es im Hohenlied nicht bei der äußeren Bewunderung der Schönheit, diese wird zur personalen Erfahrung: „Wie schön ist das Spiel deiner Liebe!" (4,10), ja die junge Frau hat keine Hemmungen zu erklären, sie sei „krank vor Liebe" (5,8). Die Liebeshingabe ist eine Blumenwiese (6,2f.11), ein Garten, dessen Düfte die Winde aufwehen (4,16–5,1), ein Rausch von Wein, den die Liebenden in solcher Fülle genießen, daß er ihre Lippen im Schlaf benetzt (7,10), ja sie wird zur Ekstase, bei der die Sinne schwinden (6,12).

Entschiedenheit, Ernst und Personalität der Liebe – auf sie allein kommt es an

Dabei handelt es sich um eine Liebe, die sich nicht im Rahmen der Ehe abspielt. Meist treffen sich die Liebenden im Freien. Die Frau erklärt: „Unser Lager ist Laub, die Balken unseres Hauses sind Zedern, unsere Dachsparren sind Zypressen" (1,16f), und sie lädt ihren Freund ein: „Komm, mein Geliebter, wir gehen hinaus aufs Feld, dort schenke ich dir meine Liebe" (7,12f). Auch wird angedeutet, daß diese Zusammenkünfte zeitlich begrenzt und immer schon von der bevorstehenden Trennung überschattet sind. „Bis der Tag heranweht und die Schatten fliehen, komm her, mein Geliebter", so fordert die Freundin zur Liebe auf (2,17), und die beiden bitten nur, daß man sie diese kurze Zeit ihrer Freude ungestört überlasse: „Stört nicht die Liebe, bis sie selbst es will" (2,7; 3,5).

Wir haben es mit zwei unverheirateten Menschen zu tun, und nichts läßt erkennen, daß sie überhaupt daran denken, eine Ehe zu schließen. Es geht im Hohenlied einzig und allein um die Freude, die zwei junge Menschen aneinander haben, und um den Liebesgenuß. Darum spielen das Drängen zueinander hin und die unerfüllte Sehnsucht eine so große Rolle. Alle möglichen Kniffe müssen die beiden anwenden, um zusammenzukommen, und die heiß ersehnte Erfüllung hat nichts mit einer „gottgewollten Ehe" gemein. Die Frau sucht den Geliebten auf dem Weideplatz und erkundigt sich, wo er wohl sein könnte (1,7f); sie verlangt, im „Schatten" des Geliebten zu sitzen (2,3), sie sehnt sich nach ihm auf ihrem Lager eine lange Nacht und macht sich schließlich auf, ihn in der Nacht zu suchen, was dem Verhalten einer Ehefrau schwerlich entspricht (3,1ff).

Aber selbst wenn uns im Hohenlied zwei unverheiratete Liebende gegenüberstehen, wäre es falsch, daraus zu schließen, das Hohelied polemisiere gegen die Ehe. Es ist weder für noch gegen die Ehe, es preist weder die eheliche noch die uneheliche Liebe, sondern die Liebe *in sich*. Es will uns die Augen dafür öffnen, daß die Liebe *als solche* der höchste Wert ist, unabhängig von allem Nutzen, der daraus erwächst. Dann aber ist auch klar, daß mit dieser Liebe nicht die willkürliche und hemmungslose Sexualität gemeint sein kann. Wir sind himmelweit entfernt von der heute verbreiteten Mentalität, wonach Sexualität etwas frei Verfügbares ist, das dem einzelnen zusteht, das er sich nehmen kann in beliebigem Umgang, das er ausprobieren, mit dem er experimentieren kann. Diese ungehemmte Freizügigkeit und Konsumhaltung gegenüber der Sexualität liegt unter dem Niveau eines verantworteten Menschseins, sie liegt aber auch unter dem Niveau des biblischen Liebesverständnisses.

Wir haben es im Hohenlied mit zwei Menschen zu tun, die einander ausschließlich gehören und in einer zutiefst personalen Beziehung zueinander stehen. „Mein Geliebter ist mein und ich bin sein", beteuert die junge Frau immer wieder (2,16; 6,3; 7,11). Sie denkt nur an ihn, sehnt sich nur nach ihm, sucht nur ihn. Sie kann sich nicht vorstellen, daß sie einem anderen gehören, einem anderen sich hingeben könnte. Ebenso gibt es für ihn nur „seine Freundin" (1,15 u.ö.), „seine Schöne" (2,10), „seinen Garten" (5,1), nur ihre Stimme ist für ihn süß. Die personale Beziehung ist in der Liebe entscheidend, sie bestimmt ihre moralische Qualität. Die Entschiedenheit und der Ernst, mit denen Liebe dann gelebt wird, kann in einer außerehelichen Beziehung da sein und in einer ehelichen fehlen. Auf sie allein aber kommt es an.

Stört nicht die Liebe!

Das gebrochene Verhältnis der Kirche zur Sexualität – Ein biblisches Plädoyer für Freiheit in Verantwortung

Die Mahnung „Stört nicht die Liebe" steht im biblischen Hohenlied, und im vollen Wortlaut heißt es dort:

> „Ich beschwöre euch, Töchter Jerusalems:
> Stört nicht die Liebe,
>
> schreckt sie nicht auf,
> bis sie selbst es will."

Nicht weniger als dreimal finden wir diese Beschwörung in der köstlichen Liebesdichtung (2,7; 3,5; 8,4). Immer ist es die junge Frau, die sie ausspricht, und jedesmal finden wir sie bei einem intimen Zusammensein mit ihrem Geliebten:

> „Sein linker Arm liegt unter meinem Kopf,
> und mit seinem rechten umarmt er mich" (2,7, 8,4).

Daß die Bitte, die Liebe nicht zu stören, immer der *Frau* in den Mund gelegt wird, mag seinen Grund darin haben, daß die Frau die Liebe intensiver und ganzheitlicher erfährt als der Mann. Beschworen, die Liebe nicht zu stören, werden die „Töchter Jerusalems", womit gewiß nicht nur die Familienangehörigen und Nebenbuhler gemeint sind, sondern überhaupt die ganze Gesellschaft. Die beiden Liebenden fühlen sich in der Äußerung ihrer Liebe bedroht und gestört durch gesellschaftliche Zwänge, durch einen unangemessenen Sittenkodex. Demgegenüber verweisen sie auf die *Eigengesetzlichkeit der Liebe*: „Stört sie nicht, bis sie *selbst* es will." Die Liebe hat *ihre* Spielregeln, sie ist eine Welt für sich. Niemand hat das Recht, ihr Geheimnis, ihre Intensität, ihren Ernst und ihre Feier zu stören.

Dabei müssen wir uns vor Augen halten, daß es sich um zwei unverheiratete Menschen handelt. Ganz offen bekennen sie sich zu ihrer Liebe, obwohl es eine durch keine Institution abgesicherte Liebe ist. Es ist eine Moral, zu der die Bibel offenbar ihr vorbehaltloses Ja sagt, eine Moral, gegen die – soweit die Evangelien das erkennen lassen – auch Jesus keine Einwendungen erhob – eine Moral freilich auch, die himmelweit verschieden ist von der Moral, die jahrhundertelang von der Kirche gelehrt wurde und bis heute vom Papst in aller Welt verkündet wird. Wir ermessen, wie dringend geboten es erscheinen muß, die kirchliche Sexualmoral mit der biblischen zu vergleichen und die eine an der anderen zu messen. Dies um so mehr, als die Moraltheologen freimütig bekennen, sie kämen zur Zeit auf diesem Gebiet nicht weiter, das Gespräch sei blockiert, und sie wendeten sich deshalb lieber anderen Themen zu.

Die große Kluft zwischen Lehre und Leben

So reifte der Plan, Vorarbeiten, die ich auf diesem Gebiet schon erbracht hatte, auf eine etwas breitere Basis zu stellen. Daß dabei der besorgniserregende Zustand unserer, das heißt in diesem Fall der katholischen Kirche, mittreibend war, sei nicht verschwiegen. Längst hat eine neue Reglementierung eingesetzt: Beschränkungen, Verbote, Kontrollen, Lehrbeanstandungen lösten einander ab, Laisierungsgesuche von Priestern häuften sich zu Tausenden auf den Schreibtischen des Vatikans und bleiben unbearbeitet. Die Entwicklung ins Offene, in die Freiheit und in die Weite, die unter Johannes XXIII. und dem Konzil so hoffnungsvoll begonnen hatte, wurde nicht nur gestoppt, sondern ins Gegenteil verkehrt. Namen wie Pfürtner, Küng, Schillebeeckx, Pohier, Boff, Curran und Drewermann machen deutlich, wohin ein Engagement für den Fortschritt in Theologie und Kirche führt. Immer eifriger bereiste der Papst die Länder der Welt, um seinen Kirchentreuen ins Gewissen zu reden. Wie ein roter Faden zieht sich dabei durch seine Ansprachen die Warnung vor Verhütungsmitteln und die Mahnung vor allem an die jungen Menschen, keusch zu leben, denn Sexualität dürfe es nur in einer *Ehe* geben, und zwar in einer unauflöslichen Ehe.

Es ist offenkundig, daß die ethischen Forderungen der Kirche, die das Sexualleben des einzelnen betreffen, kaum noch Gehör finden. Dies gilt nicht nur von jenen, die sich keiner Kirche zugehörig fühlen, sondern auch von jenen, die sich durchaus als gläubige Christen verstehen. So praktizieren in den Vereinigten Staaten über 80% der Frauen, die regelmäßig am kirchlichen Leben teilnehmen, die heute üblichen Formen der Geburtenregelung – bei uns dürften die Dinge ähnlich liegen –, und längst ist die sogenannte Ehe ohne Trauschein gesellschaftsfähig geworden. Mehr und mehr stößt das Beharren der Kirche auf einem realitätsfernen Sittenkodex auf Unverständnis. Die Menschen möchten selbst entscheiden, wie sie leben wollen. So wird die Kluft zwischen der Theorie der kirchlichen Lehre und der gelebten Moral der Christen, die sich nicht mehr um diese Lehre kümmern, immer tiefer. Und immer mehr verliert die Kirche dabei an Glaubwürdigkeit.

Auf der anderen Seite macht sich, vor allem bei den Älteren, eine Orientierungslosigkeit breit, die bis zur Resignation führt. Immer wieder wird geklagt, daß alles nicht mehr gelte, was einmal gegolten habe, daß heute offenbar alles erlaubt sei. Immer wieder wird gefragt: Woran sollen wir uns noch halten? Was können wir unseren Kindern sagen? Ist nicht alles ins Wanken geraten? Und nicht selten steckt auch ein wenig Neid dahinter: Wir früher haben uns an alle Vorschriften der Kirche gehalten – heute macht man es den jungen Leuten so leicht, sie dürfen sich so viele Freiheiten herausnehmen. Wir Alten sind die Dummen gewesen!

Daß die Kirche sich heute mit der Sexualität so schwertut, kann freilich den nicht überraschen, der weiß, daß sie sich immer damit schwer getan hat. Kaum in einer Phase ihrer Geschichte hat sie ein normales, unbefangenes Verhältnis zur Sexualität gehabt. Wie läßt sich das erklären?

Von Urzeiten an ist im Menschen das Bewußtsein verankert, daß der ganze Bereich des Geschlechtlichen mit dem Heiligen unvereinbar sei. Alle antiken und primitiven Kulturen kannten und kennen mehr oder weniger ausgeprägte Sexualtabus. Eine Erklärung dafür, warum bestimmte sexuelle Vorgänge und Phänomene als „unrein" gelten, läßt sich in den betreffenden Kulturen selbst allerdings nicht finden. Es scheint jedoch so zu sein, daß der Mensch von jeher gerade in der geschlechtlichen Befriedigung auch die Bedrohtheit und Vergänglichkeit des menschlichen Glücks, ja des Lebens überhaupt erfahren hat. Angst und Abwehr verbanden sich mit dem Verlangen nach Erfüllung und Dauer. So wie der antike Mensch im Glück den „Neid der Götter" fürchtete, so scheute er in der Lust zurück vor der Bedrohtheit seiner Existenz. Weil das orgastische Lustempfinden, das den Menschen überwältigt, an den Rand der Existenzerfahrung führt, wird es zugleich als gefährdend empfunden – nicht umsonst werden in Mythologie und Dichtung Liebe und Tod in engem Zusammenhang gesehen. Diese Überwältigung von unbeherrschbaren Emotionen deutete der Mensch als Eingriff von Mächten *außerhalb* seiner selbst; er schrieb ihnen Gewalt über Glück und Untergang zu. Die Ambivalenz sexueller Erfahrung wurde deshalb fast notwendig mit Tabus belegt. Das Heilige war mit dem Geschlechtlichen unvereinbar.

Man braucht nur an die Reinheitsvorschriften des alten Israel zu denken, um sich von der sorgsamen Trennung beider Bereiche ein Bild zu machen. So bewirken zum Beispiel Geschlechtsverkehr (Lev 15,18), Samenfluß (Lev 15,1–6) und Menstruation (Lev 15,19–33) per se kultische Unreinheit. Diese hat nichts mit moralischer Schuld zu tun, sondern ist, wie der Name sagt, ein Zustand, der von der Teilnahme am Kult, am Gottesdienst, ausschließt. Daß die Frau mit besonders schweren Kultverboten behaftet wurde[30], ist sicher auch auf die magische und rituelle Bedeutung des Blutes zurückzuführen. Die Frau ist den Dämonen leichter zugänglich als der Mann und stellt deshalb eine Gefährdung für ihn dar. Ähnliche Vorstellungen sind auch in anderen Kulturen und Religionen anzutreffen.

Blick in die Geschichte der kirchlichen Sexualfeindlichkeit

Es lag nahe, daß die Rolle, die vorher die Dämonen innehatten, im Christentum der Teufel übernahm, wobei gleichzeitig die *kultische* Unreinheit zur *moralischen* Unwürdigkeit umgewertet wurde. Damit aber trat die Sexualität aus ihrer Neutralität und Ambivalenz heraus und wurde einseitig als böse, schlecht, verwerflich, das heißt negativ bewertet. In dieser erst im Christentum vollzogenen Verkehrung der religiös begründeten kultischen Unreinheit zur sittlichen Schuld scheint mir der Grund und der Anfang aller Sexualfeindlichkeit der Kirche zu liegen.

Während der Menstruation durfte die Frau keine Kirche betreten und schon gar nicht die Kommunion empfangen. Erst recht wurde die Wöchnerin gemieden. Man fürchtete, ihr unreines Blut ziehe den Teufel an. Brautleute konnten sich dem Einfluß des Teufels nur entziehen, wenn sie in der ersten Nacht enthaltsam blieben und ihr Brautbett einsegnen ließen. Ebenso schrieb man den nächtlichen Samenerguß dem Teufel zu. Die Überzeugung, daß jede sexuelle Lust „böse Begierde" und somit „des Teufels" sei, beruht nach modernen psychoanalytischen Erkenntnissen letztlich auf einer unreflektierten magischen Sexualangst, zu deren Folgen alle möglichen abergläubischen Auswüchse zählen. Schließlich ist auch der Hexenwahn und die Exorzismuspraxis ein Ergebnis der wuchernden Sexualphobien des späten Mittelalters.

Um die heutigen Entscheidungen der Kirche in der Sexualmoral zu verstehen, müssen wir einen Blick in die Geschichte werfen. Da zeichnet sich eine erstaunliche Entwicklung ab.

Für *Paulus* war die Ehe eine Hilfe gegen die Prostitution.

Er gibt den Rat:

> „Den Unverheirateten und den Witwen sage ich: Es ist gut, wenn sie so bleiben wie ich. Wenn sie sich aber nicht enthalten können, sollen sie heiraten. Es ist besser zu heiraten, als zu brennen" (1 Kor 7,10).

Was bereits hier deutlich wird: Es gibt nur Enthaltsamkeit oder Ehe. Die Sexualität als solche spielt überhaupt keine Rolle, sie wird gar nicht erwähnt. Und bis heute liefert immer die Ehe den Maßstab für die Beurteilung sexuellen Verhaltens. Was außerhalb der Ehe geschieht, ist abweichendes Sexualverhalten und deshalb immer Sünde – ganz gleich, wie es motiviert und verantwortet wird, ob es anlagebedingt oder krankhaft ist.[31] Noch heute läßt Papst Johannes Paul II. keinen Zweifel daran, daß die Sexualität ein menschliches und moralisches Gut nur innerhalb der Ehe ist. In seiner Predigt vom 15. November 1980 in Köln erklärte er: „Volle Geschlechtsgemeinschaft hat ... ihren legitimen Ort allein innerhalb der ausschließlichen und endgültigen personalen Treuebindung in der Ehe."[32] Diese Lehre hat der Papst während seines gesamten Pontifikats unermüdlich eingeschärft. Sie ist auch in den „Katechismus der katholischen Kirche" von 1992 eingegangen, der jede „körperliche Vereinigung zwischen einem Mann und einer Frau, die miteinander nicht verheiratet sind", als „Unzucht" und als schweren Verstoß „gegen die Würde dieser Menschen und der menschlichen Geschlechtlichkeit selbst" bezeichnet (Nr. 2353).

Die negative Bewertung der Sexualität durch den Rabbiner Paulus ist um so erstaunlicher, als für die Juden die Verpflichtung zur Ehe und Fortpflanzung das erste und höchste Gebot war. Die Rabbinen betrachten den Auftrag „Seid fruchtbar und mehret euch" (Gen 1,28) nicht nur als das zeitlich erste der 613 Gebote der Thora, sondern auch als das erste an Gewicht und Verpflichtung. Vor diesem Hintergrund ist wohl auch die Frage des Schriftgelehrten an (den unverheirateten) Jesus zu sehen: „Welches ist das erste Gebot unter allen?" (Mk 12,28; vgl. Mt 22,38). Im

Hinblick aber auf das von Paulus erwartete nahe Ende der Welt ist für ihn die Kinderzeugung bedeutungslos geworden, und damit fällt auch der eigentliche Zweck der Ehe dahin. Diese hat fortan nur noch Sinn als *„remedium concupiscentiae"*, als Heilmittel gegen die Begierlichkeit und zur Verhütung der Prostitution.

Wir müssen vieles übergehen und gleich zu *Augustinus* kommen. Auffällig ist bei den Kirchenvätern *vor* Augustinus, wie stark sie sich in der Einschätzung der Sexualität von ihren Paradiesvorstellungen leiten ließen. Im Paradies war der Mensch den Engeln gleich, und weil er unsterblich war, bedurfte es auch keiner Fortpflanzung. Auf die Frage, warum Gott den Menschen dennoch mit Organen der Fortpflanzung ausgestattet habe, wurde geantwortet: Dies sei deshalb geschehen, weil Gott den Sündenfall schon vorausgesehen habe.

Augustinus (353–430) aber ist der eigentliche Begründer des kirchlichen Sexualpessimismus. Er überlegt, ob die ersten Menschen im Paradies wohl auch geschlechtlichen Umgang gehabt hätten. Nach längerem Zögern gibt er dies zwar zu. Aber dieser Umgang, so meint er, geschah ohne jede Erregung und unter vollkommener Willenskontrolle. Erst nach dem Sündenfall war der Mensch nicht mehr Herr seiner Sinne und wurde von der Begierde *(concupiscentia)* überwältigt. Nach der Überzeugung des Augustinus ist die geschlechtliche Lust immer Sünde. Andererseits ist sie ein Faktum, das wohl oder übel in Kauf genommen werden muß. Aber sie ist so weit als möglich zu verdrängen. „Je weniger Sexualität, um so besser", ist deshalb seit Augustinus die kirchliche Parole.

Vollends zementiert wurde die negative Bewertung der Sexualität durch die großen Theologen des 13. Jahrhunderts, vorab *Thomas von Aquin* (1225–1274), der die ganze spätere Theologie entscheidend prägte. Schon aufgrund seiner Einschätzung der Frau konnte Thomas nicht zu einer positiven Einschätzung der Sexualität finden. Für Thomas ist die Frau ein unvollkommenes Wesen, mangelhaft und zufällig *(aliquid deficiens et occasionatum)*, eine Mißbildung der Natur, eine Zwischenstufe zwischen Tier und Mann, ja ein mißglückter Mann. Der Mann ist gegenüber der Frau „vollkommener an Verstand und stärker an Tugend" *(ratione perfectior et virtute fortior)*. Von dieser Grundlage her beantwortet Thomas die Frage, wie es zur Zeugung eines Mädchens statt eines Knaben komme: Schuld an der Zeugung eines Mädchens sei, so lautet seine Argumentation, daß die „aktive Kraft" des Mannes auf irgendeine Weise behindert sei, etwa durch eine Schwäche der männlichen Zeugungskraft. Aber auch rein äußere Einflüsse könnten schon als Ursache in Frage kommen. Thomas schreibt wörtlich: „Der Nordwind hilft zur Zeugung von Männern, der Südwind aber zur Zeugung von Frauen" (STh I, 92,1 ad 1; 99,2 ad 2). Die Frau ist also ein Produkt des Föhns! Demnach müßten in unseren Alpentälern fast nur Mädchen geboren werden!

Eine andere unheilvolle Entwicklung bahnt sich ebenfalls im 13. Jahrhundert an. Es ist die Lehre von der sogenannten *„materia gravis"* (der „schweren Materie"). Gemeint ist: Während bei allen anderen Verfehlungen zwischen schweren und läßlichen Sünden unterschieden wird, je nachdem, ob es sich um eine schwere oder geringfügige Sache (Materie) handelt (z. B. Diebstahl von 5 oder 5000 DM), wären alle sexuellen Verfehlungen, auch die geringfügigsten, ihrer Natur nach schwere Sünden. Auf diesem Gebiet konnte der Mensch nur *schwer* sündigen. Damit verselbständigte sich die Sexualmoral innerhalb der Moraltheologie und bekam ein Eigengewicht, das ihr nicht zusteht. Sexualität wird grundsätzlich als böse oder jedenfalls als bedrohend eingeschätzt. Erst seit der Mitte dieses Jahrhunderts hat die katholische Moraltheologie begonnen, von der *materia gravis*-Lehre abzurücken.

Der Buchdruck gestattete der Kirche eine ganz neue Einflußnahme auf die Gläubigen. Die Zeit der großen *Katechismen* begann, angefangen mit dem auf das Konzil von Trient zurückgehenden *Römischen Katechismus* (1566).

Ursprünglich waren die Katechismen ein Hilfsmittel für die Hand des Lehrers. Deshalb sind die ersten Katechismen breit angelegt und auf Vollständigkeit bedacht. Es ist nicht uninteressant, an ihnen die Entwicklung der Sexualerziehung zu verfolgen.[33] Denn sie geben nicht nur die herrschende Lehrmeinung wieder, sondern spiegeln zugleich das Wechselspiel von profaner und religiöser Geisteshaltung.

Von Anfang an konzentrierte sich die Behandlung sexueller Fragen auf das 6. Gebot. Während sich jedoch die ältesten Katechismen in der Formulierung an die biblische Überlieferung halten und eine sachgemäße, offene Sprache sprechen, verändert und verengt sich die Redeweise immer mehr. Bald schon wird das 6. Gebot „Du sollst nicht die Ehe brechen" umformuliert in „Du sollst nicht Unkeuschheit treiben", wobei dann die Moraltheologie für sich in Anspruch nimmt zu definieren, was Unkeuschheit ist. Der Weltkatechismus von 1992 bringt diesen Sachverhalt problemlos auf die Formel: „Die Überlieferung der Kirche hat das 6. Gebot als auf die gesamte menschliche Geschlechtlichkeit bezogen verstanden" (Nr. 2336).

Der absolute Tiefstand wurde im 19. Jahrhundert erreicht. Um die Mitte dieses Jahrhunderts wird für die Geschlechtsteile die Bezeichnung „unehrbare Teile" eingeführt. Damit wird alles Geschlechtliche endgültig mit Unkeuschheit identifiziert.

Ein Umdenken in sexuellen Fragen auch der Christen kam nicht von Katecheten oder Moraltheologen, sondern von außen. Die Abkehr von der Prüderie und Intoleranz des Bürgertums, das stärkere Selbstbewußtsein des einzelnen, bedingt durch Ergebnisse der Medizin, Psychologie und Verhaltensforschung, der Wunsch nach Freiheit und Sinnerfüllung, die Fähigkeit der freien Äußerung, auch von Gefühlen, führen dazu, daß die Kirche ihre Monopolstellung immer mehr verliert. Längst interessieren nicht mehr die Details. Eine Debatte über die Stufen der sexuellen Versuchung, über die frei oder nicht frei gewollte Lust, über den

Punkt, an dem der Coitus beginnt, würde nur noch ein müdes Lächeln hervorrufen. Heute hängt das moralische Urteil über sexuelles Verhalten ausschließlich von der Partnerbindung ab, das heißt von der persönlichen Bindung an einen anderen. Es unterliegt allein dem Kriterium der Echtheit und Wahrhaftigkeit. Sexuelle Probleme haben sich für den (jungen) Menschen heute vom religiösen Bewußtsein abgelöst. Die traditionelle Sexualethik ist hinfällig geworden, ja sie kann nicht einmal mehr als bekannt vorausgesetzt werden. Durch die neuen Einsichten, die uns die Humanwissenschaften vermitteln, bilden sich auch neue Normen.

Entgegen dieser selbst von Moraltheologen zugegebenen Realität bleibt das kirchliche Lehramt dabei, bestimmen zu dürfen, wann Sexualität erlaubt ist und wann nicht, wie Sexualität in der Ehe auszusehen habe und worauf es dabei ankommt. Womit begründet die Kirche ihren Anspruch, dermaßen massiv in das persönliche Leben des einzelnen einzugreifen, ein Anspruch, in dem die moderne Gesellschaft nur noch eine Reaktion auf den zunehmenden Machtverlust der Kirche sieht?[34]

Das sogenannte Naturrecht

Die klassische Berufungsinstanz war natürlich zunächst – wie könnte es anders sein – die *Bibel*. Man versuchte, etwa das Verbot außerehelicher Beziehungen oder der Selbstbefriedigung aus der Bibel abzuleiten, und das kirchliche Lehramt tut dies, wie wir sehen werden, bis heute. Wir werden aber auch sehen, daß die Bibel auf sexuellem Gebiet erstaunlich *wenig* festlegt, sondern das meiste dem freien Ermessen des Menschen überläßt. Mit der Zeit konnten sich auch die Moraltheologen der Einsicht nicht verschließen, daß mit der Bibel nicht durchzukommen war. Deshalb verlegten sie sich mehr und mehr auf das sogenannte *Naturrecht*.

Die Lehre, wonach das *Recht* in der *Natur*, das heißt im Wesen des Menschen begründet ist, geht auf die griechischen Philosophen zurück. Sie wird vom Christentum, vor allem in der Scholastik und Neuscholastik, dahin modifiziert, daß sich im Naturrecht das in die *menschliche Natur* eingepflanzte *göttliche Gesetz* fassen lasse. Das würde nichts anderes bedeuten, als daß der Mensch eine vorgegebene Struktur habe, aus der er folgerichtig seine Rechte und Pflichten erkennen könne. Und es gebe objektive Normen, an die der Mensch von seiner Natur aus gebunden sei. Das heißt: Das Naturrecht sei unwandelbar und universal gültig.

An dieser Auffassung hält die offizielle Kirche nach wie vor fest. Die kirchliche Lehre versteht sich als die authentische *Interpretation des Naturrechts*. Dieses könne zwar vom Menschen mit seiner Vernunft erkannt werden. Im Lichte der Offenbarung aber erkenne er es sicherer und umfassender, ja das Naturgesetz gehöre zum Inhalt der Lehre Christi, deren Verkündigung der Kirche obliege.

In unserem Jahrhundert waren es vor allem die beiden sich ablösenden Piuspäpste, Pius XI. (1922–1939) und Pius XII. (1939–1958), die diese Doktrin bekräftigten. Sie leiten die Zuständigkeit des kirchlichen Lehramtes, sich auch zu gesellschaftlichen und wirtschaftlichen Fragen zu äußern, aus dessen Verantwortung für die gesamte, auch die natürliche Sittlichkeit ab. Im Sozialrundschreiben „Quadragesimo anno" (1931) führt Pius XI. aus:

> „Nach Recht und Pflicht walten Wir kraft Unserer höchsten Autorität des Richteramtes über die gesellschaftlichen und wirtschaftlichen Fragen. [...] Die von Gott Uns anvertraute Hinterlage der Wahrheit und das von Gott Uns aufgetragene heilige Amt, das Sittengesetz in seinem ganzen Umfang zu verkünden, zu erklären und – ob erwünscht, ob unerwünscht – auf seine Befolgung zu dringen, unterwerfen nach dieser Seite hin wie den gesellschaftlichen, so den wirtschaftlichen Bereich vorbehaltlos Unserem höchstrichterlichen Urteil" (II/Anfang).

Im gleichen Sinn äußerte sich Pius XII.[35] Aber auch Paul VI. (1963–1978) und Johannes Paul II. (seit 1978) machen sich diese Argumentation zu eigen. Vor allem in seiner umstrittenen Enzyklika „Humanae vitae" (1968) beruft sich Paul VI. auf die Naturrechtslehre:

> „Kein gläubiger Christ wird bestreiten, daß die Auslegung des natürlichen Sittengesetzes zur Aufgabe des kirchlichen Lehramtes gehört. [...] Denn auch das natürliche Sittengesetz bringt den Willen Gottes zum Ausdruck, und dessen treue Befolgung ist ja allen Menschen zum ewigen Heil notwendig" (Nr. 4).

In seiner nicht weniger umstrittenen Enzyklika „Veritatis splendor" (1993) erklärt Johannes Paul II. zustimmend: „Die Kirche hat sich oft auf die thomistische Lehre vom Naturgesetz berufen und sie in ihre Moralverkündigung aufgenommen" (Nr. 44), und er hält an der „Unveränderlichkeit des Naturgesetzes" und am Bestehen „objektiver Normen der Sittlichkeit" fest (Nr. 53).

Diese Naturrechtslehre mußte sich vor allem in der Sexualethik verheerend auswirken, zumal die Humanwissenschaften längst darüber hinausgewachsen sind und der Naturrechtsbegriff auch bei den Theologen in Kontroverse geraten ist. Thomas von Aquin, auf den sich die Naturrechtslehre im wesentlichen stützt, hatte noch ein statisches Bild vom Menschen, ihm erschien die leib-seelische Natur des Menschen als eine unabänderliche Gegebenheit. Der Mensch war als festumrissene und definierbare Größe in die Natur eingeordnet. Daraus ergab sich für Thomas auch eine statische Ethik.

Die Ethik muß offen bleiben

Inzwischen sind allerdings die wissenschaftlichen Erkenntnisse über das Wesen des Menschen nicht stehengeblieben. Wir wissen heute, daß alles menschliche Denken und Erkennen geschichts- und kulturgebunden ist. Es entzieht sich also jeder Verallgemeinerung. Der Mensch hat entdeckt, daß er nicht mehr Teil der Natur ist, sondern aus ihr hervorgegangen ist und etwas aus sich machen kann. Deshalb richtet er sich nicht mehr nach der Naturordnung, sondern er bestimmt selbst, nach welcher Ordnung er leben will. Und so lebt er mehr aus den Erkenntnissen und Erfahrungen seiner eigenen Geschichte, als aus einer vorgegebenen Struktur. „Der Mensch kann aus dem Mutterschoß der unendlichen Möglichkeiten der Natur, durch seine Kunst, welche die Naturen durchschaut, die Dinge hervorbringen, die dann zugleich Natur- und Kunstdinge sind. Der Mensch ist durch seine Kunst der Mittler zwischen der Natur und der Wirklichkeit."[36] Natur kann deshalb heute nicht mehr Norm des Handelns sein. Norm des Handelns kann nur der Mensch sein.

In der kritischen Überprüfung der Naturordnungslehre erwies sich seit 1970 der Schweizer Jesuit Jakob David (er war mein Deutschlehrer in der „Stella Matutina" in Feldkirch) als Pionier. Er erklärt: „Das normierende Subjekt ist der Mensch, der geschichtsbezogene, geschichtlich wandelbare Mensch."[37] Der Mensch ist es also, der sich entfalten und verändern kann, nicht die Natur.

Von daher spricht der Tübinger Moraltheologe Alfons Auer von der „Autonomie des Sittlichen". Gemeint ist, daß die Qualität des menschlichen Tuns als gut oder böse sich von der vorgegebenen Wirklichkeit her bestimmt. Das Sittliche ist das Wirklichkeitsgemäße: „Wenn ich wissen will, wie ich mich in Ehe, Familie, Beruf, Staat, Technik, Kunst, Wissenschaft usw. zu verhalten habe, muß ich zuerst wissen, was diese Lebensbereiche für die menschliche Person und ihre sozialen Beziehungen bedeuten, welche Gesetze in ihnen herrschen, welche Sinnwerte in ihnen repräsentiert sind, welche geschichtlichen Möglichkeiten ihnen offenstehen und welche Grenzen ihnen gesetzt sind. Erst dann kann mir klarwerden, wie ich mich in ihnen zu verhalten habe, damit sie ihren Sinn und ihre Funktion für das menschliche Dasein in optimaler Weise erfüllen."[38]

Freilich hat für die neueren Anthropologen (und Moraltheologen) das Wissen um den Menschen immer vorläufigen Charakter. Denn die Zukunft ist unbekannt. Die Ethik muß offen bleiben. Dennoch ist sie nicht relativ oder experimentell, denn sie folgt ja immer demselben Prinzip, an dem neu auftretende Möglichkeiten gemessen werden, so daß es immer wieder zur Ausbildung neuer Normen kommt und kommen muß.

Die Ausbildung neuer Normen betrifft nicht zuletzt die Sexualmoral, denn gerade sie hat sich in den letzten Jahrzehnten mit besonderer Schnelligkeit gewandelt. Daran haben die neuen Einsichten der Humanwissenschaften entscheidenden Anteil. Wenn es dem Menschen entspricht, sein eigenes Wesen selbst festzustellen und zu deuten, und wenn sich seine Existenzbedingungen beständig wandeln, kann auch die menschliche Sexualität nur mit der Kategorie „Entwicklung" genügend erfaßt werden. So wie die Sexualität des Kleinkindes eine andere ist als die des Jugendlichen, so ist auch das Nichtmehrzeugen und -gebärenkönnen nach der Menopause kein akzidentelles Defizit, sondern bestimmt die Sexualität des Alters. Und so wie unser Sexualverhalten von unserer abendländischen Kultur geprägt ist, so leben andere Völker nach anderen Gesetzen.

F.-X. Kaufmann zeigt auf, daß, abgesehen vom Christentum, nur zwei von 248 untersuchten Völkern oder Kulturen ein totales Sexualtabu außerhalb der Ehe kennen. Wenn also die Beschränkung von erlaubten Geschlechtsbeziehungen auf die Ehe so verschwindend selten ist, darf man wohl kaum behaupten, der Mensch sei „von Natur aus" zur Ehe veranlagt. Und schon gar nicht gibt es ein „natürliches Sexualverhalten" des Menschen „im Sinne eines instinktiv richtigen Verhaltens wie beim Tier, sondern was als ‚natürlich' gilt, ist notwendigerweise stets das Produkt kultureller Normen."[39] Damit aber wird die Argumentation mit der Natürlichkeit und Unnatürlichkeit, die die offiziellen kirchlichen Verlautbarungen bestimmen, fragwürdig, wenn nicht hinfällig.[40] Es gibt kein natürliches Sexualverhalten, so wenig es natürliche Empfängnisverhütung gibt. Denn was vom Biologischen her naturgemäß sein mag, widerspricht nicht selten der psychischen Natur der Eheleute, vor allem der der Frau.

Nach kirchlicher Lehre hat Sexualität allein in der Ehe ihren Platz und wird auch da eher mißtrauisch beobachtet. Was außerhalb der Ehe geschieht, ist immer Unzucht und schwere Sünde. Als die drei schwerstwiegenden Formen sexuellen Fehlverhaltens gelten noch immer der vor- und außereheliche Geschlechtsverkehr, die Homosexualität und die Selbstbefriedigung. Da über das erste Thema „Vor- und außerehelicher Verkehr" ein eigenes Kapitel folgt, können wir uns hier auf ein Wort über Selbstbefriedigung und Homosexualität beschränken.

Selbstbefriedigung und Homosexualität

Wir haben schon einleitend festgestellt, daß die *Bibel* sich über zahlreiche Formen sexuellen Verhaltens, die in der kirchlichen Tradition großes Gewicht bekommen haben, *völlig ausschweigt*. Dazu gehört die sogenannte Selbstbefriedigung, über die die Bibel nicht *ein* Wort verliert. Offenbar sah man darin nichts Bemerkenswertes oder gar Sündhaftes. Daß es sie in biblischer Zeit nicht gab, ist unvorstellbar, sind sich die Menschen doch ihrer Struktur nach durch Jahrtausende gleich geblieben. Heute wird angenommen, daß fast 100% aller männlichen Jugendlichen bis zum 15. Lebensjahr schon mit der Selbstbefriedigung Bekanntschaft gemacht haben (bei den Mädchen liegen die Zahlen tiefer). Während aber die heutige Sexualwissenschaft und Verhaltensforschung darin ein ganz normales Durchgangsstadium sieht, hält die Kirche an deren Sündhaftigkeit fest. Die in mancherlei Hinsicht erstaunliche Erklärung der Glaubenskongregation „zu einigen Fragen der Sexualität" von 1975 räumte zwar ein, daß die Bibel die Selbstbefriedigung nicht ausdrücklich verwerfe. Sie werde jedoch überall dort verurteilt, wo im Neuen Testament von Unreinheit, Schamlosigkeit und anderen Lastern gegen die Keuschheit und Enthaltsamkeit die Rede sei. Es ist leicht zu zeigen, daß hier schlicht in die Bibel hineingelesen wird, was man gerne aus ihr herauslesen möchte, und selbst bestwillige Kommentatoren verwunderten sich darüber, daß die Kirche keine größeren Sorgen hat.

Indes bleiben sich die römischen Verlautbarungen im wesentlichen treu. Unter Berufung auf das erwähnte Dokument von 1975 erklärte die „Orientierung zur Erziehung in der menschlichen Liebe" (Kongregation für das katholische Bildungswesen, 1. Dez. 1983): „Die Selbstbefriedigung ist nach katholischer Lehre eine schwere sittliche Verfehlung" (Nr. 98). Dasselbe bestätigt der „Katechismus der katholischen Kirche" (1992) in wörtlichem Rückgriff auf das Papier von 1975, auch wenn er einräumt, daß „affektive Unreife, die Macht eingefleischter Gewohnheiten, Angstzustände und weitere psychische und gesellschaftliche Faktoren [...] die moralische Schuld vermindern oder sogar aufheben" können.

Wie schon angedeutet, ist die Selbstbefriedigung nach der Verhaltensforschung eine Phase zur völligen Reifung der Sexualfunktion. Sie wird deshalb von den Psychologen als eine notwendige Entwicklungsstufe angesehen. Denn nur über sie haben viele Jugendliche die Möglichkeit, die eigene Orgasmusfähigkeit kennenzulernen, in einem Alter, in dem sie aus sozialen und psychologischen Gründen keinen Partner finden. Wer die Selbstbefriedigung verbietet oder durch Schuldgefühle belastet, macht sich somit schuldig an der normalen Entwicklung des jugendlichen Menschen. Orgasmusfähigkeit ist eine wichtige persönliche Bereicherung. Sie ermöglicht erst die Erfahrung der Macht, die die Voraussetzung eines gesunden partnerschaftlichen Sexuallebens bildet. Nicht selten sind Zölibatäre, vor allem Nonnen, orgasmusunfähige und -unbedürftige Menschen.

Die Befürchtung, der junge Mensch könne von der Selbstbefriedigung nicht mehr loskommen, hält man heute für unbegründet. Zu häufiges Onanieren kann zwar ein Symptom für sich dahinter verbergende Probleme sein, wie allgemeine Spannungssteigerung, Angst oder Einsamkeit und eine schon vorgegebene Kontaktarmut; im Normalfall jedoch ist die Phase der Selbstbefriedigung als ein Durchgangsstadium zur Sexualreife zu sehen. Sie kann aber auch, besonders bei Frauen, eine bewußt gelebte Form der Sexualität sein. Wenn sich diese Erkenntnisse auch in der kirchlichen Einsicht durchsetzen, werden sich die Jugendlichen ohne Schuldgefühle entwickeln können.

Noch heute gilt in der katholischen Kirche Homosexualität als schwere Sünde. Noch heute bekommt deshalb ein Homosexueller, gleich ob männlich oder weiblich, nicht die Lossprechung, wenn er nicht verspricht, seine Beziehung zu seinem gleichgeschlechtlichen Partner aufzugeben. Er kann also nicht am sakramentalen Leben der Kirche teilnehmen.

Dies rief ein bis heute gültiges Schreiben der Römischen Glaubenskongregation vom 1. Oktober 1986 „über die Seelsorge für homosexuelle Personen" mit Bestimmtheit in Erinnerung.[41] Für die Seelsorge an den Homosexuellen wird den mit diesem Schreiben angesprochenen Bischöfen anempfohlen, das geistliche Leben der Homosexuellen zu fördern, besonders durch „den häufigen und ehrfürchtigen Empfang des Bußsakramentes". Sie sollen alle Gläubigen über dieses wichtige Thema informieren; sie dürfen Homosexuellen für ihre Feiern keine kirchlichen Gebäude und Schulen zur Verfügung stellen; sie sollen die Mitarbeit katholischer Theologen heranziehen und besonders sorgfältig die Seelsorger auswählen, die mit dieser „heiklen Aufgabe" betraut werden. Die Seelsorger ihrerseits dürfen „die Mitarbeit psychologischer, soziologischer und medizinischer Wissenschaften heranziehen – freilich nur, soweit diese sich mit der „vollen Treue zur Lehre der Kirche" deckt.

Daß das Schwergewicht dieses Schreibens auf der „Lehre der Kirche" liegt, ist unschwer zu sehen. Es geht ihm darum, in Erinnerung zu rufen, „daß einzig und allein in der Ehe [...] der Gebrauch der Geschlechtskraft moralisch gut sein" kann, während die Homosexualität den „Plan des Schöpfers bezüglich der Geschlechtlichkeit des Menschen" sabotiert. So muß denn auch die Pastoral an den Homosexuellen damit beginnen, daß die Priester instand gesetzt werden, „die Lehre der Kirche einem jeden vollständig zu verkündigen". Und obwohl Jesus in seiner Predigt nie auch nur ein Wort über dieses Thema verlor, beruft sich das Schreiben für diese „Lehre der Kirche" auf die „Lehre des Herrn".

Dieses Dokument und seine unhaltbare Sicht haben sich auch im „Katechismus der katholischen Kirche" (1992) niedergeschlagen. Zwar wird um Mitgefühl für die Homosexuellen wie für Kranke und Behinderte geworben: „Ihnen ist mit Achtung, Mitleid und Takt zu begegnen. Man hüte sich, sie in irgendeiner Weise ungerecht zurückzusetzen. Auch diese Menschen sind berufen, in ihrem Leben den Willen Gottes zu erfüllen und, wenn sie Christen sind, die Schwierigkeiten, die ihnen aus ihrer Veranlagung erwachsen können, mit dem Kreuzesopfer des Herrn zu vereinen." Schließlich aber bleibt es dabei, „daß die homosexuellen Handlungen in sich nicht in Ordnung sind. Sie verstoßen gegen das natürliche Gesetz, denn die Weitergabe des Lebens bleibt beim Geschlechtsakt ausgeschlossen. [...] Sie sind in keinem Fall zu billigen" (2357f).[42]

Es ist eindeutig, daß die *Bibel* die Homosexualität verurteilt oder zumindest ablehnt. Allerdings wird diese niemals allein genannt. Sie steht immer im Zusammenhang mit anderen Sünden oder Bosheiten wie Götzendienst, Prostitution, Vergewaltigung oder Preisgabe des Gastrechts. Sie ist wie diese Kennzeichen der Gottlosigkeit und wird nicht schärfer bestraft als andere Vergehen. Den Hintergrund der Ablehnung bildet das biblische Menschenbild. Danach ist die Liebe zwischen Mann und Frau die Normalform. Sie entspricht nicht nur der Schöpfungsordnung, sondern der religiös wie ethnisch wichtigen Aufgabe der

Zeugung. Hinzu kommt, daß die Antike nichts von einer genuin homosexuellen Veranlagung wußte. Sowohl in der griechischen Kultur der Knabenliebe als auch sonst überall handelt es sich immer um homosexuelle Handlungen heterosexueller Menschen. Vor diesem Hintergrund ist auch die Position des Paulus zu verstehen, wonach homosexuelle Handlungen widernatürlich sind. Seiner Natur entsprechend soll der Mensch heterosexuell sein.

Im Anschluß an die Bibel und das damals gültige Menschenbild lehnen auch die *Kirchenväter* die Homosexualität ab. Als Argumente dienen ihnen durchgehend der Schöpfungsbericht, wonach Gott den Menschen als Mann und Frau erschaffen hat, und die Polemik des Apostels Paulus im 1. Kapitel des Römerbriefs. Sodom und Gomorra gelten als warnendes Beispiel für die Strafe, die die Homosexualität heraufbeschwört. Für Thomas von Aquin ist Homosexualität widernatürlich wie Masturbation und Bestialität. Seine Ansicht hat großen Einfluß auf die Nachwelt ausgeübt.

Zwar sind sich auch die profanen Wissenschaften über die Ursachen der Homosexualität noch nicht einig. Angeboren oder anerzogen, also genetisch oder milieubedingt, das ist die große Frage. Es wird sogar angenommen, daß jeder Mensch in seinem Leben einmal eine homosexuelle Phase durchmacht.[43] Als Ursache der Homosexualität scheint heute eine genetisch bedingte Disposition primär in Betracht gezogen zu werden, die manifest wird, wenn andere Faktoren hinzutreten. Einigkeit herrscht aber darin, daß Homosexualität zum betreffenden Menschen gehört, sein Wesen bestimmt, ihn konstituiert. Er kann seine Veranlagung befriedigen, verdrängen oder sublimieren (letzteres wurde von den Beichtvätern verlangt), aber er kann sich nicht umpolen, so wie auch ein Linkshänder nicht umgepolt werden kann, ohne psychischen Schaden zu nehmen.

Vor allem die Selbstaussagen der Homosexuellen beweisen immer mehr die Unhaltbarkeit und Unzulänglichkeit der kirchlichen Position. Sie quält die Frage: Wie kann ich als homosexueller Mensch mein Leben sinnvoll gestalten und bewältigen? Was sie erwarten und fordern, ist nichts anderes, als was den Heterosexuellen selbstverständlich zugestanden wird: das freie, selbstverantwortliche sexuelle Verfügungsrecht. Es wäre ja denkbar, daß die Homosexualität kein Defizit, sondern eine Variante der Natur ist, also der Heterosexualität gleichzustellen wäre. Schließlich bleibt auch der Heterosexuelle oft hinter seiner Bestimmung und Möglichkeit zurück. Nicht zuletzt bedingt die Verschiebung des Akzents von der Zeugung auf die personale Liebe, die in der Ehemoral festzustellen ist, auch eine Neubesinnung für die Homosexualität: Sie ist moralisch nicht mehr zu verbieten.[44]

Die Norm der Wahrhaftigkeit

Will die Kirche glaubwürdig bleiben, dann muß sie endlich die begründeten Einsichten der Humanwissenschaften zur Kenntnis nehmen. Das würde eine grundsätzlich andere Einschätzung der Sexualität bedeuten. Statt sie als eine Gefahr möglichst zu meiden und zu beschränken, sollte sie als Realität angenommen werden, als eine Realität, die zum Wesen des Menschen gehört und sein ganzes Leben bestimmt. Wie immer er damit umgeht, ob er sie in sein Leben integriert und befriedigt, ob er sie verdrängt oder sublimiert, immer wird sie seinen Charakter, seine Lebensweise, ja sein ganzes Menschsein prägen. Bei der *Verdrängung* verneint der Mensch seine Sexualität und damit sich selbst; da sie jedoch im Unterbewußtsein wirksam bleibt, kommt es zu Fehlhaltungen und Neurosen, quasiwissenschaftlicher, pharisäischer Ablehnung und zu fanatischem, prüdem oder infantilem Verhalten. Nur äußerst selten gelingt die *Sublimierung*, in der sexuelle Enthaltsamkeit in ein strukturiertes Gesamtverhalten eingeordnet und das Gleichgewicht der Kräfte wiederhergestellt wird. Hier ordnet sich der Sexualtrieb der Verwirklichung höherer Ziele unter, ohne seine Bedeutung zu verlieren.

Das Normale jedoch ist die *Integration* der Sexualität, der verantwortete Umgang mit ihr. Daher wird man ihr nicht gerecht, wenn man sie als etwas ansieht, das sich unter verschiedenen Bedingungen in einzelne Akte zerlegen läßt, die dann auch wieder isoliert beurteilt werden. Denn kein sexueller Akt (wie vor- oder außerehelicher Geschlechtsverkehr), keine Einseitigkeit (wie Homosexualität oder Prostitution), keine Phase (wie Masturbation) ist absolut zu sehen. Sexualität ist immer wieder anders. Sie ist bis ins Alter der Entwicklung unterworfen. Ein geschlechtlicher Umgang ist auch im nicht mehr zeugungsfähigen Alter sinnvoll. Ziel der Sexualität ist die Sinnerfahrung, das Erlebnis des Humanum. Deshalb kommt es nicht darauf an, einen einzelnen sexuellen Akt kasuistisch als (schwere) Sünde oder keine Sünde einzustufen, vielmehr hängt das sittliche Urteil von der Rolle ab, die die Sexualität in der Partnerbindung spielt. Wenn Sexualität in sich eine Gefahr ist, dann muß sie in ein enges Korsett von Erlaubtem und Verbotenem eingeschnürt werden. Soll sie aber in die Persönlichkeit integriert werden, dann kommt es allein auf die personale Begegnung an. Und dann unterliegen Geschlechtsverkehr und geschlechtliches Verhalten wie jedes sittliche Verhalten der Norm der Wahrhaftigkeit. Es ist also ein Unterschied zwischen der Selbstbefriedigung eines Jugendlichen und eines Erwachsenen, zwischen dem Geschlechtsverkehr zweier Liebender und der Prostitution (die in Verkennung der eigenen Verantwortung Konflikte bei anderen austrägt), zwischen einer Frau, die sich sehnlichst ein Kind wünscht, ohne einen Mann wirklich zu lieben, und einer Frau, die fahrlässig Kinder bekommt und dann aufgibt.

Nimmt man aber die Norm der Wahrhaftigkeit ernst, dann muß man zugeben, daß eine lebenslange Partnerschaft, die die Kirche allein in der sakramentalen Ehe verkörpert sieht, überaus häufig an der Wirklichkeit und langem Leben scheitert. Auf jeden Fall jedoch wird man akzeptieren müssen, daß Sexualität eine Qualität der Person ist, die nicht nur in der Institution Ehe verwirklicht werden kann. Doch darüber in einem nächsten Beitrag.

Gelebte Sexualität: Privileg der Verheirateten?

Was die Bibel sagt und was nicht

Nach Auskunft des Statistischen Jahrbuchs 1993 waren 1990 von der Bevölkerung der Gesamt-Bundesrepublik Deutschland 49 % verheiratet und 51 % nicht verheiratet, die nicht wieder verheirateten Geschiedenen und Verwitweten eingeschlossen. Für die Schweiz lauten die Angaben fast genau gleich. Wenn nun die Sexualität, wie heute allgemein bekannt, den Menschen in seinem ganzen Wesen bestimmt und prägt, ja wenn sie ein wahres Menschenrecht ist, erscheint es ausgeschlossen, daß mehr als der Hälfte der Bevölkerung das Recht darauf abgesprochen werden kann.

Auf der anderen Seite aber hält die katholische Kirche unbeirrt daran fest, daß Sexualität nur in der Ehe ihren legitimen Platz hat und daß jede sexuelle Betätigung außerhalb der Ehe als schwere Sünde anzusehen ist. Das schon (S. 125) erwähnte Schreiben der römischen Glaubenskongregation vom 1. Oktober 1986 erklärt wörtlich: „Einzig und allein in der Ehe kann der Gebrauch der Geschlechtskraft moralisch gut sein" (Abs. 7), und der „Katechismus der Katholischen Kirche" (1992) bezeichnet „die körperliche Vereinigung zwischen einem Mann und einer Frau, die miteinander nicht verheiratet sind", als „Unzucht" (Nr. 2353). Man diskutiert viel über den Pflichtzölibat der Priester – schon diesen fällt ja, wie wir wissen, der Verzicht auf Sexualität reichlich schwer. Die Wirklichkeit aber ist doch die, daß die kirchliche Sexualmoral nicht nur die Priester, sondern sämtliche Nichtverheiratete zu einem zölibatären Leben verpflichtet. Kann sie sich dabei auf die Bibel berufen?

Kein biblischer Widerruf gewährter Freiheit

Freilich war die für die moderne Industriegesellschaft selbstverständliche Mischung von Männern und Frauen in Beruf und Freizeit, Spiel und Tanz dem alten Israel (so wie noch dem heutigen Orient) weithin unbekannt. Frauen treten in der Öffentlichkeit meist in Gruppen auf. Dennoch überliefert uns die Bibel eine ganze Reihe von freimütigen Bildern, die sicher nur einen ganz schmalen Ausschnitt aus der vielfältigen Fülle des Lebens darstellen. Beim Wasserschöpfen am Morgen und am Abend treffen sich die Mädchen mit den Hirten am Brunnen. Die Rut-Erzählung zeigt uns Knechte und Mägde gemeinsam bei der Erntearbeit, und es wäre ein Wunder, wenn sich hierbei keine Liebesverhältnisse angebahnt hätten. Die junge Witwe Rut läßt sich von ihrem Verehrer Boaz verwöhnen und schlüpft schließlich, während er unter freiem Himmel nächtigt, unter seine Decke und schläft die ganze Nacht „zu seinen Füßen", wie die Erzählung mit verhüllender Offenheit sagt. Die Bibel billigt ihr Tun. Und es braucht wenig Phantasie, um sich auszumalen, daß Boaz und Rut nicht das einzige Paar waren, das die Gelegenheit benützte, um in der Erntezeit gemeinsam eine Nacht im Schutz der Garbenhaufen zu verbringen.

So treten denn auch die Mädchen der Bibel durchaus selbstbewußt und frei auf. Die schöne Rebekka läßt sich am Brunnen vom Knecht Abrahams, der für sie ein wildfremder Mann ist, einen goldenen Nasenring und zwei goldene Armspangen anlegen, und als sie damit nach Hause kommt, findet ihre Familie das ganz natürlich (Gen 24,2–30). Ebenso läßt sich die schöne Rahel – wiederum am Brunnen – von Jakob küssen, ohne zu wissen, wer er ist, wobei Jakob vor Glück weint (Gen 29,11). Der alte Erzähler fand daran offenbar nichts Anstößiges. Erst eine spätere, verengte jüdische Auslegung erklärte das Weinen Jakobs damit, daß er wahrnahm, wie die anderen Hirten über ihn tuschelten.

Vor allem aber ist es immer wieder das Hohelied, das

uns die unbeschwerte Liebe zweier junger Menschen vor Augen führt (vgl. hierzu das Kapitel S. 87–108).

Gewiß gibt es im Alten Testament auch Texte, in denen ein verwerfliches Tun beschrieben wird. Dann aber wird das Erzählte immer unmißverständlich verurteilt. Denken wir etwa an die Erzählung vom Brudermord des Kain oder von Davids Ehebruch mit Batseba, die der Historiker mit der Bemerkung beschließt: „Jahwe aber mißfiel, was David getan hatte" (1 Sam 11,27). Im Hohenlied aber werden alle Saiten der Poesie und Musik zum Klingen gebracht, um das Glück der erotischen Liebe zu preisen. Es gibt keinen Text in der Bibel, weder im Alten noch im Neuen Testament, der dem Hohenlied formell widersprechen oder die von ihm gewährte Freiheit widerrufen würde.

Biblischer Einspruch gegen Vergewaltigung

Bisher haben wir freilich nur die *erzählende* und *lyrische* Literatur des Alten Testaments berücksichtigt. Ebenso wichtig ist natürlich das Sexual*recht* des alten Israel. Was sagen die Gesetze? Legen sie die gleiche Großzügigkeit an den Tag? Wenn ein Verhalten durch kein Gesetz verboten wird, kann das zweierlei Gründe haben. Entweder, daß dieses Verhalten überhaupt nicht vorkam und deshalb nicht verboten zu werden brauchte (so gibt es im Alten Testament kein Verbot, nackt herumzulaufen – man tat dies einfach nicht). Oder aber, daß es nicht als unmoralisch galt und deshalb nicht verboten wurde. Daß außereheliche sexuelle Beziehungen nicht vorkamen, muß als ausgeschlossen erscheinen. Wenn sie somit nicht gesetzlich verboten wurden, heißt dies, daß sie nicht als unmoralisch angesehen wurden.

Nun aber werden in den Gesetzen des Alten Testaments außereheliche Beziehungen nur in ganz wenigen Ausnahmefällen beanstandet. Der eine Fall betrifft die *Vergewaltigung* eines noch nicht verlobten Mädchens. Darauf steht die Sanktion, daß der Mann das Mädchen heiraten *muß*, nachdem er dem Vater den üblichen Brautpreis bezahlt hat

(Dtn 22,28f). Die Begründung für diese Forderung ist eine andere als bei uns. Während es bei uns eine Ehrensache ist, daß ein Mann ein Mädchen mit einem Kind nicht im Stich läßt, galt die Vergewaltigung im alten Israel als Besitzstandsminderung. Durch die Defloration hatte das Mädchen an Wert verloren, weshalb der Vater für es einen weniger hohen Brautpreis fordern konnte. Deshalb die Bestimmung, daß der schuldige Mann sofort den Brautpreis zu entrichten hatte. Das Gesetz schützt somit weniger die Ehre des Mädchens als den Besitz des Vaters.

Anders reagiert das alttestamentliche Gesetz für den Fall, daß das Mädchen verlobt ist. Die Verlobte wurde bereits als dem Mann gehörend betrachtet. Deshalb galt der Umgang einer Verlobten mit einem anderen Mann als Ehebruch und wurde gleich bestraft wie dieser, nämlich mit der Todesstrafe der Steinigung. Bei Vergewaltigung wird freilich unterschieden, ob die junge Frau sich gewehrt hat oder nicht. Strafe soll sie nur treffen, wenn sie sich wehren konnte und es nicht tat, denn dies wurde als Zustimmung interpretiert. Wir finden die einschlägige Gesetzesbestimmung in Dtn 22,23–27:

> „Wenn ein jungfräuliches Mädchen einem Mann verlobt ist, und es trifft sie in der Stadt ein Mann und legt sich zu ihr, so sollt ihr die beiden zum Tor jener Stadt hinausführen und sie zu Tode steinigen – das Mädchen, weil es in der Stadt nicht um Hilfe gerufen hat, den Mann aber, weil er der Frau seines Nächsten Gewalt angetan hat ... Wenn aber der Mann das verlobte Mädchen auf dem Feld antrifft und der Mann ihr Gewalt antut und sich zu ihr legt, dann soll der Mann, der sich zu ihr gelegt hat, allein sterben. Dem Mädchen sollst du nichts tun. Das Mädchen hat keine Todesschuld. ... Denn er traf sie auf dem Felde. Das verlobte Mädchen mag geschrien haben, aber niemand kam ihr zu Hilfe."

Die Situation, daß der Umgang einer Verlobten mit einem anderen Mann ihr als Ehebruch angerechnet wurde, kennen wir aus der Geburtsgeschichte Jesu:

„Als seine Mutter Maria mit Josef verlobt war, fand es sich, ehe sie zusammengekommen waren, daß sie schwanger war. Weil aber Josef, *ihr Mann*, sie nicht bloßstellen wollte, gedachte er, sie heimlich zu entlassen" (Mt 1,18f).

„Heimlich" bedeutet: ohne gegen sie Strafanzeige zu erstatten, was für sie, wie wir sahen, grundsätzlich die Todesstrafe bedeutet hätte. Vielmehr wollte Josef in aller Stille von Maria geschieden werden.

Das sind die einzigen Bestimmungen, die das sexuelle Verhalten von nicht Verheirateten regeln. Die Einschränkungen betreffen einerseits die *verlobte* Frau, andererseits die *Vergewaltigung* einer nicht verlobten Frau, und selbst hier erwähnt die Bibel keinen Fall, in dem die angedrohte Strafe auch wirklich vollzogen wurde. Um den *freiwilligen* Verkehr von Unverheirateten kümmert sich die Gesetzgebung des alten Israel nicht. Wir haben somit als Ergebnis zu buchen, daß einer Ehe ohne Trauschein zumindest vom Alten Testament her nichts im Wege steht.

Dagegen wird nun freilich sogleich eingewendet, das Gesagte gelte wohl für das Alte Testament mit seiner – wie gerne in christlicher Überheblichkeit gesagt wird – noch unvollkommenen Moral. Jesus aber habe viel höhere sittliche Ansprüche gestellt. Dies zu behaupten ist leicht, es im einzelnen nachzuweisen ist weniger leicht. Wir werden noch sehen, daß Jesus dem Sexualbereich gegenüber eine auffällige Zurückhaltung, um nicht zu sagen Interesselosigkeit an den Tag legt. Während er verschiedene Bestimmungen des mosaischen Gesetzes einer strengeren Interpretation unterwirft – denken wir an die Bergpredigt –, andere, vor allem die Sabbat- und Reinheitsvorschriften, als unwichtig bezeichnet, hat er die damals geltenden Sexualvorschriften weder gemildert noch verschärft. Damit anerkennt er die Erlaubtheit des Geschlechtsverkehrs zwischen Verlobten und sieht offenbar im Umgang eines Mannes mit einer ledigen Frau nichts Unmoralisches. Vor allem gibt es in den Evangelien keine Andeutung, daß Jesus gegenüber der Erotik, wie wir sie vor allem im Hohenlied vorfinden, irgendwelche Vorbehalte gemacht hätte.

Was meint Paulus mit „Unzucht"?

Eine andere Situation scheinen wir freilich bei Paulus vorzufinden. Er wird nicht müde, vor der „Unzucht", vor der *porneia*, wie das entsprechende griechische Wort heißt, zu warnen: „Kein Unzüchtiger wird das Reich Gottes erben" (1 Kor 6,9; Eph 5,5). Ein Vergehen, das vom Reich Gottes ausschließt, muß sicher als ein schweres Vergehen angesehen werden. Es trifft also zu, daß das Neue Testament, zumindest Paulus, die Unzucht als schwere Sünde qualifiziert.

Die entscheidende Frage aber ist: Was meint Paulus mit „Unzucht"? Und hier muß sich die Moraltheologie den Vorwurf gefallen lassen, daß sie den Begriff mit geradezu skandalöser Willkürlichkeit ausgelegt und ausgeweitet hat. Der Redemptorist und Moraltheologe Bernhard Häring, dessen Lehrbücher in den letzten Jahrzehnten den moraltheologischen Markt förmlich beherrscht haben, schreibt: „Es ist die Aufgabe der Moraltheologie, zu untersuchen, was unter die von der Schrift gelehrte schwere Sündhaftigkeit der Unkeuschheit fällt."[45] Dem ist gewiß zuzustimmen, freilich mit der Einschränkung, daß diese Untersuchung wohl eher Sache der Bibelwissenschaftler als der Moraltheologen wäre. Häring selbst versteht unter schwer sündhafter Unkeuschheit „jede frei gewollte, direkte Erregung der Geschlechtslust außerhalb der geordneten ehelichen Liebe" (ebd., 1136f). Nach solchen und ähnlichen Definitionen muß nicht nur jede Form außerehelicher Beziehungen, sondern auch die neulich erwähnte Selbstbefriedigung unter das Verdikt der schweren Sünde fallen.

Aber selbst bei den zünftigen Bibelwissenschaftlern findet man nicht immer die erwartete Hilfe. In seinem großartigen Markuskommentar[46] erörtert Rudolf Pesch den Begriff *porneia* im Zusammenhang mit der Lehrrede Jesu über Rein und Unrein (Mk 7,14–23). Im Katalog der zwölf Laster, die den Menschen verunreinigen, steht an der Spitze die *porneia*, und hier (wie an der Parallelstelle Mt 15,29) ausnahmsweise in der Mehrzahl *porneiai*. Pesch übersetzt den Ausdruck mit „Hurereien" und erklärt im Kommentar, mit dem Plural seien „alle Unzuchtssünden" mitgemeint. Aber damit kommen wir nicht weiter. Denn die Frage ist ja gerade: Was sind Unzuchtssünden? Es hilft auch nicht, *porneia* mit „illegitimer Geschlechtsverkehr" wiederzugeben.[47] Denn auch hier muß weitergefragt werden: Wann ist ein Geschlechtsverkehr „illegitim"? Man erklärt einen unklaren Begriff durch einen ebenso unklaren.

Weiterhelfen kann uns nur die Bibel selbst. Das griechische Wort, das in der Regel mit „Unzucht", gelegentlich auch mit „Unkeuschheit" wiedergegeben wird, heißt, wie wir sahen, *porneia*. Es lebt in unserer Sprache weiter etwa in den Wörtern Pornographie, Pornofilme. Es leitet sich ab vom Zeitwort *pernemi*, „verkaufen", und bedeutet somit die käufliche Liebe oder, wie wir heute lieber sagen, die Prostitution. Diesen Sinn hat schon im Alten Testament ganz eindeutig das entsprechende hebr. Wort *z^{e}nut*. Die „Dirne", die „Unzucht" treibt, ist im Alten Testament nicht irgendeine leichtfertige Frau, sondern *immer* die *Ehefrau*, die sich der *Prostitution* hingibt. Daß bei Paulus immer eine *Ehe*frau gemeint ist, läßt sich nicht nachweisen. Daß aber auch Paulus mit *porneia* die Prostitution meint und nicht irgendwelche Form außerehelichen Verkehrs oder anderes sexuelles Verhalten, was die Moraltheologen Unzucht oder Unkeuschheit nennen, ist unbestreitbar. Deshalb ist auch die herkömmliche Formel, nach dem Neuen Testament sei Unzucht schwere Sünde, das und das sei Unzucht, also sei das und das schwere Sünde, einfach nicht länger haltbar.

Im *alten Israel* war die Prostitution eine selbstverständliche Gegebenheit. Sie war allerdings nicht sehr verbreitet, weil der erwachsene Mann, und dieser war immer verheiratet, innerhalb der Ehe einen enormen Spielraum hatte und jugendliche Ledige, wie wir sahen, ohnehin grundsätzlich keinen Einschränkungen unterworfen waren. *Zur Zeit Jesu* hatte jedoch durch die römische Besatzung das Bordellwesen im Land einen merklichen Auftrieb erfahren. Dennoch nimmt auch Jesus die Prostitution einfach hin, Dirnen gehören zu seiner Umgebung, und nie hören wir, er habe ihnen eine Moralpredigt gehalten. Seinen pharisäischen Gegnern erklärt er, die Dirnen kämen vor ihnen ins Himmelreich.

Eine andere Situation fand jedoch *Paulus in Griechenland* vor. Griechenland war in der Antike das klassische Land nicht nur der Knabenliebe, sondern auch der Prostitution, was gewiß auch damit zusammenhängt, daß die Griechen, im Unterschied zu den Israeliten, in Monogamie lebten. Besonders blühte das Dirnenwesen in den Hafenstädten, und hier stand wiederum Korinth an der Spitze. Es ist kein Zufall, daß Paulus seine Polemik gegen die Prostitution vor allem im 1. Korintherbrief führt. Denn in Korinth gehörte die Prostitution einfach zum Alltag, und das ist es, was sich nach Paulus mit einer christlichen Lebenshaltung nicht verträgt. Denn der Mann sei Glied am Leibe Christi und könne deshalb nicht Glied am Leib einer Dirne werden, argumentiert Paulus. In unserer heutigen Sprache würden wir vielleicht sagen: In einer Playboy-Atmosphäre kann gesundes Christentum nicht gedeihen. Dem wird sicher jedermann zustimmen. Deshalb die Mahnung des Apostels: „Flieht die *porneia*!" (1 Kor 6,15–18). Was für unser Empfinden freilich dabei befremdet, ist, daß Paulus nur an die Würde des Mannes und nicht auch an die Würde der Frau denkt. Er lehnt die Prostitution nicht deshalb ab, weil die *Frau* dabei als Lustobjekt mißbraucht wird, sondern weil der *Mann* damit seinen Leib entweiht.

Somit ergibt sich, daß Paulus zwar die Prostitution ablehnt. Ein allgemeines Verbot jeglicher außerehelicher Beziehungen ist jedoch in der gesamten Bibel nicht zu finden.

So soll es uns denn auch nicht verwundern, daß es schon in den frühchristlichen Gemeinden Alternativformen zur Ehe gab, zum Beispiel das monogame Konkubinat, das im römischen Recht seinen Ursprung hat. Das römische Recht kannte ein auf Kaiser Augustus (18 v. Chr.) zurückgehendes und von Mark Aurel (161–180) verschärftes Gesetz, das den Töchtern senatorischer Familien den Abschluß einer anerkannten Ehe *(iustum matrimonium)* mit Sklaven oder Freien verbot, es sei denn, sie verzichteten auf ihren Stand. Wollten sie an diesem festhalten, mußten sie sich mit einem Konkubinat begnügen, das zur Folge hatte, daß die daraus hervorgehenden Kinder als „außerehelich" geboren dem Rang der Mutter folgten. Diese Rechtslage berücksichtigt eine Entscheidung des Papstes Kalixtus (217–222), die jungen christlichen Frauen vornehmen Standes erlaubt, anstelle eines Ehemannes *(anti andros)* einen Sklaven oder Freien als „Bettgenossen" *(synkoitos)* zu haben. Die einzige Bedingung ist, daß es sich um eine monogame, also ausschließliche Verbindung handele: Die Frau darf nur *einen (hena)* „Bettgenossen" haben.

Es wäre falsch, diese Entscheidung so zu verstehen, als handelte es sich um eine „zivilrechtlich" ungültige, aber „kirchenrechtlich" gültige Ehe. Damit würden wir moderne Begriffe ins 3. Jahrhundert projizieren, das diese Unterscheidung nicht kannte. Die Verbindung, die Papst Kalixtus erlaubt, war auch in seinen Augen keine Ehe, sondern ein *concubinatus*, aber dennoch eine *vor Gott* bestehende Verbindung. Während nach heutigem Verständnis der sakramentale Charakter einer Verbindung mit ihrer Gültigkeit steht und fällt, war das Verhältnis, um das es Papst Kalixtus ging, ein Sakrament, aber keine gültige Ehe. Diese Praxis befolgte die römische Kirche bis zum Beginn des 5. Jahrhunderts. Noch im 4. Jahrhundert ließ man Männer und Frauen, die in monogamem Konkubinat lebten, weil das Staatsgesetz ihnen die Ehe unmöglich machte, zu Taufe und Eucharistie zu.[48]

Aber auch im späteren abendländischen Kulturbereich gab es abweichende Formen sexueller Beziehungen, die gesellschaftlich und moralisch toleriert wurden und sich zum Teil bis heute erhalten haben. Nicht alle nämlich, die nicht heiraten konnten – und da gab es aus Standesgründen, etwa für Knechte und Mägde, oft unüberwindliche Einschränkungen –, sahen sich in der Lage, enthaltsam zu leben. Also wurde die Prostitution geduldet und ebenso eine Lockerung der Sitten zu Zeiten des Karnevals oder der Kirchweihfeste. In ländlichen Gegenden wurden Bauernkindern voreheliche Beziehungen zugestanden, um sicher zu gehen, daß sie zueinander paßten. Diese Probenächte, auch „Kiltgang" oder „Fensterln" genannt, mündeten in der Verlobung, in der sexuelle Beziehungen selbstverständlich waren. Geheiratet wurde erst, wenn eine Schwangerschaft vorlag. Dann war für den Hoferben und für den Familienbesitz gesorgt.

Wechselnde Argumente der Moraltheologen

Die neuere Moraltheologie konnte sich auf die Dauer der Erkenntnis nicht verschließen, daß gegen den außerehelichen Geschlechtsverkehr ein *Schriftbeweis* nicht beizubringen ist. Deshalb verlegte sie sich zunehmend auf das sogenannte *Naturrecht*. Daß aber auch der Begriff des Naturrechts heute ins Wanken geraten ist, haben wir bereits gesehen. Es wurde etwa argumentiert, der Geschlechtsverkehr sei an die Ehe zu binden, weil die daraus resultierende Verantwortung für die Kinder nur in der Ehe wahrgenommen werden könne. So etwa Alphons von Liguori (1696–1787), den wir als den Vater der klassischen Moraltheologie bezeichnen können.

Das Ungenügen dieser Argumentation war jedoch wiederum nicht zu übersehen. Denn wenn das Verbot des außerehelichen Geschlechtsverkehrs mit der Kindererziehung begründet wird, warum soll dieser dann nicht erlaubt sein, wenn keine Aussicht auf Empfängnis besteht? Deshalb versuchten spätere Autoren, statt von der Zeugung vom *Wesen der Geschlechtlichkeit* her zu argumentieren. Die menschliche Natur verlange eine ihr würdige Form der Zeugung und Fortpflanzung, und diese sei nur im Rahmen der Ehe gewährleistet. Freilich tat man sich auch hier wieder mit der Beweislast schwer. Deshalb wurde schließlich – in unserer Zeit etwa von Franz Böckle – das biblische Liebesgebot ins Spiel gebracht. Nicht *vor* und *neben* der Ehe, sondern nur *in* der Ehe könnten die Partner sich gegenseitig rückhaltlos verschenken.

Ein Gang durch die Jahrhunderte katholischer Moraltheologie zeigt, daß an der Sündhaftigkeit jedes außerehelichen Geschlechtsverkehrs unbeirrt festgehalten wurde, daß aber die Argumente wechselten. In neuester Zeit haben die Moraltheologen damit begonnen, zwischen völlig unverbindlichen Beziehungen und vorehelichen oder eheähnlichen zu unterscheiden, ohne freilich daraus Konsequenzen zu ziehen, das heißt: Auch feste außereheliche Beziehungen werden weiterhin als schwer sündhaft qualifiziert. Im „Lexikon der christlichen Moral" stellt der Wiener Moraltheologe Karl Hörmann fest, es habe keinen Sinn, solchen Paaren die Sakramente zu spenden, wenn sie nicht bereit seien, entweder zu heiraten oder ihr Verhältnis zu lösen.[49] Franz Furger seinerseits urteilt, voreheliche Verhältnisse entsprächen trotz aller Gegenseitigkeit und personalen Liebe „noch nicht dem vollen christlichen biblischen Ideal"[50], wobei ich mir die Frage erlaube, ob etwas, das einem Ideal nicht entspricht, deshalb Sünde sein muß. Ideale können wir bekanntlich nie erreichen.

Daß sich die katholischen Moraltheologen in der Sache weiterhin schwertun und um Vermittlung bemüht sind, kann nicht verwundern. B. Fraling unterscheidet zwischen *Wert*orientierung und *Norm*orientierung. Im Sinne der Hierarchie ethischer Wahrheit sind „diejenigen, die sich ganz außerhalb der Wertperspektive des Glaubens befinden, anders zu behandeln als diejenigen, die sich bewußt auf diese Werte hin orientieren, aber mit der Norm nicht zurechtkommen."[51]

Zu einer differenzierten Beurteilung hatte schon H. Ringeling eingeladen.[52] Er hält die Unterscheidung zwischen „Freizügigkeit ohne Liebe" und „Freizügigkeit bei Liebe" für wichtig (171 f). Unter Berufung auf die deutsche „Evangelische Denkschrift zu Fragen der Sexualethik" von 1971 und die „Synode ‚72" der Schweizerischen Bistümer fordert er, daß sexuelle Beziehungen im Vorfeld der Ehe, die auf gegenseitige Bereicherung, Treue, Fruchtbarkeit, Verantwortung und Verzicht angelegt sind, sittlich anders zu bewerten sind, „als wenn es sich um eine bloß vorläufige Episode handelt" (174 f).

Große Beachtung hat schließlich die am 8. Mai 1985 beschlossene Stellungnahme des Kirchenrats der evangelisch-reformierten Landeskirche Zürich zum Thema „Evangelische Ethik und Konkubinat" gefunden. In der Einschätzung der Lebenssituation heutiger Menschen ist sie einig mit der vom Bonner Bundesminister für Jugend, Familie und Gesundheit herausgegebenen Schrift über „Nichteheliche Lebensgemeinschaften in der Bundesrepublik Deutschland". Erstaunlich ist jedoch, welche ethischen Konsequenzen sie daraus zieht. Zwar wird die Wichtigkeit und die Bedeutung der Ehe betont, und die evangelische Kirche wird aufgefordert, alles zu tun, um für deren Aufwertung zu sorgen, gesellschaftliche Voraussetzungen zu schaffen, die es jungen Paaren ermöglichen, Kinder aufzuziehen, und die Leistungen der Familien auf allen Ebenen zu würdigen. Auf der *Beziehungsebene* jedoch ist die nichteheliche Partnerschaft der Ehe gleichwertig, denn sie lebt die gleichen Werte wie jene: Ganzheitlichkeit der Beziehung, echte Partnerschaft, Verantwortung, Bereitschaft zu vergeben, Vertrauen und Treue, Glaube, Freiheit und Gemeinsamkeit, Hingabe und Selbstkontrolle im Bereich der Sexualität, Sozialität und Geschichtlichkeit. In beiden Beziehungen können diese Werte eine Rolle spielen, in beiden können sie fehlen. „Ethisch fragwürdig (im Sinne von Schuld und Sünde) ist also nicht das Leben in einem Konkubinat, sondern nur die Mißachtung der grundlegenden Werte ... Insofern kann nach der Auffassung des Kirchenrats eine christliche Lebensgemeinschaft auch im Konkubinat gestaltet werden."

Diese Erklärung vollzieht damit eine Abwendung von allen Formalitäten der Tradition. Sie fixiert sich nicht auf die Sexualität, die nur an einem Ort voll gelebt werden könne, vielmehr ist die Qualität der Beziehung der einzige Maßstab, um sie abzulehnen oder gutzuheißen. Ein Rückgriff auf die Bibel entfällt, weil es im Neuen Testament „kein einheitliches normatives Modell" der Ehe gibt und es Jesus selbst immer nur auf die menschlichen Werte, nicht aber auf die Form angekommen ist.

Hier werden also neue Kriterien sexualethischen Verhaltens ins Spiel gebracht. Sie gewinnen auch im katholischen Raum – wenn wir von der Amtskirche absehen – mehr und mehr an Boden. Vor allem beginnt sich die Einsicht durchzusetzen, daß das gewandelte sittliche Bewußtsein, wie es sich in der Akzeptanz eheähnlicher Lebensgemeinschaften manifestiert, auch eine neue Wertung der Ehe nach sich zieht. Denn „die eheähnlichen Lebensgemeinschaften haben über weite Strecken mit denselben Problemen zu tun wie die Ehen". Deshalb spricht K. Nientiedt von „Mischverhältnissen", da die Bindekraft der Ehen kaum noch größer sei als die der unehelichen Lebensgemeinschaften, diese aber „an Ehelichem und Familiärem ebensoviel realisieren können."[53]

Wie unauflöslich ist die Ehe?

Es ist höchste Zeit für eine ehrliche Lösung

Solange es die Ehe gibt, gibt es auch ihr Scheitern. Es liegt in der Unvollkommenheit des Menschen und in der Brüchigkeit der menschlichen Beziehungen begründet, daß nicht alle Unternehmungen des Lebens gelingen können, daß manche auch scheitern. Es wäre ein Wunder, wenn eine so diffizile Beziehung wie die Ehe davon ausgenommen wäre. So war denn auch im alten Israel wie noch im heutigen Judentum die Möglichkeit zur Scheidung etwas Selbstverständliches, auch wenn die Propheten und die Weisen Israels grundsätzlich auf der Festigkeit der Ehe insistieren. Im 5. Jahrhundert v. Chr. mahnt der Prophet Maleachi: „Ich hasse die Scheidung, spricht der Herr, der Gott Israels. Darum nehmt euch in acht in eurem Geist und brecht nicht die Treue" (2,16). Und der Talmud, das große Lebensbuch der Juden, erklärt: „Wenn jemand sich von seiner ersten Frau scheiden läßt, vergießt sogar der Altar Tränen über ihn" (Gittin 90b).

Ehescheidung war nicht immer unerlaubt[54]

Die christliche Kirche nahm im Verlauf ihrer Geschichte eine sehr unterschiedliche Haltung zur Ehescheidung ein. Zunächst stellen wir ein Auseinanderklaffen zwischen kirchlichem und staatlichem Recht fest, indem die Kirche die Ehescheidung restriktiv behandelte, während auch die christlichen Kaiser sich auf den Standpunkt des römischen Rechtes stellten, das Mann und Frau in der Praxis der Scheidung die gleichen Rechte einräumte.

Aber auch die Kirche machte tausend Jahre lang Ausnahmen vom Scheidungsverbot Jesu (auf das wir gleich zurückkommen werden). Es läßt sich zeigen, daß die Kirchen des Westens bis zum Ende des 4. Jahrhunderts den wiederverheirateten Geschiedenen zwar eine Buße auferlegen, sie aber hernach, ohne die Bedingung, sich zu trennen, wieder zur Eucharistie zuließen. Und noch im 8. Jahrhundert erlaubte der heilige (!) Papst Gregor II. (715–731) in einem an den heiligen Bonifatius als Bischof von Mainz gerichteten Schreiben einem Mann, dessen Frau krankheitshalber zur Leistung der „ehelichen Pflicht" nicht mehr fähig ist, eine neue Ehe einzugehen. Ähnlich äußerte sich Papst Eugen II. im 9. Jahrhundert. Rechtlich festgeschrieben wurde die heute gültige Praxis in der lateinischen Kirche erst im 12. Jahrhundert unter dem Einfluß des Kirchenrechtlers Gratian. Von da an wird die Ehe auch zum Sakrament erklärt, und das bedeutet, daß sie grundsätzlich unauflöslich ist. Das Gesagte gilt freilich nur für die lateinische Kirche. Die orientalischen Kirchen, auch die mit Rom vereinten, praktizieren bis heute, mit Zustimmung oder mindestens Duldung Roms, Scheidung und Wiederheirat.

So war im Abendland seit dem 12. Jahrhundert die Ehe völlig von der Kirche vereinnahmt. Indes setzte mit der Reformation eine neue Entwicklung ein. Die von den Reformatoren vollzogene Säkularisierung der Ehe brachte eine erneute Trennung von kirchlicher und staatlicher Ehegesetzgebung. Luthers Äußerung, die Ehe sei ein „weltlich Ding", ist oft mißverstanden worden. Der Reformator wollte damit nicht sagen, die Ehe habe mit Gott nichts zu tun, sondern sie gehöre der Schöpfungsordnung und nicht der Gnadenordnung an. Für den gläubigen Menschen stammt natürlich auch die Schöpfungsordnung von Gott.

Die Aufklärung verstärkte die Tendenz zur Säkularisierung der Ehe. In Deutschland wird die zivile Ehescheidung durch das Reichspersonenstandsgesetz von 1875 erstmals allgemein zugelassen. In der Schweiz ermöglichte – nach früheren kantonalen Regelungen – das Inkrafttreten des Zivilgesetzbuches von 1912 die Scheidung auf eidgenössischer Ebene, was freilich an der Haltung der katholischen Kirche grundsätzlich nichts änderte. Dennoch lassen sich heute Eheleute ungeachtet ihrer Konfessionszugehörigkeit scheiden, wenn auch religiös Gebundene etwas zögernder als Ungebundene. In Deutschland wird schon mehr als jede dritte Ehe geschieden[55], in der Schweiz sieht es nur um ein ganz Geringes besser aus. Die Scheidungspraxis hat sich vom Veto der katholischen Kirche genau so weit entfernt wie die Empfängnisverhütung. Dabei hat die Frau die gleichen Rechte wie der Mann, was sie auch ausnützt. Zwei Drittel aller Ehescheidungen werden heute von der Frau beantragt, was dahingehend interpretiert wird, daß sich die Frau in der Ehe unfreier fühlt als der Mann.

Im Unterschied zu früher ist die Ehe heute mit sehr vielen emotionalen Ansprüchen und Erwartungen befrachtet. Deshalb können gemeinsame wirtschaftliche oder gesellschaftliche Interessen eine Ehe, die einmal aus *Liebe* geschlossen wurde, nicht mehr zusammenhalten. Die *Beziehung* zwischen den Partnern ist das, was die Qualität der Ehe bestimmt. Das bedeutet zugleich, daß jeder ernsthafte Konflikt die Ehe und die Familie erschüttern kann.

Deshalb ist es trotz der besten Voraussetzungen und Absichten oft nicht aufzuhalten, daß eine Ehe scheitert. Der Weg von der Heirat zur Scheidung ist oft Jahrzehnte lang und quälend. Meint man zunächst, aufkommende Schwierigkeiten seien da, um überwunden zu werden, so nehmen später Enttäuschung und Resignation zu, der Kampf um die Beziehung läßt nach und die Überzeugung setzt sich durch, daß nichts mehr zu verlieren und nichts mehr zu retten ist. Scheidung ist dann für beide Partner oft der einzige Schritt, um zu überleben. Denn Trennung und Verlust enthalten auch eine Chance zu einer Neuorientierung und zu einem Aufbruch. Geschiedene, die über Enttäuschungen, Verbitterung und Verzweiflung hinweggekommen sind, haben oft eine tolerante Lebenseinstellung. Scheitern ist deshalb nicht mit Schuld identisch. Es hat vielmehr mit menschlicher Begrenztheit zu tun.

Unauflöslich, aber nicht ohne Ausnahmen

In der katholischen Kirche des lateinischen Ritus gilt heute eine gültig geschlossene und vollzogene Ehe zwischen zwei Getauften als ausnahmslos unauflöslich. Sie kann allein durch den Tod eines der beiden Ehegatten ein Ende finden (zu den zugelassenen Ausnahmen s.u.). Zwar erlaubt die Kirche den Ehegatten unter bestimmten Voraussetzungen, sich zu trennen. Die Trennung bedeutet in der Regel die zivilrechtliche Scheidung und Wiederverheiratung eines oder beider Partner. Diese neue Ehe wird jedoch von der Kirche nicht als gültig anerkannt. Theoretisch leben ihre Partner in einem permanenten Zustand der (schweren) Sünde und sind vom Empfang der Sakramente (Buße/Eucharistie) ausgeschlossen. Dieses Prinzip hat das Schreiben der Kongregation für die Glaubenslehre „Über den Kommunionempfang von wiederverheirateten geschiedenen Gläubigen" vom 15. Oktober 1994 erneut bekräftigt.

Dieser Sachverhalt wird heute allgemein als eine Diskriminierung des unschuldigen Opfers einer Scheidung angesehen. Kündigt ein Partner dem anderen den Ehebund auf, weil er sein Glück in einer neuen Beziehung gefunden hat, wird es als unzumutbar empfunden, daß der zurückbleibende Partner für sein ganzes Leben „ehelos" bleiben soll, zumal wenn er die Last der Erziehung der Kinder übernehmen muß. Kein besonnener Seelsorger wird in einem solchen Fall dem Betroffenen verbieten, eine neue Ehe einzugehen, ihm sogar oft dazu raten. Es verbleibt jedoch das Odium, daß diese Ehe von der offiziellen Kirche als illegal betrachtet und behandelt wird. Hier dürfte heute die größte Not der katholischen Ehemoral liegen, und die „seelsorgerische Betreuung wiederverheirateter Geschiedener" ist ein Thema, das in Pastoraltagungen und -zeitschriften unermüdlich behandelt wird.

Ein heute üblicher Weg besteht darin, daß der einzelne Seelsorger den wiederverheirateten Geschiedenen erlauben kann, die Kommunion zu empfangen (im protestantischen

Sprachgebrauch: am Abendmahl teilzunehmen), sofern dadurch in der Gemeinde kein Ärgernis entsteht (also etwa in einer anderen Gemeinde oder im privaten Kreis). Aber bedeutet dieses Zugeständnis nicht, daß die Betroffenen als von Christus angenommen betrachtet werden? Und ist dies nicht das Entscheidende, das die kirchenrechtliche „Gültigkeit" der Ehe zu einer reinen Formalität erstarren läßt? Das ist auch dem äußerst vorsichtig formulierten Schreiben der Bischöfe von Freiburg i. Br., Mainz und Rottenburg-Stuttgart vom 10. Juli 1993 entgegenzuhalten, wonach sich im Einzelfall herausstellen kann, „daß die Ehepartner (oder auch ein Ehepartner für sich allein) sich in ihrem (bzw. seinem) Gewissen ermächtigt sehen, an den Tisch des Herrn zu treten". Indem ein Pfarrer geschiedenen Wiederverheirateten erlaubt, an der Eucharistie teilzunehmen, gesteht er doch ein, daß Jesus nichts gegen sie hat. Wenn aber Jesus nichts gegen sie hat, dürfte auch die Kirche nichts gegen sie haben. Es ist dies eines jener zahlreichen Beispiele, wo das Verhalten Jesu und das Verhalten der Kirche nicht miteinander übereinstimmen.

Indes kennt das heute (seit 1983) geltende Recht der lateinischen Kirche zwei Möglichkeiten, eine gültig geschlossene Ehe aufzulösen:

(1) Der Papst kann aufgrund der ihm von Jesus Christus übertragenen Binde- und Lösegewalt „aus gerechtem Grund" eine zwischen *Getauften* rechtmäßig geschlossene, aber nicht vollzogene Ehe *(matrimonium ratum non consummatum)* lösen (can. 1142). Merkwürdigerweise ist dabei nur maßgebend, daß *nach* der Eheschließung kein Verkehr stattfand. Geschlechtsverkehr *vor* der Ehe ist für diese päpstliche Dispens kein Hindernis. Es ist demnach der Fall denkbar, daß ein Paar längere Zeit frei zusammenlebt. Auf gesellschaftlichen Druck hin entschließen sie sich eines Tages zu heiraten. Inzwischen aber haben sie sich einander schon so stark entfremdet, daß sie nach der Eheschließung keine sexuellen Beziehungen mehr pflegen. Diese Ehe kann vom Papst als nicht vollzogen aufgelöst

werden. Daß dies besonders dann Verwunderung erregt, wenn Kinder da sind, ist verständlich. Noch größere Verwunderung erregt es, wenn es sich um mächtige Leute der Gesellschaft und Wirtschaft handelt.

(2) Eine zwischen *Ungetauften* gültig geschlossene Ehe kann ferner aufgelöst werden durch das sogenannte *Paulinische Privileg*, auf das wir noch zurückkommen werden.

Beide soeben genannten Ausnahmefälle sind aber relativ selten. Die einzige Möglichkeit, die Anerkennung einer zweiten Ehe zu erlangen, besteht im Normalfall darin, daß die beiden Ehegatten sich von dem zuständigen kirchlichen Gericht bestätigen lassen, ihre erste Ehe sei von Anfang an *ungültig* gewesen (Ehenichtigkeits- oder Nullitätserklärung). An der Ungültigkeit kann schuld sein ein Defekt, der sich (1) auf das *Wesen* der Ehe bezieht, zum Beispiel mangelnder Ehewille, fehlende Freiheit, physische oder moralische Eheunfähigkeit, oder (2) ein *Formfehler* beim Abschluß der Ehe. Es versteht sich, daß im gegebenen Fall die betroffenen Eheleute sich an jeden Strohhalm klammern, um die Annullierung ihrer Ehe zu erreichen, sofern sie sich kirchlich gebunden wissen oder gar ihre materielle Existenz (als kirchliche Angestellte oder ehrenamtliche Mitarbeiter) von der kirchlichen Anerkennung ihrer zweiten Ehe abhängt.

Die allgemein wachsende Zahl von Ehescheidungen bewirkt aber nicht nur eine Vermehrung der Anträge auf Nullitätserklärung. Gleichzeitig ist auch die Praxis der kirchlichen Ehegerichte viel großzügiger geworden. So vermehrten sich in den Vereinigten Staaten die Nullitätserklärungen von 1970 (5.403) auf 1980 (53.839) um rund das Zehnfache.[56] Seit 1984 werden die Zahlen, nach Ländern aufgeschlüsselt, im Statistischen Jahrbuch der Kirche (Annuarium Statisticum Ecclesiae) veröffentlicht. Ungefähr zwei Drittel aller Fälle betreffen die USA. So wurden 1986 weltweit 50.594 Nullitätserklärungen ausgesprochen, davon 39.175 in den USA und 481 in der Bundesrepublik Deutschland, von denen rund 90 % von der zweiten Instanz bestätigt wurden. Für 1990 lauten in den Vereinigten Staaten die Angaben: 37.353 in erster, 36.832 in zweiter Instanz[57], für 1991 weltweit 57.508[58], für das Bistum Rottenburg-Stuttgart 1993 300[59]. Verglichen mit den durch staatliche Instanzen ausgesprochenen Scheidungen (USA ca. 1 Million, BRD ca. 100.000) nehmen sich die kirchlichen Ehenichtigkeitserklärungen bescheiden aus.

Nach dem neuen Kirchenrecht, das 1983 in Kraft gesetzt wurde, gibt es ungefähr vierzig Mängel, die eine Ehe ungültig machen können, so daß ein Brautpaar, das nach der Trauung die Kirche verläßt, allen Grund hat, sich besorgt zu fragen, ob die Ehe wohl sicher gültig sei. Es gibt heute auch schon eine Literatur darüber, wie man eine Nullitätserklärung erreichen kann, wobei schon die Buchtitel zur Erwirkung einer solchen einladen. Aufsehen erregte das Buch von Martha Wegan, Advokatin an der Rota Romana: „Ehescheidung. Auswege mit der Kirche" (Graz ^{2}1983). Der Blickfang auf der Umschlagseite lautet: „Dreißig Prozent aller zivil Geschiedenen könnten ihre Ehe kirchlich nichtig erklären lassen", mit anderen Worten: Dreißig Prozent aller kirchlich Getrauten leben in einer ungültigen Ehe.

Während früher zum Beispiel nur die physische Eheunfähigkeit (Impotenz) die Ehe ungültig machte, kennt das neue Eherecht von 1983 auch die moralische Eheunfähigkeit, etwa die fehlende Reife, um die Tragweite der Eheschließung zu ermessen. Die diesbezügliche Bestimmung des kirchlichen Gesetzbuches lautet (Can. 1095):

> „Unfähig, eine Ehe zu schließen, sind jene:
> 1. die keinen hinreichenden Vernunftgebrauch haben;
> 2. die an einem schweren Mangel des Urteilsvermögens leiden hinsichtlich der wesentlichen ehelichen Rechte und Pflichten, die gegenseitig zu übertragen und zu übernehmen sind;
> 3. die aus Gründen der psychischen Beschaffenheit wesentliche Verpflichtungen der Ehe zu übernehmen nicht imstande sind."

Hier ist den kirchlichen Ehegerichten ein weiter Ermessensspielraum überlassen, den sie auch ausnützen.[60]

Nicht zu Unrecht wird deshalb der katholischen Kirche vorgeworfen, sie betreibe mit ihrer Nullitätspraxis eine heimliche Scheidungspraxis. Offiziell werde an der absoluten Unauflöslichkeit der Ehe festgehalten, praktisch aber seien die Nullitätsverfahren verschleierte Ehescheidungsverfahren. Daß die Kirche dadurch nicht an Glaubwürdigkeit gewinnt, liegt auf der Hand. Deshalb warnte Papst Johannes Paul II. in einer am 2. Februar 1987 vor den Mitgliedern des zuständigen vatikanischen Tribunals gehaltenen Ansprache vor einer zu liberalen Berücksichtigung psychisch bedingter Ehenichtigkeitsgründe.[61]

Sicher ist jedenfalls, daß die Praxis der Ehenichtigkeitserklärungen für die ausweglose Situation der wiederverheirateten Geschiedenen keine wirkliche Hilfe bedeutet. Sie ist ein Pflaster auf eine Wunde, die dennoch nicht heilt. Deshalb wird in diesem Zusammenhang um so beharrlicher die Frage gestellt, ob die lateinische Kirche nicht – im Sinne der Bibel und der Praxis der frühen Kirche und der Ostkirchen – die Anerkennung einer Zweitehe grundsätzlich ermöglichen sollte. So forderte unlängst Norbert Greinacher,

> „daß auch die katholische Kirche ihre strenge Haltung gegenüber den geschiedenen Wiederverheirateten neu bedenkt und über die bereits im Rahmen des Kirchenrechtes bestehenden Möglichkeiten der Annullierung und Auflösung einer Ehe hinaus den Raum eröffnet, unter bestimmten Voraussetzungen eine zweite Ehe als gültig anzuerkennen".[62]

Wie sich Jesus zur Ehescheidung stellte – Markus, Matthäus, Paulus: Nicht Gesetz, sondern Appell

Die entscheidende Frage, die sich für uns stellt, ist: Läßt sich die absolute Unauflöslichkeit der Ehe, an der die lateinische Kirche verbissen festhält, von der *Bibel* her rechtfertigen? Das Alte Testament muß von vornherein ausscheiden, da es ja – wir kommen gleich darauf zurück – die Einrichtung des „Scheidebriefs" kannte und auch praktizierte. Unser Interesse muß sich deshalb darauf konzentrieren, wie sich *Jesus* zur Ehescheidung stellte. Es gibt im Neuen Testament insgesamt fünf Texte, in denen sich Jesus zu dieser Thematik äußert: vier in den Evangelien und einen bei Paulus. Von den evangelischen Texten finden wir zwei bei Mattäus: Mt 5,31f und Mt 19,9; einen bei Markus: Mk 10,2–12; einen bei Lukas: Lk 16,18. Schließlich beschäftigt sich Paulus im 7. Kapitel des 1. Korintherbriefs mit dieser Materie.

Ich übergehe hier den zweiten Matthäus-Text, er bringt gegenüber dem ersten keine neuen Gesichtspunkte, und ebenso den Lukas-Text in Lk 16,18, ein isoliert dastehendes Herrenwort, in dem Jesus die Scheidung eindeutig ablehnt. Es verbleiben also zu unserer näheren Betrachtung Mt 5,31f, Mk 10,2–12 und 1 Kor 7.

Der erste Text, *Mt 5,31f*, findet sich eingebettet in die Bergpredigt Jesu. Eine wichtige Rolle in der Bergpredigt, wie sie uns Matthäus überliefert, spielen die sogenannten Antithesen (5,21–48). Die Bezeichnung Antithesen hat sich in der Fachsprache deshalb eingebürgert, weil Jesus dabei dem jüdischen Gesetzesverständnis seiner Zeit (These) sein eigenes Gesetzesverständnis (als Antithese) entgegenstellt. Eine dieser Antithesen bezieht sich auf die Ehescheidung. Jesus erklärt:

> „Es ist gesagt: Wer seine Frau entläßt, gebe ihr einen Scheidebrief. Ich aber sage euch: Jeder, der seine Frau entläßt, außer wegen Unzucht, gibt sie dem Ehebruch preis. Und wer eine Entlassene heiratet, bricht die Ehe."

Jesus setzt sich mit der damaligen jüdischen Scheidungspraxis auseinander, wonach der Mann seine Frau entlassen konnte, indem er ihr einen Scheidebrief ausstellte. Der Text des Scheidebriefs lautete: „Sie ist nicht mehr meine

Frau, und ich bin nicht mehr ihr Mann", oder: „Du bist jedermann erlaubt."

Das Gesetz, daß es für die Entlassung einer Ehefrau durch ihren Mann eines Scheidebriefs, also eines schriftlichen Dokuments, bedurfte, bedeutete ursprünglich einen Vorteil für die Frau. Zunächst einmal mußte der Mann sich auf einen *Grund* berufen können, warum er diesen Schritt vollzog. Als legitimer Grund galt, daß er an seiner Frau etwas „Anstößiges" entdeckt hatte (vgl. Dtn 24, 1). Was damit gemeint ist, darauf kommen wir gleich zurück. Aber auch wenn dies der Fall war, durfte er die Frau nicht einfach in der ersten Aufwallung des Zornes aus dem Haus jagen. Es mußte ein Scheidebrief geschrieben und dieser der Frau ausgehändigt werden. Da der betreffende Mann in der Regel nicht selbst schreiben konnte, mußte er einen Berufsschreiber hinzuziehen. Damit verging Zeit, in der der Unmut des Mannes sich legen konnte. Zur Zeit Jesu mußte der Scheidebrief auch datiert und von mehr als einem Zeugen unterschrieben sein. Alle diese Erschwerungen sollten im Geist des Gesetzgebers dem Schutz der Frau dienen. Man täte somit dem Judentum gewiß Unrecht, würde man dessen Scheidungspraxis global als eine billige Angelegenheit brandmarken.

Indes scheint zur Zeit Jesu in der Tat vieles im argen gelegen zu haben. Zwischen den führenden Gesetzeslehrern und ihren Schulen herrschten empfindliche Meinungsverschiedenheiten darüber, was unter dem „Anstößigen" an der Frau zu verstehen sei. Während eine strengere Richtung darin etwas *moralisch* Mißfälliges sehen wollte, etwa daß die Frau dürftig bekleidet auf die Straße ging oder an einem öffentlichen Ort badete, genügte es einer laxeren Richtung nicht nur, daß die Frau dem Mann die Suppe versalzen hatte, sondern auch, daß der Mann eine andere Frau schöner fand als die seine. Es kam vor, daß ein Mann die Ehe nur für eine Nacht schloß. Entsprach die Frau nicht seinen Erwartungen, entließ er sie am anderen Morgen wieder.

Gegen *solche* Eigenmächtigkeit und Willkür erhebt Jesus Einspruch. Es schränkt die erlaubte Entlassung der Frau durch den Mann nicht nur auf den Fall des „Anstößigen" oder „Schändlichen" ein. Vielmehr erklärt er, *jede* Ehescheidung, jede selbstherrliche Absage des Mannes an seine Frau, schließe Ehebruch ein. Dabei setzt Jesus die damalige jüdische Rechtsauffassung voraus, wonach Ehebruch nur dann vorlag, wenn die beteiligte Frau verheiratet (oder verlobt) war. Umgang mit einer unverheirateten Frau war nicht strafbar, ob der beteiligte Mann verheiratet war oder nicht. Deshalb bricht nicht der Mann, der die Frau entläßt, die Ehe. Vielmehr gibt er *sie* dem Ehebruch preis, er macht *sie* zur Ehebrecherin, indem er sie praktisch zwingt, sich als verheiratete Frau mit einem anderen Mann einzulassen. Und indem dieser darauf eingeht, bricht *er* die Ehe dieser Frau.

Nun enthält das absolute Scheidungsverbot Jesu bei Matthäus jedoch eine *Ausnahmeklausel*: „Jeder, der seine Frau entläßt, *außer wegen Unzucht* ..." Mit anderen Worten: Im Fall, daß die Frau sich der Unzucht schuldig gemacht hat, darf der Mann sie entlassen, und das bedeutet natürlich auch, daß er eine andere Frau heiraten darf. Das Wort, das hier gewöhnlich mit „Unzucht" übersetzt wird, ist das uns bereits bekannte *porneia*, also Prostitution. Als rechtmäßiger Grund, die Frau zu entlassen, wird somit nicht jeder beliebige „Seitensprung", wie wir sagen, angesehen, sondern das Abgleiten einer Ehefrau in die Prostitution.

Nach verbreiteter Auffassung der Ausleger gehört die Ausnahmeklausel „außer wegen Unzucht" nicht zum Jesuswort, wie es ursprünglich überliefert wurde. Sonst würde das Wort über die Ehescheidung aus dem Rahmen der übrigen Antithesen herausfallen, in denen Jesus kompromißlose Forderungen stellt. Das Matthäus-Evangelium entstand jedoch in einer judenchristlichen Gemeinde und für diese, in der die Forderung Jesu so sehr als Widerspruch zu jüdischem Herkommen empfunden werden mußte, daß die Gemeinde glaubte, sie wenigstens in dem einen Fall mildern zu dürfen. Nach altem jüdischem Recht war der

Mann förmlich *verpflichtet*, eine ehebrecherische Frau zu entlassen. Ihm dies bloß zu erlauben, war in den Augen der Gemeinde schon das größtmögliche Entgegenkommen.

Wir müssen aus der Einfügung „außer wegen Unzucht" schließen, daß die Gemeinde des Matthäus, als Konzession an jüdisches Herkommen, in dem genannten Fall die Ehescheidung und wenigstens für den schuldlosen Mann die Wiederheirat praktizierte und daß somit schon die Urkirche Ausnahmen vom generellen Scheidungsverbot Jesu kannte und machte. Man hat katholischerseits lange Zeit versucht, sich dieser Schlußfolgerung durch Übersetzungstricks zu entziehen. Diese Versuche sind heute aufgegeben. Freilich verkehrt nun die neue Einheitsübersetzung der Bibel mit der Wiedergabe „obwohl kein Fall von Unzucht vorliegt" das Gemeinte wieder in sein Gegenteil. Gewiß bleibt die Unauflöslichkeit der Ehe die von Jesus gesetzte Richtschnur. Schon die junge Kirche konnte sich jedoch dem Anspruch nicht verweigern, die *Ideal*forderung Jesu im Lichte der konkreten Wirklichkeit des Lebens zu interpretieren.

Eine andere Sachlage finden wir bei *Markus* (10,2–12) vor. Der äußere Rahmen ist ein Streitgespräch mit den Pharisäern, die – wie der Text sagt – Jesus „versuchen" wollen. Freilich ist das entscheidende Wort Jesu über die Ehescheidung einer besonderen Jüngerbelehrung vorbehalten, womit angedeutet ist, daß Jesu Weisung nicht für „jedermann", sondern für die Jünger Jesu gilt. Damit legt die Kirche des Markus für Christen einen anderen Maßstab an als für Nichtchristen. Vor allem aber hat hier die Aussage Jesu selbst einen von Matthäus sehr verschiedenen Wortlaut:

> „Wer seine Frau entläßt und eine andere heiratet, bricht an ihr die Ehe. Und wenn sie ihren Mann entläßt und einen anderen heiratet, bricht sie die Ehe."

Wer vom *jüdischen* Rechtsdenken her kommt, das den Matthäus-Texten zugrunde liegt, ist bei diesem Bescheid über drei Dinge erstaunt:

(1) Wir finden eine andere Vorstellung von Ehebruch vor.

Nach *Matthäus* liefert der Mann, der seine Frau entläßt, nur *sie* dem Ehebruch aus. Er selber begeht keinen Ehebruch. Denn nach jüdischem Recht kann ja der Mann nur die Ehe der anderen Frau, nicht aber seine eigene Ehe brechen. Genau das aber tut er bei *Markus*: „Jeder, der seine Frau entläßt und eine andere heiratet, bricht an ihr die Ehe" (gemeint ist: *seine*, nicht *ihre* Ehe).

(2) Markus rechnet – wiederum im Widerspruch zum jüdischen Recht – mit der Möglichkeit, daß die Frau den Mann entläßt: „Und wenn *sie* ihren Mann entläßt und einen anderen heiratet, bricht *sie* die Ehe." Im Unterschied zum Matthäus-Evangelium, das sich an eine *juden*christliche Gemeinde wendet, richtet sich das Markus-Evangelium – es dürfte in Rom geschrieben worden sein – an die *römische* Gesellschaft. In dieser war die Entlassung des Mannes durch die Frau gültiges Recht, von dem auch ausgiebig Gebrauch gemacht wurde.

(3) Im Unterschied zu Matthäus kennt das Scheidungsverbot bei Markus keine Ausnahmeklausel. Jede Scheidung und Wiederheirat ist Ehebruch, von welchem Partner sie auch ausgehen mag. Selbst für den Fall des Ehebruchs der Frau scheint Markus die Scheidung auszuschließen, während nach römischem Recht der Mann sogar *verpflichtet* war, die ehebrecherische Frau zu entlassen.

Sehen wir schließlich kurz, wie *Paulus* die Frage der Ehescheidung behandelt. Er tut es im 7. Kapitel des 1. Korintherbriefs. Dieser Brief wurde um das Jahr 55 geschrieben, also noch erheblich früher als das älteste Evangelium, das des Markus. Wir haben hier somit den ältesten Text des Neuen Testaments vor uns, der sich mit der Ehescheidung befaßt. Paulus schreibt (V. 10f):

> „Den Verheirateten gebiete nicht ich, sondern der Herr: Die Frau soll sich vom Mann nicht trennen. Hat sie sich aber doch getrennt, so soll sie unverheiratet bleiben oder sich mit ihrem Mann aussöhnen, und der Mann soll die Frau nicht wegschicken."

In der Unterweisung, die Paulus der Gemeinde erteilt, unterscheidet der Apostel zwischen Weisungen, die *er* in eigener Autorität und Zuständigkeit trifft, und anderen, die auf ein formelles Gebot Jesu zurückgehen. Unmittelbar vorher empfiehlt *er* den Unverheirateten und den Verwitweten, so zu bleiben wie er, also unverheiratet. Hingegen verbietet *der Herr* der Frau, die Scheidung vorzunehmen, wobei Paulus wie Markus griechisch-römisches Recht voraussetzt. Möglicherweise hat er einen bestimmten Fall in der Gemeinde im Auge. Jedenfalls denkt Paulus an Scheidung aufgrund eines Zerwürfnisses, da er von der Frau verlangt, sich mit dem Mann auszusöhnen, wenn sie nicht unverheiratet bleiben will. Ebensowenig hat aber auch der Mann das Recht, die Frau fortzuschicken. Das Herrenwort, auf das Paulus sich beruft, kann schwerlich ein anderes sein als das Grundwort Jesu: „Was Gott verbunden hat, soll der Mensch nicht trennen." So wie dieses in der Gemeinde des Matthäus, des Markus und des Lukas seine je eigene Interpretation fand, so paßt es Paulus den Verhältnissen der griechischen Stadt Korinth an.

Freilich schränkt Paulus das absolute Scheidungsverbot, für das er sich auf Jesus beruft, im gleichen Atem auch schon wieder ein, und zwar kraft eigener Vollmacht (V. 12–15). Wenn in einer Ehe zwischen einem Christen und einem Nichtchristen der „ungläubige" Partner sich weigert, mit dem christlichen die Ehe aufrecht zu erhalten, so ist dieser frei und kann eine neue Ehe eingehen. Paulus bringt damit zum Ausdruck, daß er das Gebot Jesu nicht als starres Gesetz versteht, sondern als einen ethischen Appell, der mit den konkreten Forderungen des Lebens in Einklang zu bringen ist. Er trifft eine „Ermessensentscheidung", „wo sich die unter dem Gebot des Herrn stehende Gemeinde und die Welt überschneiden".[63] Deshalb ist es auch falsch, von einem „privilegium paulinum" zu sprechen, wie dies die katholische Kanonistik bis heute tut. So wenig wie bei Matthäus geht es auch bei dieser Ausnahmeklausel nicht um ein „Privileg", sondern ganz schlicht um die elementare Forderung, daß eine Ehe aufzulösen ist, wenn so tiefgreifende Dissonanzen da sind, daß keine Harmonie mehr hergestellt werden kann. Dieses ist für Paulus das entscheidende Kriterium: „Zum Frieden hat euch Gott berufen" (V. 15).

Die Tatsache, daß Jesu Weisung über die Ehescheidung uns im Neuen Testament in fünf verschiedenen Fassungen überliefert ist, macht es unmöglich, eine ursprüngliche, *direkt* von Jesus stammende Form zurückzugewinnen. Die heutige Bibelwissenschaft neigt zur Annahme, daß Jesus zur Ehescheidung auch nur das *eine* Wort gesprochen hat: „Was Gott verbunden hat, das soll der Mensch nicht trennen", und daß alles übrige, was ihm zu diesem Thema in den Mund gelegt wird, als Auslegung dieses *einen* Grundwortes durch die jeweilige Gemeinde zu verstehen ist. Wir sahen, daß jede Gemeinde das Jesuswort nach *ihren* Bedürfnissen so oder so ausgelegt hat, enger oder weiter.

Es war sicher *richtig*, daß sich die kirchliche Überlieferung für die Unauflöslichkeit der Ehe auf dieses Jesuswort berief: „Was Gott verbunden hat, das soll der Mensch nicht scheiden." *Falsch* war, daß sie sich *nur* auf dieses Wort berufen hat, als ob im Neuen Testament über die Ehe und ihre Auflöslichkeit oder Unauflöslichkeit nichts anderes stünde. Denn alle drei Modelle stehen gleichberechtigt nebeneinander: Unauflöslichkeit der Ehe, mögliche Scheidung bei unmoralischem Verhalten eines Partners, mögliche Scheidung um des religiösen Friedens willen. Keine ist zugunsten der anderen retuschiert worden. Aber auch schon die Formulierung des einen Jesuswortes „Was Gott verbunden hat, das soll der Mensch nicht trennen" mahnt uns zur Vorsicht. „Was *Gott* verbunden hat", heißt es zunächst. Ich hätte größte Bedenken, von jedem Paar, das sich auf dem Standesamt einen Eheschein ausstellen läßt oder sich sogar vor dem Altar das Jawort gibt, zu behaupten, *Gott* habe sie zusammengefügt. Er hat den Menschen mit Willens- und Entscheidungsfreiheit ausgestattet und kann gewiß nicht für eine unter Umständen falsche Wahl verantwortlich gemacht werden. Was von Gott stammt, ist die wesenhafte Zusammengehörigkeit von Mann und Frau, ihre Bestimmung füreinander, ihr Bezogensein aufeinander. Insofern ist die Ehe göttliche Anordnung. Die konkrete Ehe aber beruht auf der freien Entscheidung der beiden und nicht auf einem Eingreifen Gottes.

Zu denken geben muß ferner die Formulierung „das *soll* der Mensch nicht trennen." Dieses „soll" erinnert an die Zehn Gebote, etwa „du sollst nicht töten", „du sollst nicht stehlen", „du sollst nicht die Ehe brechen". Damit ist nicht gesagt, daß das Verbotene nicht geschehen *kann*, sondern nicht geschehen *soll*. Es handelt sich um ethische Grundforderungen, die ein gedeihliches menschliches Zusammenleben gewährleisten sollen. Jesus geht in der Bergpredigt noch erheblich weiter, wenn er etwa fordert: „Wenn dich jemand auf die rechte Wange schlägt, dann halte ihm auch die andere hin" (Mt 5,39). Jedermann sieht, daß es sich hierbei um Idealvorstellungen handelt, an denen sich der Mensch ausrichten *soll*, die er aber praktisch nie ganz erfüllen *kann*. Dem Menschen muß ein sittlicher Anspruch gestellt werden. Daß dieser aber immer wieder an der moralischen Hinfälligkeit des Menschen seine Grenzen findet, wissen wir aus Erfahrung und wußte auch Jesus. Und Jesus bot jedem Menschen die Hand zu einem neuen Anfang.

Mit anderen Worten: Die Forderung Jesu „Was Gott verbunden hat, das soll der Mensch nicht trennen" ist als *ethischer Appell* zu werten. Die Kirche beging den Fehler, aus einem ethischen Appell ein Gesetz zu machen.

„Wer tut, was in seinen Kräften steht ..."

Ich darf zusammenfassen: Jesus fordert die unbedingte eheliche Treue. Aus dieser Forderung Jesu hat die Kirche von Anfang an pastorale Regelungen abgeleitet, mit denen sie versuchte, die Idealforderungen Jesu mit der konkreten Wirklichkeit in Einklang zu bringen. Hierbei wurde schon in apostolischer Zeit eine Ehe für gelöst angesehen und eine neue Ehe erlaubt, wo Treue, Liebe und Friede einseitig aufgekündigt worden waren. Unsere heutige Problematik ist grundsätzlich keine andere, wenn auch für die Festigkeit der Ehe neue Belastungen hinzugekommen sind, z. B. die sehr viel höhere Lebenserwartung. Müßte also, was damals möglich war und was, wie wir sahen, von der Kirche tausend Jahre lang praktiziert wurde, nicht auch heute möglich sein?

Jedenfalls müßten wir, der Glaubwürdigkeit der Kirche zuliebe, vor allem aber um der Nöte der ihr anvertrauten Eheleute willen alles daran setzen, um eine ehrliche Lösung zu finden. Und: Katholiken müssen eingestehen, daß die Protestanten diesbezüglich ehrlicher sind. Sie halten grundsätzlich an der Unauflöslichkeit der Ehe fest, und wenn ich mich nicht täusche, tun dies die neueren Kommentatoren der Evangelien sogar wieder nachdrücklicher als die älteren, aber sie machen trotzdem Ausnahmen, die der menschlichen Gebrechlichkeit Rechnung tragen und sich auf die Praxis der Urkirche berufen können. Was katholischerseits zur Zeit gemacht wird, ist keine Lösung. Die quasi heimliche Zulassung der wiederverheirateten Geschiedenen zur Eucharistie ist keine Lösung. Die Nullitätsverfahren sind keine Lösung. Deshalb sind ja auch schon zahlreiche katholische Seelsorger dazu übergegangen, für die Trauung von Geschiedenen den gleichen Ritus zu vollziehen wie für die Trauung Erstheiratender. Sie tragen damit der Tatsache Rechnung, daß dieser Schritt für die Betreffenden der einzige Ausweg aus einer ausweglosen Situation war *und* von Jesus gebilligt wird. Auch und vielleicht besonders hier dürfte das bekannte theologische Axiom anwendbar sein: „Facienti quod in se est Deus non denegat gratiam" – „Wer tut, was in seinen Kräften steht, dem verweigert Gott nicht seine Gnade."

Verehren wir den falschen Gott?

Was Jesus wirklich wollte

Die Klagen wollen nicht verstummen: Was die Kirche lehre, sei etwas anderes, als was Jesus gelehrt habe, und was die Kirche tue, sei etwas anderes, als was Jesus getan habe. Diese Klagen sind in den Kirchen der Reformation ebenso laut wie in der katholischen Kirche. Wir dürfen sie nicht mit leichter Hand vom Tisch wischen. Zugleich wird gefordert, die Kirchen hätten sich gewissenhafter an das Evangelium zu halten. Sicher ist, daß die Lehre der Kirchen keine andere sein darf als die Lehre des Evangeliums. Daran entzündete sich vor mehr als vierhundert Jahren die Reformation, daß Luther – mit Recht – der katholischen Kirche vorwarf, sie sei vom wahren Evangelium abgewichen. Die Stimme der Kirche muß die gleiche sein wie die Stimme Jesu. Diese Stimme aber finden wir im Evangelium und nur im Evangelium.

Die Stimme Jesu im Evangelium

Das sieht sehr einfach aus, ist aber bei näherem Zusehen doch nicht so einfach. Denn es erhebt sich sogleich die weitere Frage: Wie weit können wir dem Evangelium Vertrauen schenken? Es muß uns zu denken geben, daß im Altertum heidnische und jüdische Schriftsteller ersten Ranges von Jesus von Nazaret kaum Notiz nehmen. Das ist schwer verständlich, wenn Jesus eine so wichtige Persönlichkeit war, daß sie die ganze Welt in Bewegung setzte. In Wirklichkeit erklärt sich das sehr leicht. Im *römischen* Weltreich war die Affaire mit Jesus eine absolut lokale Angelegenheit, und die Kreuzigung eines Aufständischen gehörte zum römischen Alltag. Daß die *jüdischen* Schriftsteller die Jesusgeschichte möglichst mit Stillschweigen übergingen, ist nur zu verständlich. Ein brennendes Interesse an der Person und an der Lehre Jesu konnten nur seine Jünger und Anhänger haben. Sie sind in diesem Fall freilich auch Partei. Weil sie von Jesus überzeugt waren, weil sie an Jesus glaubten, schrieben sie voller Begeisterung von ihm, um auch andere Menschen für ihn zu gewinnen. Ob er lehrt oder heilt, wandert oder sich auf einen einsamen Berg zurückzieht – alles ist ihnen wichtig. Das gibt ihrer Darstellung natürlich eine gewisse Einseitigkeit. Wer von einem Menschen erzählt, von dem er völlig eingenommen ist, von dem er schwärmt, ist in Gefahr, ihn zu idealisieren und nicht mehr objektiv zu bleiben. Haben wir das nicht auch im Evangelium zu befürchten?

Da ist sogleich eine Berichtigung anzubringen. Wir haben nicht *das* Evangelium, nicht *ein* Evangelium, wir haben *vier* Evangelien, benannt nach Matthäus, Markus, Lukas und Johannes. Sie wurden von verschiedenen Verfassern, zu verschiedenen Zeiten – zwischen den Jahren 70 und 100 unserer Zeitrechnung –, an verschiedenen Orten geschrieben und richteten sich an verschiedene Leserschaften. Daß sie trotzdem die Jesusgeschichte in ihrem wesentlichen Ablauf übereinstimmend wiedergeben, sichert ihnen ein hohes Maß an Objektivität und Zuverlässigkeit. In Einzelheiten freilich weichen ihre Darstellungen nicht unerheblich voneinander ab. Selbst wichtigste Jesusworte wie die Bergpredigt, das Vaterunser, die Abendmahlsworte Jesu über Brot und Wein geben sie in verschiedenen Fassungen wieder. Das ist auch nicht anders zu erwarten. Denn die Geschehnisse lagen ja 40 bis 70 Jahre zurück. Daß nach so langer Zeit eine exakte Wiedergabe nicht mehr möglich war, liegt auf der Hand. Wir müssen uns überdies bewußt sein, daß die Evangelisten die Ereignisse so niederschrieben, wie sie zu ihrer Zeit in den Kirchen gepredigt wurden. Was schließlich aufgeschrieben wurde, waren nicht nur die Gedanken Jesu, sondern auch die Gedanken der kirchlichen Prediger, die, wie wir wissen, nicht immer die besten sind. Die heutige Bibelwissenschaft spricht dann von „Gemeindebildung" und gibt sich viel Mühe, sorgfältig zu ermitteln, was in den Evangelien authentische Predigt Jesu und was spätere kirchliche Zutat, „Gemeindebildung", ist.

Dennoch sind heute die Zeiten endgültig vorbei, in denen bestritten wurde, daß dieser Jesus überhaupt je gelebt habe, und die ganze Jesusgeschichte in das Reich der Legende verwiesen wurde. Geburt und Tod Jesu werden in den Evangelien mit Gestalten der großen Weltgeschichte in Beziehung gebracht. Jesus wurde geboren unter der Herrschaft des römischen Kaisers Augustus; sie dauerte vom Jahre 27 vor bis 14 nach Beginn unserer Zeitrechnung. Er begann sein öffentliches Wirken im 15. Jahr des Kaisers Tiberius, des Nachfolgers des Augustus. Dieser herrschte über das römische Reich in den Jahren 14 bis 37. Das 15. Jahr des Kaisers Tiberius dürfte das Jahr 28 gewesen sein. Das Datum des Todes Jesu war sehr wahrscheinlich – ich kann das hier nicht im einzelnen begründen – der 7. April des Jahres 30.

Schwierigkeiten bereitet uns einzig das Geburtsjahr Jesu. Unter der Oberherrschaft des römischen Kaisers Augustus herrschte damals über Palästina der Vasallenkönig Herodes, zur Unterscheidung von anderen Trägern dieses namens „Herodes der Große" oder – wohl richtiger – „der Ältere" genannt. Dieser Herrscher spielt in der Geburtsgeschichte Jesu eine große Rolle. Wir wissen aber, daß er im Jahre 4 vor Beginn unserer Zeitrechnung starb. Jesus muß demnach ein paar Jahre früher geboren sein, in den Jahren 8 bis 6 vor Beginn unserer Zeitrechnung. Bei der Festlegung der traditionellen christlichen Zählweise wurde ein Fehler begangen, der heute nicht wieder gutzumachen ist. Jesus war bei seinem Tod 36 bis 38, möglicherweise sogar 40 Jahre alt.

Jesus wollte kein Religionsstifter sein

Jesus verbrachte sein ganzes Leben unauffällig in Nazaret, einem Dorf in Galiläa. Wir hören, sein Vater Josef sei Zimmermann gewesen, und so wird Jesus den gleichen Beruf ausgeübt haben. Im übrigen wissen wir über diese Zeit seines Lebens nichts. Das erste, was uns die Evangelien von seinem öffentlichen Auftreten berichten, ist, er habe sich im Jordan von Johannes taufen lassen. Johannes, eine prophetische Gestalt, setzte damals im jüdischen Volk eine gewaltige Bußbewegung in Gang. Er war überzeugt, daß Gottes Gericht bevorstehe und daß in diesem Gericht nur bestehen werde, wer sein Leben radikal ändere. Auch Jesus schloß sich dieser Bußbewegung an. Auch er hielt die herkömmliche Frömmigkeit für zu äußerlich und wollte es mit dem Willen Gottes gewissenhafter nehmen. Als er von Johannes die Taufe empfing, hatte er jedoch ein Erlebnis, das seinem Leben eine völlig neue Richtung gab. Das Markus-Evangelium beschreibt es so:

> „Als Jesus aus dem Wasser stieg, sah er, daß der Himmel sich öffnete und der Geist wie eine Taube auf ihn herabkam. Und eine Stimme aus dem Himmel sprach: Du bist mein geliebter Sohn, an dir habe ich Gefallen gefunden" (Mk 1,10f).

Fast wörtlich gleich hatte Gott zu Männern im alten Israel gesprochen, um sie zu Propheten zu berufen, etwa zu Jeremia (Jer 1,4–10) und vor allem zum Zweiten Jesaja, dem Deuterojesaja (Jes 42,1). Jesus erkennt, daß er, innerlich erneuert, nicht zu seinem stillen Leben in Nazaret zurückkehren, daß er vielmehr als Prophet auftreten, daß er als „der geliebte Sohn Gottes", das heißt Gott gehörend und von Gott beauftragt, das Wort Gottes ausrichten soll.

Als Prophet konnte Jesus nichts anderes wollen, als was die früheren Propheten gewollt hatten – ein Elija, ein Hosea, ein Amos, ein Jesaja, ein Jeremia, ein Ezechiel: die Menschen zur Reinheit des Glaubens und des Lebens anzuhalten, zu Gerechtigkeit und Wahrhaftigkeit. Nie konnte Jesus daran denken, die jüdische Religion durch eine neue Religion zu ersetzen oder gar eine Kirche zu gründen. *Jesus wollte kein Religionsstifter sein.* Der Glaube, den er predigt, ist der *jüdische* Glaube.

Freilich hatten sich im Verlauf der Jahrhunderte im Judentum mancherlei Vorstellungen, Gesetze und Bräuche eingeschlichen, die sich nicht auf die Propheten berufen konnten. Gegen alle diese Verunstaltungen die wahre Religion Israels wiederherzustellen sah Jesus als seine Aufgabe an. Im übrigen aber stand Jesus mit beiden Füßen auf dem Boden der *jüdischen* Religion. Er war durch und durch *Jude.* Deshalb können wir seine Predigt *nur* vom Hintergrund der damaligen jüdischen Vorstellungswelt her verstehen.

Das gilt zunächst von der *Glaubenslehre* Jesu, von seiner Dogmatik, wie wir heute sagen würden. Das Judentum kannte und kennt bis heute nur *ein* Dogma: die Einzigkeit und Alleinigkeit Gottes. „Höre, Israel – so lautet das jüdische Credo – *Jahwe, unser Gott, ist Jahwe allein*" (Dtn 6,4). Wer sich zu diesem Dogma bekannte, genügte dem jüdischen Glauben. Bei diesem einzigen Dogma ist auch Jesus verblieben, er hat kein weiteres Dogma verkündet. Demgegenüber wird der Katholik heute in seiner Kirche auf mindestens dreißig Dogmen verpflichtet, von der Jungfrauengeburt bis zur Unfehlbarkeit des Papstes.

Im Judentum ließ das einzige Dogma einen entsprechend weiten Raum für die Freiheit. Zur Zeit Jesu glaubten die *Pharisäer* an die Auferstehung der Toten, die *Sadduzäer* leugneten sie. Dennoch gingen beide in den gleichen Tempel, beteten und brachten im gleichen Tempel ihre Opfer dar. Keiner sprach dem anderen das wahre Judesein ab. Man male sich aus, was heute einem Theologen widerführe, der die Auferstehung bestritte, und wie schnell unsere Frommen bei einer ungewohnten Äußerung mit der Frage zur Stelle sind: Ist das noch katholisch?

Im Judentum der Jesuszeit gab es neben den *Pharisäern* und den *Sadduzäern* noch eine dritte Religionspartei: die *Essener,* die in Qumran, in der judäischen Wüste oberhalb des Toten Meeres, ihr auffälligstes Zentrum hatten. Sie gingen nicht zum Tempel, lehnten die dort waltende Priesterschaft ab und feierten ihr Paschamahl an einem anderen Datum und ohne Paschalamm, weil dieses im Tempel geschlachtet und geopfert werden mußte. Dennoch sprach auch ihnen niemand das Judesein ab.

Wir können nur staunen, welche Vielfalt in Glaube und Praxis im Judentum, zu dem sich Jesus bekannte, möglich war und wie wenig davon heute in seiner Kirche möglich ist. Bei allen unbestrittenen Fortschritten, die wir in der Ökumene erzielt haben, grenzen sich die Kirchen noch immer ängstlich gegeneinander ab. Richtiger als von *Kirchen* würden wir freilich von Kirchen*leitungen* sprechen. Denn die Kirchen werden ja in erster Linie von ihren Gläubigen gebildet. Die Gläubigen aber haben mit vielen Dingen überhaupt keine Probleme, die den Kirchenleitungen Probleme bereiten. Denken wir etwa an die eucharistische Gastfreundschaft. Die diesbezügliche Erklärung der Schweizer Bischöfe von 1986 und ihre restriktive Auffassung provozierte einen förmlichen Volksaufstand. Ähnliche Äußerungen des Unmuts waren auf der Augsburger Diözesansynode von 1990 angesichts der Position von Bischof Josef Stimpfle zu hören.[64] Gelegentlich hat man den Eindruck, die Kirchen*leitungen* suchten krampfhaft immer noch etwas zu finden, worin man sich noch nicht einig ist. Wenn dabei immer wieder daran erinnert wird, daß es bei aller Gemeinsamkeit eben doch noch Lehrunterschiede gebe, dann wird der Glaube ganz einseitig als *Lehre* verstanden. Glaube aber ist mehr als Lehre. Glaube ist Lehre, Gottesdienst *und* Leben. Es kann deshalb in Gottesdienst und Leben Gemeinsamkeit praktiziert werden, selbst wenn in der Lehre Differenzen bestehen. So war es im damaligen Judentum, daran hielt sich auch Jesus.

So wie es für das alte Israel nur *ein* Dogma gab, so gab es letztlich auch nur *ein* Gebot. Die Glaubensformel „Jahwe, unser Gott, ist Jahwe allein" geht auf der Stelle in eine sittliche Forderung über:

„Du sollst Jahwe, deinen Gott, *lieben* von ganzem Herzen, von ganzer Seele und mit aller deiner Kraft" (Dtn 6,4f).

Das heißt: Der *Glaube* steht nur dann auf festem Grund, wenn er zur *Liebe* wird. Schon für das alte Israel war dieses Gebot das eine, allumfassende Gebot. Freilich wissen wir alle um ein Doppelgebot der Liebe: der Gottesliebe und der Nächstenliebe. Als Jesus gefragt wird, welches das größte Gebot von allen sei, zitiert er den eben erwähnten Text „Du sollst den Herrn, deinen Gott, lieben ..." im vollen Wortlaut. Dann aber fügt er hinzu:

„Das zweite ist dieses: Du sollst deinen Nächsten lieben wie dich selbst" (Mk 12,28–31).

Viele Christen meinen, das Gebot der Nächstenliebe sei das Neue, das Jesus gebracht habe. In Wirklichkeit steht auch dieses Gebot im Alten Testament (Lev 19,18). Dort, in seiner Bibel, findet es Jesus. Wenn also Christen sich überheblich brüsten: *Wir* haben eben das Liebesgebot, so antworten die Juden: Erstens steht das Liebesgebot im Alten Testament, in unserer Bibel, und zweitens habt ihr Christen es 2000 Jahre lang reichlich schlecht gehalten.

Nur eines ist beim Umgang Jesu mit den beiden Geboten neu: Er nennt sie in *einem* Atem. Während sie im Alten Testament in ganz verschiedenen Textzusammenhängen stehen, das eine im 5., das andere im 3. Mosebuch, hat Jesus sie verschränkt und zu einer Einheit verschmolzen: Ohne Nächstenliebe ist unsere Gottesliebe eine Selbsttäuschung. Im übrigen aber steht Jesus auch im Liebesgebot ganz auf dem Boden der jüdischen Religion.

Freilich hatte Jesus auch Veranlassung, an der Religion seines Volkes manches zurechtzurücken, was sich schief entwickelt hatte. Solches kommt in jeder Religion vor, im Judentum nicht anders als später im Christentum. Die Juden kannten damals – und das ist bis heute nicht anders geworden – neben dem Liebesgebot 613 Gebote und Verbote. Für den einfachen Menschen war es von vornherein unmöglich, alle diese Vorschriften auch nur zu kennen, so wie sich ein heutiger Durchschnittsbürger schwerlich im ganzen Zivilgesetzbuch auskennt. In den Augen der jüdischen Religionsführer war das einfache Volk deshalb unwissend, es übertrat ständig das Gesetz und stellte eine verachtete Sündermasse dar. Zwar sind auch für Jesus alle Menschen Sünder, alle seine Jünger und Jüngerinnen läßt er täglich den Vater im Himmel bitten: „Vergib uns unsere Schuld" (Mt 6,12). Aber Sünder sind sie nicht deshalb, weil sie eine kleinliche, von Menschen aufgestellte Vorschrift übertreten, sondern weil sie von ihrer *Freiheit* einen falschen Gebrauch gemacht haben.

Das Herzstück der Verkündigung Jesu

Jesus weiß, daß nur die Erfüllung des Willens Gottes den Menschen wahrhaft frei machen kann. In der Mitte des Gebets, das er seine Jünger und Jüngerinnen lehrt, steht die Bitte: „Dein Wille geschehe wie im Himmel, so auf der Erde" (Mt 6,10). Diese Bitte wird sehr oft falsch verstanden, und zwar in dem Sinn, daß der Mensch sich dem Willen, der Fügung Gottes ergeben unterwerfen soll. Wie einst Ijob in namenlosem Leid, seiner Habe, seiner Kinder, seiner Gesundheit beraubt, beteuerte: Der Herr hat es gegeben, der Herr hat es genommen, der Name des Herrn sei gepriesen, so soll der Mensch im Leid, bei Krankheit und Schicksalsschlägen bekennen: Dein Wille geschehe. Das ist zweifellos ein schönes Verständnis, aber es ist *nicht* der Sinn der Vaterunserbitte. Vielmehr knüpft Jesus an die jüdische Vorstellung an, daß unzählige Engel den Thron Gottes umstehen, seine Aufträge auf der Erde ausführen und damit ständig und vollkommen seinen Willen erfüllen. So getreu wie von den Engeln im Himmel, so getreu soll auf der Erde von den Menschen Gottes Wille erfüllt werden.

Deshalb nimmt in der Predigt Jesu die Rede vom *Reich Gottes* oder vom *Himmelreich* einen so beherrschenden

Platz ein. Sie ist das *Herzstück* der Verkündigung Jesu. Das Himmelreich ist nicht im Himmel, sondern hier auf der Erde. Um den Himmel hat sich Jesus in seiner Predigt überhaupt wenig gekümmert. Ihm ging es darum, wie die Menschen auf dieser Erde leben und auf dieser Erde glücklich werden können. Auch das war gut jüdisches Herkommen. Das Wort *Himmel*reich gebraucht Jesus nur, weil die Juden es zu seiner Zeit ängstlich vermieden, das Wort „Gott" auszusprechen. Statt „Gott" sagte man „Himmel". Mit dem Himmelreich ist somit das Reich Gottes gemeint. Dabei knüpft Jesus wiederum an die Vorstellungen des damaligen Judentums an. In der Bedrängnis von Fremdherrschaft, Leid und Unfrieden jeder Art, Krankheit und Tod erwartete das jüdische Volk fieberhaft eine Wende, die Gott unangemeldet an einem bestimmten Tag – man nannte ihn den „Tag Jahwes" – herbeiführen wird. Er wird die Feinde Israels niederwerfen, und für sein Volk wird eine Zeit des Friedens und des Glücks anbrechen. Damit hat Gott seinen Ratschluß erfüllt, das Kommen des Reiches Gottes steht allein bei ihm.

Jesus sieht es anders. Für ihn ist das Reich Gottes nicht Zukunft, sondern *Gegenwart*. Er eröffnet seine Predigt am See Gennesaret mit dem Ruf: „Die Zeit ist erfüllt, das Reich Gottes ist *da*" (Mk 1,5). Jesus sieht in seiner Person die Zeit angebrochen, in der die Menschen bereit sein werden, den Willen Gottes zu erfüllen. Überall, wo dies geschieht, ist das Reich Gottes da. Daher ist für Jesus der Anbruch des Reiches Gottes kein spektakuläres Ereignis, das ungefragt kommt, wie das Judentum es erwartete. Wenn deshalb Jesus erklärt, das Reich Gottes sei da, so mußten seine Zuhörer unvermeidlich fragen: Wo ist es denn? Lukas berichtet, Jesus sei von den Pharisäern gefragt worden, wann das Reich Gottes nun eigentlich komme, und Jesus habe geantwortet:

> „Das Reich Gottes kommt nicht mit Aufsehen. Man kann auch nicht sagen: Hier ist es, dort ist es. Denn das Reich Gottes ist mitten in euch" (Lk 17,20f).

Das heißt: Im Herzen des Menschen wird entschieden, wo das Reich Gottes ist und ob es da ist oder nicht.

Ein ähnliches Jesuswort überliefert uns Markus. Seine Gegner hatten Jesus Vorhaltungen gemacht, weil seine Jünger sich vor dem Essen die Hände nicht gewaschen hatten. Jesus nimmt sie in Schutz und erklärt:

> „Nicht was von außen in den Menschen hineinkommt, verunreinigt ihn, sondern was aus dem Menschen herauskommt. Denn von innen, aus dem Herzen des Menschen, kommen die bösen Gedanken und alle Laster wie Mord, Diebstahl, Ehebruch, Habsucht …" (Mk 7,1–13).

Gut oder böse – das spielt sich ab, bevor es geschieht, im Herzen des Menschen.

Wenn wir freilich sagen, das Kommen des Reiches Gottes liege in der Entscheidung des Menschen, kann der Eindruck entstehen, der Mensch schaffe es allein, das Reich Gottes sei sozusagen machbar. So hat denn auch die Kirche stets gepredigt, es hänge von unserer Anstrengung ab, ob die Welt besser werde oder nicht. Jesus hat sich weder die Auffassung der Juden noch die der Kirche zu eigen gemacht. Hätte es der Mensch in seiner Hand, ließe Jesus uns nicht den Vater im Himmel bitten: „Zu uns komme dein Reich" (Mt 6,10). In seinen Reich-Gottes-Gleichnissen – wir finden sie bei Markus im 4., bei Matthäus im 13. Kapitel – gibt er unmißverständlich zu verstehen, daß beide zusammenwirken müssen: Gott und Mensch. Jesus vergleicht das Reich Gottes mit einem Senfkorn, dem kleinsten der damals bekannten Samenkörner, das aber zu einem Baum wird und große Zweige treibt (Mt 4,30–32), mit dem Samen, der Halm und Ähre und schließlich volles Korn trägt, während der Sämann *schläft* (Mk 4,26–28). Unter der Hand Gottes entwickelt sein Reich eine Eigendynamik.

Da ist aber auch jenes andere Gleichnis vom Sämann, von dessen Samen ein Teil auf den Weg, ein Teil auf felsigen Boden, ein Teil unter die Dornen und nur ein letzter Teil auf gutes Erdreich fiel (Mk 4,3–8). Wenn nur ein kleiner Teil des Samens aufgeht, so liegt das nicht an der Saat. Vielmehr sind die Voraussetzungen für sein Gedeihen nicht da. Dieses Zusammenwirken von Gott und Mensch ist im Letzten undurchschaubar. Es mag uns das bekannte Wort des hl. Ignatius von Loyola in den Sinn kommen:

> „Wir müssen so rückhaltlos auf Gottes Gnade vertrauen, als ob alle menschlichen Mittel nichts vermöchten; zugleich aber alle menschlichen Mittel mit solcher Umsicht und Tatkraft anwenden, als ob aller Erfolg einzig davon abhinge."

Das Reich Gottes war *das* Thema der Predigt Jesu, *die* brennende Sorge seines Herzens. Niemand wird bestreiten, daß auch in der Kirche viel vom Reich Gottes gesprochen wird, und die Vaterunserbitte „Zu uns komme dein Reich" gibt einen guten Slogan ab für Katholikentage mit ihren Massenaufmärschen. Dennoch ist der Eindruck verbreitet, die Kirche sei viel mehr mit sich selbst beschäftigt als mit dem Reich Gottes, mit ihren internen Problemen, Auseinandersetzungen und Richtungskämpfen, in denen eine Unsumme an Zeit und Kraft unnötig verpulvert wird. Man zerfleischt sich mit nebensächlichen Randfragen, während Papst und Kirche in der Öffentlichkeit zunehmend Zielscheibe von Hohn und Spott werden. Für gewisse Katholiken ist, was der Papst sagt, wichtiger, als was das Evangelium sagt – leider stimmen die beiden nicht immer überein. Und ohne die Nützlichkeit der Bischöfe zu bestreiten, dürfen wir sie doch wiederum nicht zu wichtig nehmen. In jüngster Zeit war ein österreichisches Bistum zwei Jahre lang ohne Bischof. Rom läßt sich ja manchmal mit der Ernennung Zeit. Zunächst allenthalben Klagen: Wann bekommen wir endlich einen Bischof? Mit der Zeit aber gewöhnte man sich an den Zustand, und als endlich der neue Bischof kam, fand man, es sei eigentlich ohne ihn ebenso gut gegangen. Der aus Österreich stammende brasilianische Missionsbischof Erwin Kräutler äußerte im Sommer 1992 bei einem Vortrag im Wiener Rathaus:

„Manche Hirten kennen weder die Herde noch die Weide, weil sie selbst vollauf damit beschäftigt sind, sich selbst zu weiden."[65]

Derweil stehen Sein oder Nichtsein nicht nur der Kirche, sondern der Menschen auf dem Spiel.

Jesus erwartet, daß wir für das Reich Gottes etwas *tun*. Aber – das ist bisher schon hinreichend deutlich geworden – wichtiger als die Tat in sich ist ihm die *Gesinnung und Absicht*, in der sie vollbracht wird. Ob eine Tat gut oder böse ist, wird im Herzen des Menschen entschieden. Wir können es auch so sagen: Gut ist, was dem Leben dient; böse ist, was sich gegen das Leben richtet. Zu einem menschenwürdigeren Leben wollte Jesus den Menschen verhelfen, die ihm folgten. Ihm ging es einzig und allein um den *Menschen*. Im Einzelfall hat ein Gebot für ihn seine Verbindlichkeit verloren, wenn ein Mensch dabei zugrunde geht. Als sie ihm vorwerfen, er verletze das Sabbatgebot, weil er am Sabbat heile, erklärt er: „Der Sabbat ist für den Menschen da und nicht der Mensch für den Sabbat" (Mk 2,27). Allgemein bedeutet das: Die Gesetze sind für den Menschen da und nicht der Mensch für die Gesetze. Es gibt Situationen, in denen wir um des Lebens willen – und nicht nur des physischen Lebens – etwas Verbotenes nicht nur tun dürfen, sondern tun müssen.

Der französische Priester und Naturforscher Teilhard de Chardin, dem die Amtskirche das Leben nicht leicht gemacht hat, schreibt: „Um voranzukommen, muß man sich nach vorn werfen, beinah auf Glück alles ausloten. ... Man muß allein marschieren, häufig etwas Verbotenes, Abgeratenes, Verdächtiges tun." Demgegenüber wollen die Klagen nicht verstummen, unsere Kirche halte an Prinzipien fest nur um des Prinzips willen und ohne überzeugende Begründung. Stichwörter wie Familienplanung, Umgang mit den wiederverheirateten Geschiedenen, Ausschluß der Frau vom kirchlichen Amt, Pflichtzölibat der Priester mögen hier genügen. Wenn der Papst in das geburtenreichste Land der Welt fliegt und dort eine Predigt über das Bibelwort „Wachset und vermehrt euch" hält, läßt er sich offensichtlich von einer Ideologie und nicht vom Wohl der dortigen Menschen leiten.

Die besonderen Freunde Jesu

Weil es Jesus nur um den Menschen ging, war er selbst voll und ganz Mensch und lag ihm nichts Menschliches fern. Er wußte, was Freundschaft ist, und hatte stets einen Kreis von Freunden und Freundinnen um sich. Die Evangelien wissen zu erzählen, er sei auffällig gut gekleidet gewesen (Joh 19,23f). Er war kein Asket, er aß und trank Wein und ließ sich gerne zu Gastmählern einladen, so weit, daß seine Gegner ihn einen Fresser und Säufer schimpften (Mt 11,19; Lk 7,34). In Predigten ist heute oft das Schlagwort zu hören, Jesus sei arm gewesen und habe sich auf die Seite der Armen gestellt. Das ist nur bedingt wahr. Jesus war nicht arm. Er scheint in Kafarnaum ein Haus besessen zu haben (Mk 2,1; 3,20; 7,17), und wohlhabende Gönnerinnen und Freundinnen kamen für ihn und seine Jünger auf (Lk 8,3). Jesus ließ es zu, daß eine dieser Freundinnen, Maria von Betanien, seine Füße mit einem Parfüm salbte, das dreihundert Denare wert war. Dreihundert Denare waren der Jahreslohn eines Arbeiters (Mk 14,3; Joh 12,3). Wir wären also geneigt zu sagen, Jesus sei sogar gegenüber Luxus und Verschwendung tolerant gewesen.

Wahr ist freilich auch, daß Jesus als Tischgenossen eine Sorte von Menschen bevorzugte, die im Evangelium kurzerhand „Zöllner und Sünder" genannt werden. Die Bezeichnung „Zöllner" hatte einen besonders abwertenden Sinn. Sie bedeutete ungefähr gleichviel wie Betrüger. Denn die Zolleintreiber mußten dem Landesherrn eine bestimmte Summe abliefern. Wie sie dabei vorgingen, war ihre Sache, und es liegt nahe, daß die habgierigen Eintreiber sich zu Wucher und Willkür hinreißen ließen. Jesu Tischgemeinschaft mit diesen Zöllnern und Sündern erregte Anstoß bei den Frommen. Jesus aber verteidigt sein

Verhalten mit der Bemerkung: „Nicht die Gesunden bedürfen des Arztes, sondern die Kranken" (Lk 5,31). Jesus gab sich nicht nur mit den Braven und Frommen ab, wozu ja die kirchliche Seelsorge nur allzu leicht neigt. Ihm waren die Randgruppen wichtig, die von der anständigen Gesellschaft Gemiedenen. Mehrfach geben die Evangelien zu verstehen, daß er den Prostituierten besonderes Wohlwollen entgegenbrachte, und er wirft den Religionsführern seines Volkes sogar an den Kopf, die Prostituierten kämen vor ihnen in das Himmelreich (Mt 21,31), sicher deshalb, weil sie nicht, wie die Religionsführer, heucheln und besser erscheinen wollen, als sie sind, sondern ehrlich zu ihrer Lebensform stehen. Und wenn man auch, wie wir sahen, nicht unbeschwert sagen kann, Jesus habe zu den Armen gehört: sicher ist, daß seine Zuwendung bevorzugt den Armen galt, den Trauernden, den Weinenden, den Kranken, den Verfolgten und Diskriminierten.

Jesu Frömmigkeit war schlicht, einfach, ehrlich. Er konnte ganze Nächte im Gebet zubringen, aber er trug die Frömmigkeit nicht zur Schau. Er nahm am Gottesdienst der Synagoge teil und befolgte die damals im jüdischen Volk geltenden religiösen Vorschriften, konnte sich aber auch darüber hinwegsetzen, wenn sie ihm Wichtigerem zu widersprechen schienen. Daß er kein theologisches Gebäude errichtet und kein Dogma verkündet hat, haben wir gesehen. Er weiß, daß wir das Göttliche nicht in Formeln einfangen können. In schlichten Worten und Bildern redet Jesus von Gott, dem liebenden und fürsorgenden Vater. Dabei hebt er ganz besonders Gottes verzeihende Barmherzigkeit hervor, am ergreifendsten im Gleichnis vom verlorenen Sohn (Lk 15,11–32). Und Jesus erwartet von seinen Jüngern und Jüngerinnen, daß sie dem schuldigen Mitmenschen mit der gleichen Barmherzigkeit begegnen (Mt 5,7; Lk 6,36).

Was im Verhalten Jesu besonders in die Augen sticht, ist seine *radikale Absage an jede Art von Macht und Machtstellung*. So oft die Begeisterung des Volkes ihn auf den

Thron heben will, lenkt er ab, zieht er sich zurück. Auf einem armseligen Eselchen reitet er nach Jerusalem hinein (Mt 21,7; Joh 12,14), um jeder Erwartung vorzubeugen, es gehe da um eine Machtergreifung. Seine Macht ist die Macht des Wortes und die Macht der Liebe. „Er lehrte wie einer, der Macht hat" (Mk 1,22), das ist der Eindruck seines ersten Auftretens. Er beherrscht die Krankheiten, an denen die Menschen leiden. Immer setzt er seine Macht nur für die hungernden und leidenden Menschen ein. Nie hat er seine Macht zum eigenen Vorteil oder für politische Interessen aufgeboten. „Wer ist größer, fragt er seine Jünger, der zu Tisch sitzt oder der bedient? Gewiß der zu Tisch sitzt. Ich aber bin unter euch wie einer, der bedient" (Lk 22,27). Er kniet zu Füßen seiner Jünger nieder nach Art eines Dieners und gibt ihnen die Weisung:

> „Der Größte unter euch soll sein wie der Kleinste, und der Vorsteher soll sein wie der Diener" (Lk 22,26).

Demgegenüber hat sich die Kirche seit dem 4. Jahrhundert immer mehr zu einem ungeheuren Machtgebilde entwickelt, und bei den vielfältigsten Anlässen zieht sie alle Register, um ihre Macht auszuspielen. Was offiziell als Hirtensorge und Dienst an der Wahrheit ausgegeben wird, dient oft nur der Erhaltung der Macht. Der Papst macht nicht die Tüchtigsten zu Bischöfen, sondern jene, die ihm am ergebensten sind und ihm am wenigsten widerstehen werden. Das kürzlich erschienene Buch des österreichischen Publizisten Heiner Boberski „Die Divisionäre des Papstes" vermittelt einen aufschlußreichen Lagebericht zu den vom gegenwärtigen Papst in aller Welt vorgenommenen Bischofsernennungen.[66]

In welchem Ausmaß Jesus bereit ist, ein Gesetz zu übertreten, um ein Leben zu retten, zeigt uns die Szene mit der Ehebrecherin, die im 8. Kapitel bei Johannes überliefert wird. Nachdem Jesus ihren Anklägern den Ball zugespielt und sich alle still entfernt haben, redet Jesus die Frau an: „Hat dich keiner verurteilt?" – „Keiner, Herr", antwortet sie. Darauf Jesus: „Auch ich verurteile dich nicht. Geh und sündige von jetzt an nicht mehr." Es wäre falsch, daraus zu schließen, Jesus würde den Ehebruch bagatellisieren. Wenn er zur Frau sagt: „Sündige fortan nicht mehr", so kann das nur heißen, daß für Jesus Ehebruch Sünde ist. Er weiß aber auch – und seine Antwort an die Gegner macht dies deutlich – daß es im menschlichen Leben ohne Sünde nicht abgehen kann.

Ehebruch, Ehescheidung – Was Jesus sagte und was nicht

Darüber hinaus hat Jesus den *Ehebruch* nie thematisiert. Wir haben dazu von ihm nur noch *ein* Wort in der Bergpredigt, wo er präzisiert, was er unter Ehebruch versteht. Die Stelle bei Mt 5,27f lautet:

> „Ihr habt gehört, daß gesagt ist: Du sollst nicht die Ehe brechen. Ich aber sage euch: Jeder, der eine Frau anschaut, um sie zu begehren, hat in seinem Herzen schon die Ehe gebrochen."

Auch hier hat Jesus nicht, wie oft behauptet wird, ein neues Gebot gegeben. Mit der Formel „Ihr habt gehört, daß gesagt ist ... Ich aber sage euch ..." will Jesus nicht dem früheren jüdischen Gebot sein Gebot entgegenstellen, sondern der damals gängigen *falschen Auslegung* des Gebots seine *richtige* Auslegung. Als Ehebruch wurde damals gemeinhin die vollendete Tatsache angesehen. Demgegenüber erklärt Jesus, wer eine Frau – gemeint ist nur eine Ehefrau – anschaue, um sie zu begehren, breche schon die Ehe.

Diese Stelle ist in der Auslegung oft mißverstanden worden, als verbiete das mosaische Gesetz nur die äußere *Tat*, das Gesetz Jesu hingegen bereits die *Gesinnung*, das begehrende Verlangen nach einer fremden Frau. So kommen dann Übersetzungen zustande wie in der Einheitsübersetzung, die jeden Sonntag im Gottesdienst zu hören sind: „Wer eine Frau auch nur lüstern ansieht..." Diese

Übersetzung ist falsch, wie die Einheitsübersetzung es leider oft ist. Im griechischen Text steht wörtlich: „Wer eine Frau anschaut, um sie zu begehren."

„Begehren" aber bedeutet im hebräischen Sprachgebrauch mehr als ein bloßes Wünschen und Wollen, sondern bereits den Beginn einer Tat, die Machenschaften, die einer in Szene setzt, um in den Besitz des Nächsten zu gelangen. Der Dieb begehrt das fremde Eigentum, wenn er die Leiter aufstellt, um ins Fenster einzusteigen. Auf die Ehefrau eines anderen angewendet, ist bereits ein erster Schritt zum Ehebruch gemeint, wenn man zum Beispiel mit ihr ein heimliches Rendez-vous vereinbart. Schon das ist für Jesus Ehebruch. Jesus stellt somit nicht der Tat die Gesinnung gegenüber, sondern der *vollendeten* Tat die *begonnene* Tat.

Ein zweiter und letzter Punkt, den Jesus zum Thema Ehe anschneidet, ist die *Ehescheidung*. Wir sahen in einem früheren Beitrag (S. 144.157f), daß die im 12. Jahrhundert aufkommende Lehre von der absoluten Unauflöslichkeit der Ehe im Widerspruch steht zu den Aussagen des Neuen Testaments und zu einer tausendjährigen Praxis der Kirche. Wir sahen auch, daß das Schriftwort „Was Gott verbunden hat, das soll der Mensch nicht trennen", mit dem Jesus argumentiert (Mt 19,6; Mk 10,9), sich auf die wesenhafte Zusammengehörigkeit von Mann und Frau bezieht, daß aber die konkrete Ehe auf der freien Entscheidung des Menschen beruht, die leider nur zu oft eine Fehlentscheidung ist.

Nie in meinem Leben werde ich ein Erlebnis vergessen, das ich als junger Vikar vor über fünfzig Jahren hatte. Ich sollte die kirchliche Trauung einer jungen Frau mit einem Mann vornehmen, von dem ich wußte, daß er ein Taugenichts war. In mehreren Gesprächen hatte ich vergeblich versucht, die Frau von dem Vorhaben abzubringen. Am Vorabend der Trauung wagte ich einen letzten Anlauf. Ich setzte mich auf mein Fahrrad und fuhr zu ihr nach Hause. „Heute abend sind Sie noch frei", sagte ich ihr, „morgen ist es zu spät." Es half nichts. Am anderen Morgen fand die

Trauung statt, freilich mit Verspätung, weil es der Frau nicht gelungen war, den Mann rechtzeitig aus dem Bett zu holen. Am Abend des gleichen Tages wurde ich ins Sprechzimmer gerufen. Es war die junge Frau. „Helfen Sie mir, sagte sie, ich muß mich scheiden lassen. Der Hochzeitstag ist so gräßlich gewesen." Es wird mir doch niemand weis machen, *Gott* habe diese zwei Menschen zusammengefügt. Das käme mir im Gegenteil wie eine Gotteslästerung vor. Wir haben es hier doch ganz einfach mit einer menschlichen Fehlentscheidung zu tun.

Das Hohelied der Liebe

Ehebruch und Ehescheidung sind, wie wir sahen, die einzigen Themen im Bereich von Liebe und Sexualität, zu denen sich Jesus geäußert hat. Auch und gerade auf diesem Gebiet macht sich Jesus zum Anwalt der Freiheit. Er will, daß die Menschen ganz Mensch sind und daß sie sich aneinander freuen.

Wie es kam, daß das Christentum nie zu einem unbefangenen und positiven Verhältnis zur Sexualität hingefunden hat, ist schwer in kurzen Worten darzustellen. Eine entscheidende Rolle hat, wie wir sahen (S. 115), Augustinus (354–430) gespielt, der auf das ganze christliche Denken, auch auf das reformatorische, einen immensen Einfluß ausübte. Zwar lebte Augustinus 14 Jahre lang mit einer Frau zusammen, von der er auch einen Sohn hatte. Seine Mutter Monika erzwang schließlich die Auflösung des unehelichen Verhältnisses mit Melania. Sie hielt für ihn ein standesgemäßes Mädchen zur Ehe bereit. Da dieses aber erst nach zwei Jahren heiratsfähig war, tröstete sich Augustinus über den Verlust Melanias, indem er sich für die Zwischenzeit eine andere Geliebte nahm. Nach seiner Bekehrung aber fällt Augustinus von einem Extrem ins andere. Jeder Sexualverkehr ist für ihn fortan Sünde. Entschuldbar ist er nur, wenn er der Fortpflanzung dient.

Im 12. Jahrhundert kommt die Lehre von der Sakramentalität und damit auch der Unauflöslichkeit der Ehe auf (vgl. S. 144), und die großen Theologen des 13. Jahrhunderts tun das Ihre dazu, daß fortan der ganze Bereich der Liebe, Sexualität und Ehe von der Kirche vereinnahmt wird. Freilich weiß sich die Erotik zur Zeit der Renaissance und des Barocks in der Kunst ein Ventil zu verschaffen, ein Phänomen, dem die offizielle Kirche – wie es formuliert wurde – „mit einem lachenden und einem weinenden Auge" zuschaut.[67]

Auf keinem anderen Gebiet spricht die Kirche eine von der Bibel so verschiedene Sprache wie auf dem der Erotik. „Wenn er mich doch küßte mit den Küssen seines Mundes!" – welcher Christ weiß schon, daß dieser Ausruf eines verliebten Mädchens in der Bibel steht? Wer weiß schon, daß ein ganzes biblisches Buch – das „Hohelied" des Alten Testamentes – aus nichts anderem als aus Liebesliedern besteht, in denen zwei junge Menschen in namenloser Zärtlichkeit ihre Liebe bekennen und „verzaubert" die Schönheit des anderen besingen?

Dabei haben wir es mit zwei unverheirateten Menschen zu tun, und nichts läßt darauf schließen, daß sie überhaupt die Absicht haben, eine Ehe einzugehen. Ganz offen bekennen sie sich zu ihrer Liebe, obwohl es doch eine durch keine Institution abgesicherte Liebe ist. Das Hohelied scheint nichts Böses darin zu sehen, daß die beiden Liebenden den Augen der Menschen entfliehen, um sich einander ungestört hingeben zu können. Die Bibel billigt ihr Tun. Auch Jesus hat sich davon nicht distanziert.

Das biblische Hohelied preist die Liebe zwischen Mann und Frau als die köstlichste Schöpfung Gottes und als das beglückendste Gut des Menschen. Zu lange ist die Erotik aus der Kirche verbannt gewesen. Heute müssen wir sie mühsam zurückholen. Die katholische Sexualmoral ruht auf zwei Pfeilern: Sexualität hat ihren legitimen Platz nur in der Ehe, und diese Ehe ist unauflöslich. Wir sahen, daß beide Prinzipien von der Bibel her nicht zu begründen sind. So obliegt es uns, eine neue Sexualmoral aufzubauen, die weniger in konkreten Vorschriften besteht, sondern mehr an die persönliche Verantwortung und Eigenentscheidung appelliert.

Allerdings: Auch wer sich an Jesus orientiert, bekommt für die Entscheidungen, die das Leben uns abverlangt, keine Patentrezepte, sondern muß das tun, was vernünftig ist und was dem Geist Jesu gemäß ist. Jesus läßt uns eine unerhörte Freiheit, weil er uns als Menschen ernst nimmt. Er sagt uns nicht jeden Moment, was wir tun sollen. Er hat uns nur ganz einfache Grundsätze gegeben, die uns genügen sollen: daß Gott ein gütiger Vater ist und daß wir deshalb Gott mehr gehorchen sollen als den Menschen; daß vor Gott alle Menschen gleich sind und daß deshalb auch wir alle Menschen gleich ernst nehmen sollen; daß Gott nicht auf die äußere Leistung schaut, sondern auf das Herz; daß wir voll Vertrauen beten sollen, daß aber unsere Gebete wertlos bleiben, wenn wir gleichzeitig gegen unsere Mitmenschen hart und unbarmherzig sind; daß Gott uns verzeiht, aber nur, wenn wir auch unseren Mitmenschen verzeihen; daß wir im Tode nicht untergehen, vielmehr weiterleben in einem ewigen Leben.

Was wollte Jesus, und was tut die Kirche?

Wir können nun, wenn wir wollen, 2000 Jahre Geschichte des Christentums durchgehen und feststellen, was die Kirche alles falsch gemacht hat. Aber wem soll damit gedient sein? Vielmehr müssen wir versuchen, mit der Kirche unserer Zeit zu leben. „Jesus ja, Kirche nein" – das ist eine Maxime, die heute überall zu hören ist. Nur müssen wir uns fragen, ob es für uns Jesus ohne Kirche überhaupt geben kann. Zwar hat Jesus selbst keinerlei Anstrengungen gemacht, eine Kirche zu gründen und zu organisieren. Er glaubte, das Ende der Welt stehe nahe bevor, und um die Menschen darauf vorzubereiten, verkündete er das Himmelreich, wie wir sahen. Dazu bedurfte es keiner Kirche.

Aber die Welt ging nicht unter, und als dies immer offensichtlicher wurde, hielt man es für dringend geboten, die Verkündigung Jesu aufzuschreiben, damit sie sich nicht verliere. So verstehen wir, daß die Evangelien verhältnismäßig spät geschrieben wurden, vierzig und fünfzig Jahre nach dem Tode Jesu und noch später. *Daß* sie aber geschrieben wurden, verdanken wir den urchristlichen Gemeinden. Und daß sie nicht, wie viele andere Bücher des Altertums, im Wirbel der Geschichte untergingen, verdanken wir der Kirche, die sie als kostbaren Schatz gehütet hat. Unter ihren Augen wurden sie bis heute in 2000 Sprachen übersetzt.

Freilich sei nicht verschwiegen, daß die Kirche uns in mancher Hinsicht die Gestalt Jesu auch verdunkelt hat. Organisation und Institution ist nötig, aber wenn sie sich selbständig macht, wird sie zum Apparat. Eine Festlegung der Lehre ist wichtig, aber wenn sie in Dogmen erstarrt und den Menschen versklavt, wird sie zum Feind des Menschen. Deshalb müssen wir uns *in* der Kirche als kritische Christen bewegen. Die Liebe zur Kirche besteht nicht darin, alles richtig zu finden, was sie tut, und alles unbesehen hinzunehmen. Die Kirche bedurfte zu allen Zeiten der Reform. Reformen aber gingen nie von oben, sondern immer von unten aus. Somit ist das Evangelium *uns* in die Hand gegeben. Die Welt kann die Stimme Jesu nur hören durch die Stimme der Kirche. Sie wird aber umgekehrt auf die Stimme der Kirche nur dann hören, wenn sie darin die Stimme Jesu hört, die Stimme des Evangeliums.

„Der Augenblick ist gekommen, da das christliche Empfinden Christus aus den Händen der Kleriker retten muß“

Der Zorn der alten Männer in den Kirchen

Die Not der älteren Generation ist in der Regel die, daß sie an den Veränderungen in Kirche und Gesellschaft leidet. Wenn immer möglich, sollte alles so bleiben, wie es in ihrer Jugend war, und wenn sich etwas verändert hat, so hat es sich zum Schlechten verändert. Früher herrschten Ehrlichkeit, Ordnung und Disziplin, und die Jugend war noch gut, während sie heute faul und sittenlos geworden ist. Ein älterer Kollege an der Universität rief uns immer wieder die Kaiserzeit in Erinnerung: Damals war die Welt noch heil. Und wer kennt nicht das Lamento der älteren Leute und auch der älteren Geistlichen über die Kirche. Damals wußte man noch, was katholisch war und was man zu glauben hatte; die Geistlichen waren an ihrer Kleidung unmißverständlich als solche erkennbar, und einen schöneren Gottesdienst als ein lateinisches Hochamt kann es nicht geben! Heute befindet sich alles in Auflösung: Die Theologen zerstören den Glauben; die sittlichen Prinzipien sind ins Wanken geraten; was einmal Sünde war, soll plötzlich keine Sünde mehr sein. Namentlich auf dem Gebiet der Sexualität herrscht die totale Verwirrung. Die Reformen des Zweiten Vatikanums haben mehr geschadet als genützt, und wenn schon, so kamen sie jedenfalls viel zu früh und viel zu schnell. Insgesamt: „Der alte Wein war besser“ (Lk 5,39).[68]

Somit ist nicht ohne weiteres zu erwarten, daß es auch ältere Geistliche gibt, die darüber in Zorn geraten, daß die Wandlungen in der Kirche viel zu langsam vor sich gehen, daß sie immer wieder durch retardierende Kräfte von unten, vor allem aber von oben aufgehalten werden. Zwar anerkennen sie dankbar das Gute, das sie in ihrer Jugend von der Kirche empfangen haben. Aber sie erinnern sich auch mit Entsetzen an die Vielzahl von minutiösen Geboten und Verboten, die das Katholischsein mehr zur Last als zur Freude werden ließ; an die Qual der monatlichen Beichte, bei der sie immer wieder die „Todsünde" der Selbstbefriedigung zu bekennen hatten. Immerhin war Gott noch einmal gnädig gewesen und hatte sie nicht in diesem Zustand sterben lassen, da sie dann unweigerlich das ewige Höllenfeuer erwartet hätte. Wer beschreibt die Ängste um die absolute Abstinenz von Speise und Trank – und sei es auch nur eine Andeutung davon – vor der „heiligen Kommunion"; die Dramen, die sich Jahr für Jahr am Weißen Sonntag abspielten, wenn ein Kind, allen getroffenen Vorbereitungen und der Anwesenheit weit hergereister Verwandter zum Trotz, von der Feier fernbleiben mußte, weil es beim Zähneputzen ein wenig Wasser geschluckt hatte! Nie werde ich ein Erlebnis aus meiner Meßdienerzeit vergessen: Während des Frühstücks kam es meinem Pfarrer in den Sinn, daß er am späteren Vormittag noch eine zweite Messe zu zelebrieren hatte, für die er natürlich ebenso nüchtern sein mußte wie für die erste. In panischem Schrecken versuchte er, das bereits eingenommene Frühstück wieder zu erbrechen. Er war eben so erzogen worden. Und auch wir wurden so erzogen und brauchten nicht nur Jahre, sondern Jahrzehnte, um uns zu einer vernünftigen inneren Freiheit durchzuringen und die uralte evangelische Weisheit zu begreifen, daß die Gesetze für den Menschen da sind und nicht der Mensch für die Gesetze.

Der Verlust der Glaubwürdigkeit

Genau um diese Freiheit ging es Papst Johannes XXIII., wenn er am 25. Januar 1959 das Zweite Vatikanische Konzil ankündigte. Als ihn später jemand fragte, was er vom Konzil erwarte, soll er zum Fenster seines Arbeitszimmers geschritten sein und es geöffnet habe: „Wir erwarten vom

Konzil, daß es frische Luft hereinläßt." Er lehnte es ab, über dogmatische Formeln zu diskutieren. Dafür bedürfe es keines Konzils, meinte er. Ihn beflügelte die Zuversicht: Ohne Zweifel werde jenes heiß ersehnte Pfingsten aufleuchten, das die Kirche mit neuer Kraft erfülle. In der erwähnten Rede zur Eröffnung des Konzils (Anm. 68) spricht Johannes XXIII. von einem „Sprung nach vorwärts" und sieht in der Kirche schon einen „strahlenden, glückverheißenden Tag" anheben. „Noch herrscht die Morgendämmerung, und schon fühlen wir uns wohl bei den ersten Zeichen des anbrechenden Tages."[69]

Welches Schicksal in Wirklichkeit dem Konzil beschieden sein sollte, dafür gab es von Anfang an deutliche Anzeichen. Statt mit freudiger Begeisterung reagierten die versammelten Kurienkardinäle schon auf seine Ankündigung mit betretenem Schweigen. Und die letzten Monate des schwerkranken Papstes wurden überschattet durch Voraussagen, nach seinem Tod werde alles wieder zusammenbrechen, was er in der Kirche aufgebaut habe. In der Tat müssen wir mit Enttäuschung und ohnmächtigem Zorn zusehen, wie die maßgeblichen Männer in der Kirchenleitung, in Lehramt und Theologie immer weiter von der ursprünglichen Intention des Konzils, ja sogar vom bisher Erreichten abrücken.

Hieß nicht die Zielsetzung des Konzils „aggiornamento"? Welche Ironie, daß gerade das Gegenteil praktiziert wird! Mit sturer Hartnäckigkeit halten die *Glaubensverkündiger* an den alten „Glaubenssätzen" fest, wissen sich im Besitz der vollen und unfehlbaren Wahrheit, wundern sich aber, daß die Kirche vor allem in den Augen der Jugend immer mehr an Glaubwürdigkeit verliert. Viele Menschen empfinden heute die Dogmen als Leerformeln, die an ihrem Denken völlig vorbeigehen. Ist daran nur der Zeitgeist schuld, oder wäre es nicht eher an der Zeit, das Dogma selbst unter die Lupe zu nehmen? Daß die Menschheit nicht von Adam und Eva abstammt, weiß heute schon jeder Viertkläßler. Was soll sich also ein Gebildeter dabei denken, wenn in der Predigt immer noch vom Paradies, vom Menschen im Stand der Unschuld, von der Ursünde, vom gefallenen Menschen und vom Tod als Folge der Ursünde die Rede ist, als hätte Gott sich je eine Welt ohne Sünde vorgestellt?[70] Beharrlich wird an der augustinischen Vorstellung festgehalten, die Neigung zum Bösen, die Begierlichkeit oder Konkupiszenz, sei eine *Folge* der „Ursünde", in offenem Widerspruch zur biblischen Erzählung, in der die Begierde selber zur „Ursünde" führt (Gen 3,6).[71] Und nachdem die Fiktion, die Evolution habe ihren Höhepunkt in zwei menschlichen Individuen, einem Mann und einer Frau, gefunden, die die „Ursünde" begangen hätten, sich längst als absurd herausgestellt hatte, versuchten angesehenste Theologen, die „Adamssünde" noch durch den Vorschlag zu retten, mit „Adam" könne ein ganzer Menschenverband gemeint sein, der mehr oder weniger gleichzeitig gesündigt hätte.[72]

Und muß man nicht zornig werden, wenn weltfremde Phrasen vorgetragen werden, bei denen man sich fragt, ob der Prediger selbst glaubt, was er sagt? So hörte ich neulich in einer Rundfunkansprache: „Wir brauchen keine Angst zu haben, denn wir haben ja Jesus. Und wer Jesus hat, der braucht sich nie zu fürchten." Weiß denn dieser Mensch nicht, daß die Angst zum Menschen gehört wie Hunger und Durst, wie Trauer, Freude und Liebe? Hat er nie in der Bibel gelesen, daß Jesus selbst Angst hatte?

Fast noch schlimmer ist der unechte, wenn nicht unehrliche Versuch, die alten Dogmen umzufunktionieren, statt sie aufzugeben. Denn immer wieder kommt es vor, daß frühere angebliche Wahrheiten sich durch einen veränderten Erkenntnisstand als unwahr erweisen. Dann wird zunächst, gegen bessere Einsicht, an dem Dogma festgehalten. Erweist sich dies schließlich als hoffnungslos, so wird von einer „Neuinterpretation" des Dogmas gesprochen. Lassen Sie mich ein Beispiel nennen. Bis vor kurzem galt es als ein wesentliches Element des sogenannten Erbsündendogmas, daß die Sünde Adams durch körperliche Zeugung auf seine Nachkommen übertragen wird. Da aber diese Vorstellung – abgesehen von anderen Schwächen, die ihr anhaften – in einem evolutiven Weltbild nicht mehr zu halten ist, wird sie auf einmal als unwichtig bezeichnet. Trotzdem wird am Begriff „Erbsünde" festgehalten, worunter dann eine allgemeine Unheilslast und Sündenverfallenheit der Menschheit verstanden wird. Zu deren Begründung aber bedarf es keiner Erbsünde. Vielmehr haben sie ihre Ursache ganz einfach in der gottgewollten Beschaffenheit des Menschen.

Warum soll eigentlich für die Theologie nicht gelten, was für jede andere Wissenschaft selbstverständlich ist: daß frühere Ansichten überholt sind und aufgegeben werden müssen und daß sich vor dem menschlichen Geist neue Wahrheiten auftun? Für andere Disziplinen, zum Beispiel die Wirtschaftskunde, die Philosophie, die Medizin, die verschiedenen Zweige der Naturwissenschaften ist es selbstverständlich, ja erwünscht und erhofft, daß das früher für wahr Gehaltene sich als falsch erweist und einer besseren Einsicht Platz macht. Gerade die Erkenntnisse der Naturwissenschaften müßten in ihren Auswirkungen auf die Theologie ernstgenommen werden. In einem evolutiven Weltbild kann über Gott nicht mehr so gesprochen werden, wie Thomas von Aquin es tat und mit ihm die Theologen des 19. Jahrhunderts. In unseren Lehrbüchern der Dogmatik müßten die Kapitel über Schöpfung, Sündenfall, Erbsünde, die Verfaßtheit des Menschen, das Böse und die Sünde, die Zukunft der Welt und die letzten Dinge des Menschen völlig neu geschrieben werden.

Wo neue Wirklichkeiten entdeckt werden, ergeben sich auch neue Wahrheiten. Ein richtigeres Bild von der Schöpfung hat auch ein richtigeres Bild vom Schöpfer zur Folge. Keiner hat darauf so nachdrücklich insistiert wie Teilhard de Chardin: Es kann keine ewig gültigen Wahrheiten geben, weil die Welt und der Mensch ständiger Entwicklung unterworfen sind. Sicher ist jedenfalls, daß die Kirche nie im vollen Besitz der Wahrheit ist, sondern immer erst unterwegs zu ihr.

Nun hat die Kirche zwar ihre *Theologen.* Sie wären es eigentlich, die mit ihrer Forschungsarbeit eine kritische Funktion in der Kirche einnehmen sollten. Sie müßten unermüdlich und unerschrocken auf die Unvereinbarkeit gewisser amtskirchlicher Theorien und Praktiken mit dem Grundzeugnis des christlichen Glaubens, der Heiligen Schrift, hinweisen. Sie versagen jedoch in dieser Herausforderung auf das kläglichste. Mut ist ohnehin nie eine hervorstechende Eigenschaft deutscher Theologieprofessoren gewesen. Zwar gibt man sich gelegentlich durch ein progressives Statement – etwa zugunsten der Ordination der Frau – den Anstrich der Fortschrittlichkeit. Man schreibt in einer wenig verbreiteten Fachzeitschrift einen kritischen Artikel über die Jungfrauengeburt. Gleichzeitig aber vermeidet man sorgfältig jede Konfrontation mit der Amtskirche, jeden Konflikt mit dem „Lehramt". Im Gegenteil: Während man sich als beflissener Hüter der Orthodoxie aufspielt, kann man ruhig offen lassen, was man davon selbst glaubt. In der Kirchengeschichte ist man kritisch, soweit sie sich auf die Vergangenheit bezieht, aber „brav" und angepaßt, soweit sie die Gegenwart betrifft.

Allerdings machen es die *Bischöfe* den Theologen auch nicht leicht. Zwar plädieren sie für die Freiheit der Forschung an den Universitäten; diese Freiheit endet aber dort, wo Interessen der Amtskirche und des „Lehramtes" tangiert werden. Und sollte einer es wagen, eine alte Wahrheit neu zu formulieren, so hält man ihm vor, er „verunsichere" die Gläubigen, er setze umstrittene Thesen in die Welt. Umstritten bei wem? Doch nur bei den Bischöfen und ihren Hoftheologen, allenfalls noch bei reaktionären Sekten in der Kirche. Ein Insider-Problem, während die Welt – auch die gläubige – zur Tagesordnung übergeht. Und wirft ein Theologe kritische Fragen auf, gleich wird er verdächtigt, er wolle nicht mehr katholisch sein. So wird die Atmosphäre in der Kirche vergiftet, Verdächtigungen und Diffamierungen greifen Raum. Die Romhörigkeit der

Bischöfe duldet kein eigenes Denken, geschweige denn ein eigenes Handeln.

Dies alles nur, damit die Kirche nach außen hin ein Bild imponierender Geschlossenheit bietet. Dabei läßt sie sich genau von jener Angst treiben und die Reihen werden von jener Uniformität geschlossen, die Johannes XXIII. endlich beseitigen wollte. Die Kirche wird wieder beherrscht von einer sich selbstsicher gebenden Führergestalt und in Gang gehalten durch das Räderwerk einer perfekten Organisation. Es wird als großer Gewinn der Kirche hingestellt, wenn der Papst von Hunderttausenden bejubelt wird, obwohl man wissen müßte, wie vernichtend das Urteil der Geschichte über Manifestationen des Personenkults und der Massenhysterie ausfallen kann. In der deutschen Kirche jedenfalls hat sich durch den Papstbesuch von 1980 und die fünfzig Reden, die er in fünf Tagen hielt, nichts verändert. Es kann im Gegenteil niemandem entgehen, daß der lautlose Auszug ungebremst seinen Fortgang nimmt.

Vor mehr als fünfzig Jahren mahnte Teilhard de Chardin:

> „Die Kirche wird so lange dahinsiechen, als sie sich nicht frei macht von der künstlichen Welt der leeren Theologie, des quantitativen Sakramentalismus und der subtilen Andachtsübungen. Der Augenblick ist gekommen, da das christliche Empfinden Christus aus den Händen der Kleriker retten muß, damit die Welt gerettet werde."

Seine Mahnung hat heute nichts an Aktualität verloren.

Kirche: Strukturen, Hierarchie, Priestertum

Eine menschliche Geschichte ruft nach Befreiung

Priestermangel, Gemeinden ohne Eucharistie, Zölibat, Frauenordination – sie bezeichnen die Probleme, die zwar nicht allein, aber doch weitgehend die gegenwärtige Not der Kirche bestimmen und über die unermüdlich diskutiert wird, freilich mit sehr bescheidenem Erfolg. Weitere Diskussionen dürften nur dann sinnvoll sein, wenn wir uns darauf besinnen, wie *Jesus* sich seine Gemeinde von Jüngern und Jüngerinnen vorstellte. Denn wenn wir von den erwähnten Nöten sprechen, setzen wir fraglos voraus, daß der *Priesterstand* ein unverzichtbares, ein strukturelles Element der Kirche ist. Kann ein Blick in das Neue Testament und besonders in die Evangelien dies bestätigen? Gewiß gibt es in der Kirche mancherlei Einrichtungen, die sich nicht ausdrücklich auf das Evangelium berufen können und trotzdem legitim sind, weil sie sich organisch aus den Anschauungen und Bedürfnissen der jeweiligen Zeit entwickelt haben (z. B. die Ohrenbeichte). Sie sind aber illegitim, wenn sie dem Geist des Evangeliums kraß widersprechen.

Jesu Desinteresse am Opferkult

Das Priestertum der Kirche wurzelt im israelitisch-jüdischen Priestertum. Es unterscheidet sich von diesem am augenfälligsten dadurch, daß es keine *blutigen* Opfer darbringt. Das Judentum war zur Zeit Jesu streng hierarchisch gegliedert, und der Kult am Jerusalemer Tempel nahm darin eine dominierende Stellung ein.

An der Spitze stand der *Hohepriester*, dem die Durchführung des gesamten Kultes unterstand. Er war der einzige Sterbliche, der an *einem* Tag des Jahres, dem großen Versöhnungstag *(jom kippur)*, den dunklen Hinterraum des Tempels betreten durfte und damit der direkten Begegnung mit Jahwe gewürdigt wurde. Er darf dort aber nur *kurz* beten, damit das Volk sich nicht ängstigte, es könnte ihm etwas zugestoßen sein.[73] – Indes war der Hohepriester auch der Vorsitzende des Hohen Rates, des Synedriums, und hatte damit auch eine einflußreiche politische Funktion.

Dem Hohenpriester standen die „gewöhnlichen" *Priester* zur Seite. Sie durften den vorderen Tempelraum betreten, das „Heilige", wo sie zweimal täglich Weihrauch verbrannten. Im Vorhof der Priester, in dem der Brandopferaltar stand, brachten sie die Tier- und Speiseopfer dar. Der Dienst der Priester war nicht hauptamtlich. Sie übten einen zivilen Beruf aus, da sie nur zweimal jährlich eine Woche am Tempel präsent zu sein hatten.[74]

Eine dritte Klasse des Tempelpersonals bildeten die *Leviten*. Ihnen oblag das ganze Umfeld des Gottesdienstes: Tür- und Ordnungsdienst, Gesang, Musik. Auch sie hatten ihre Dienstwochen wie die Priester. Es wird angenommen, daß täglich 300 Priester und 400 Leviten benötigt wurden, so daß mit insgesamt 7200 Priestern und 9600 Leviten gerechnet wird.[75]

Es bedarf keines Wortes, daß die im Tempel praktizierte Schlächterei in höchstem Maß unappetitlich war und einen entsetzlichen Gestank verursachte, der durch Weihrauch neutralisiert wurde (wie noch heute in den stinkigen Gassen arabischer Städte). Gräßlich muß es besonders bei der Schlachtung der Paschalämmer zugegangen sein, bei der die Priester bis zu den Knien im Blut wateten.[76] Auch wenn die von Josephus Flavius[77] genannte Zahl von 250.000 Opfertieren maßlos übertrieben sein dürfte, so werden wir doch mit mehreren Zehntausend zu rechnen haben. Insgesamt glich der Tempel mehr einem Schlachthaus als einem Bethaus.

Nach dem Johannesevangelium zog Jesus fünfmal zu den Wallfahrtsfesten nach Jerusalem hinauf: an drei Paschafesten (2,13.23; 6,4; 11,25; 12,1), an einem Laubhüttenfest (7,2) und an einem weiteren Fest (5,1).[78] Das scheint einen großen Eifer für den Tempel zu bekunden, ist aber in Wirklichkeit eher wenig. Denn jeder Mann – und das ist der Jude bis heute vom erfüllten 13. Lebensjahr an – war ja verpflichtet, dreimal im Jahr die Wallfahrt nach Jerusalem zu unternehmen: am Pesach-, am Wochen- und am Laubhüttenfest (Ex 23,17; 34,23; Dtn 16,16: „Dreimal im Jahr soll alles, was männlich ist, vor Jahwe … erscheinen … Und man soll nicht mit leeren Händen erscheinen"). Jesus scheint sich nicht an diese Vorschrift gehalten zu haben, zum mindesten wird es in den Evangelien nicht erwähnt.

Indes interessiert uns nicht nur, wie *oft* Jesus zum Tempel zog. Noch wichtiger ist, *was* er im Tempel *tat*. Die Vorschrift „Man soll nicht mit leeren Händen vor Jahwe erscheinen" wurde zur Zeit Jesu so ausgelegt, daß jeder Wallfahrer zwei Opfer darzubringen hatte: ein Brandopfer für Gott (Ziege, Schaf …) und ein Mahlopfer *(schelamim)*, das für ihn und seine Familie ein Festmahl abgab. Die Opfertiere mußten im Vorhof der Männer dem Priester übergeben werden, wobei der Opfernde die Hände auf das Opfertier zu stemmen hatte.[79] Daß Jesus sich diesen Riten unterzogen hätte, wird nirgendwo gesagt, und nie hören wir, er habe sich an einem Tempelgottesdienst beteiligt. Wir wissen auch nicht, wie er es mit dem Pascha hielt. Ob sein letztes Mahl ein Paschamahl war oder ein einfaches Abschiedsmahl, ist in der Fachexegese umstritten.

Insgesamt scheint Jesu Verhältnis zur Priesterschaft sehr distanziert gewesen zu sein. Seine Kritik an den Priestern und Leviten klingt im Gleichnis vom barmherzigen Samariter an (Lk 10,30ff). Man kann eine Anerkennung von Tempel und Priesterschaft auch nicht aus Jesu Anweisung an geheilte Aussätzige herauslesen, sich den Priestern zu zeigen (Mk 1,40–44 par.; Lk 17,12–19). Denn die Priester hatten gegenüber den Aussätzigen Rechtsfunktionen, und erst durch ihren Urteilsspruch konnte die verhängte

Absonderung von der Gemeinschaft wieder aufgehoben werden.[80]

Schließlich sind die Drohungen Jesu über die bevorstehende Zerstörung des Tempels nicht zu übersehen. Sie sind uns im Neuen Testament in sechsfacher Form überliefert, so daß es unmöglich ist, einen gesicherten ursprünglichen Text zu ermitteln (Mk 13,2; 14,58; 15,29; Mt 21,61; Apg 6,14; Joh 2,19).[81]

Wenn Jesus ankündigt, er werde den zerstörten Tempel in drei Tagen[82] wieder aufbauen, dann kann damit nur das absolute Ende des Jerusalemer Tempels und jedes irdischen Tempels überhaupt gemeint sein. Der Tempel, den Jesus an seine Stelle setzt, ist „nicht mit Händen gebaut" (Mk 14,58), er ist von ganz anderer Wesensart. Jesus unterstreicht das Gemeinte mit der Zeichenhandlung der Tempelaustreibung (Joh 2,13–22). Hier geht es nicht nur um Mißstände. Wenn Jesus vielmehr aus dem Vorhof der Heiden die Käufer und Verkäufer von Tieren hinauswirft und die Tische der Geldwechsler umstößt und das Geld ausschüttet, was ja alles zum Opferbetrieb *nötig* war, dann macht er damit den ganzen traditionellen Opferkult unmöglich, dann erklärt er diesen als erledigt.[83] Damit ist aber auch der gesamten Priesterschaft das Ende angesagt.

Seine abneigende Haltung zum Tempel demonstrierte Jesus aber vor allem durch sein persönliches Verhalten. Wie wir sahen, lassen die Evangelien ihn an keiner Tempelliturgie teilnehmen, und man macht sich die Sache vermutlich zu leicht, wenn man sagt, das sei doch für einen „frommen" Juden selbstverständlich gewesen.[84] Denn den gleichen Evangelien ist es wichtig genug zu vermelden, daß Jesus an einem *Synagogen*gottesdienst teilnahm und sich daran aktiv beteiligte, der ein reiner *Wortgottesdienst* war (Lk 4,16ff). Und um eben diese Verkündigung des *Wortes* ging es ihm auch im Tempel. Noch und noch bezeugt die evangelische Überlieferung, daß er im Tempel *lehrte*. „Er lehrte täglich im Tempel" (Lk 14,49), „Jesus ging hinauf in den Tempel und lehrte" (Joh 7,14, vgl. 7,28; 8,20).

Denen, die ihn festnehmen, hält er entgegen: „Täglich war ich bei euch im Tempel und lehrte" (Mk 14,49); vom Hohenpriester über seine Lehre befragt, erwidert er: „Ich habe stets in der Synagoge und im Tempel gelehrt" (Joh 18,20). Deutlicher könnte Jesus sein Desinteresse am Opferkult nicht zum Ausdruck bringen. An dessen Stelle tritt für ihn die *Verkündigung des Wortes*.

Besonders erhellend ist in diesem Zusammenhang Jesu Wort vom Wein und von den Schläuchen: „Man füllt nicht neuen Wein in alte Schläuche. Sonst reißen die Schläuche, der Wein läuft aus, und die Schläuche sind unbrauchbar. Neuen Wein füllt man in neue Schläuche" (Mt 9,17 par.). Jesus warnt davor, sein Wirken als eine bloße Korrektur der bisherigen jüdischen Religiosität zu verstehen. Vielmehr muß das Alte und Vorläufige zerbrechen, um dem Neuen und Bleibenden Platz zu machen.[85] Deshalb hat Jesus die dogmenhafte Unterscheidung zwischen Rein und Unrein, die das jüdische Denken bis heute bestimmt und beunruhigt, als nichtig erklärt. Nichts, was in den Menschen *hinein*geht, ist unrein, sondern nur, was *heraus*kommt aus dem Herzen des Menschen (Mk 7,15). Jesus rechnet ab mit der Vorstellung von sakral und profan, von geheiligten Bezirken und Ständen. Praktisch hat Jesus damit das ganze jüdische Religionssystem aus den Angeln gehoben![86]

Wir können diese Haltung Jesu aber auch aus seiner *Naherwartung* nicht herauslösen. Jesus erwartet den Hereinbruch der Herrschaft Gottes in Macht als nahe bevorstehend: „Wahrlich, ich sage euch: Es sind einige der hier Stehenden, die den Tod nicht schmecken werden, bis sie das Reich Gottes in Macht kommen sehen" (Mk 9,1). Dieses Wort muß auf Jesus selbst zurückgehen, denn 40 Jahre nach seinem Tod konnte es nicht mehr von der Gemeinde gebildet werden, eben weil es sich ja nicht erfüllt hatte. Wenn aber Jesus vom nahen Ende überzeugt war, mußte es ihm fernliegen, ein Kirchensystem, eine Kultordnung und eine Hierarchie aufzubauen oder auch nur vorzusehen.

„Laßt euch nicht Rabbi nennen, laßt euch nicht Pater nennen, laßt euch nicht Lehramt nennen, denn ihr alle seid Brüder", lautet seine Devise (Mt 23,8–10).

Damit hat Jesus die Weichen gestellt für ein völlig neues Verständnis von Kult und Gottesdienst: *„Barmherzigkeit will ich und nicht Opfer"* – dieses Zitat aus Hosea (6,6), das sich ausgerechnet beim gesetzes- und opferfreudigen Matthäus zweimal findet (9,13; 12,7), kennzeichnet die Verschiebung von der Sphäre des Kultischen in die der Sittlichkeit, die Jesus vornimmt. Ebenso haben für Paulus die Tempelopfer durch den Sühnetod Jesu ihre Funktion verloren (Röm 3,25).[87]

Paulus und die frühe Kirche als Zeugen

Das Opfer, das vom Christen erwartet wird, ist von ganz anderer Art:

> „Ich ermahne euch, ... *euren* Leib als lebendiges, heiliges, Gott wohlgefälliges Opfer hinzugeben. Das sei euer wahrhaftiger Gottesdienst" (Röm 12,1).

Vielleicht könnten wir so kühn sein und *„logiké latreia"* sogar so übersetzen: „euer *Wortgottesdienst*". Jedenfalls setzt Paulus den christlichen Gottesdienst in betonten Gegensatz zum jüdischen. Die Christen sollen *ihren* Leib (nicht den Leib von Tieren) als *lebendiges* Opfer darbringen (statt *toter* Tiere).

Was mit *„logiké latreia"* gemeint ist, wird verdeutlicht durch die Parallelstelle 1 Petr 2,5, die von *„pneumatikaí thysíai"* spricht, von „geistigen" Opfern. Das Opfer des Christen besteht in der Hingabe seines *Leibes* (nicht seiner Seele!). Schon das Alte Testament wußte um das Opfer des Mundes und der Lippen (Ps 119, 108 u. a.), und die Regel von Qumran schreibt vor: „Das Opfer der Lippen ist wie Opferduft der Gerechtigkeit, und vollkommener Wandel wie ein wohlgefälliges freiwilliges Opfer" (1QS 9,4f).

Gottesdienst ist für Paulus freilich nicht nur die Hingabe des Leibes, vielmehr vor allem die *Verkündigung des Evangeliums.* Mit großem Nachdruck spricht der Apostel vom *Gottesdienst des Evangeliums,* den er vollzieht. Röm 1,9 erklärt er, er verrichte „mit seinem (eigenen) Geist" den Priesterdienst am Evangelium Christi. Paulus verwendet dabei das Wort *„latreuo"*, das im griechischen Alten Testament (der Septuaginta) und im Neuen Testament vom jüdischen Tempelgottesdienst gebraucht wird. Dieser wird abgelöst durch die Verkündigung des Evangeliums. Noch bedeutsamer ist Röm 15,16. Hier sagt Paulus von sich, er verrichte als Liturge Christi Jesu *(leiturgos Christou Jesou)* „den Priesterdienst am Evangelium, damit die *Darbringung der Völker* Gott wohlgefällig werde". Hier wird die ganze jüdische Kultterminologie förmlich auf den Kopf gestellt: Priesterdienst ist Verkündigung des Evangeliums. Die Opfergabe sind die Völker, die für das Evangelium gewonnen werden.[88]

So hat sich denn der christliche Gottesdienst von Anfang an radikal vom jüdischen abgesetzt. Freilich bezeugt die Apostelgeschichte, die aramäisch sprechende Jerusalemer Urgemeinde habe weiterhin an den traditionellen Formen jüdischer Religiosität festgehalten, vor allem seit der Herrenbruder Jakobus die alleinige Leitung der Jerusalemer Gemeinde übernommen hatte. Sie „verharrten im Tempel"[89], hielten sich an die Speisegesetze, praktizierten die Beschneidung.[90] Hinzu kam freilich auch schon das „Brotbrechen" in den eigenen Häusern. Widerstand erwuchs von seiten der griechisch sprechenden Judenchristen, der „Hellenisten". Ihr gewaltiger Wortführer ist Stephanus, dem die Juden vorwerfen, er rede unaufhörlich gegen den Tempel und das Gesetz (Apg 6,13f). Ganz sicher waren es diese Hellenisten, die die Enge der aramäischen Judenchristen durchbrachen. Ihnen haben wir es zu verdanken, daß die Religion Jesu zu einer Weltreligion werden konnte, in der es weder Opfer noch Beschneidung noch Speisevorschriften gab.

So unterschied sich der christliche Gottesdienst vom jüdischen wie der Tag von der Nacht. Er findet nicht an einem sakralen, sondern an einem profanen Ort statt. Von Priester und Opfer ist dabei keine Rede. Man kann natürlich sagen: Eine neue Form des jüdischen Gottesdienstes, ohne Tempel und Opfer, sei bereits durch den Synagogengottesdienst vorbereitet worden, der ein bloßer Wortgottesdienst war. Indes ist der urchristliche Gottesdienst doch wiederum kein bloßer Wortgottesdienst. Vielmehr spielt dabei das *Mahl* eine entscheidende Rolle, das der Synagogengottesdienst nicht kennt. Für diese Mahlzeiten wird der eigentümliche Ausdruck „Brotbrechen" gebraucht, der im profanen Griechisch kaum vorkommt, hingegen in den Evangelien einen typischen Gestus Jesu bezeichnet, sowohl in den Berichten über die Brotvermehrung (Mk 6,41 par.), als auch über das Abendmahl (Mk 14,22: „Er nahm das Brot, sprach den Lobpreis, brach es und gab es ihnen", so in allen vier Einsetzungsberichten). Dieselbe Redeweise findet sich aber auch beim Mahl Jesu mit den Jüngern in Emmaus (Lk 24,30).

In ihren Mahlgottesdiensten knüpft die Urgemeinde offensichtlich an die Mahlzeiten an, die Jesus besonders nach seiner Auferstehung mit den Jüngern hielt.[91] An die Stelle der Gegenwart Jahwes im Tempel tritt jetzt die Gegenwart des auferstandenen Herrn. Dieser Zusammenhang zwischen Auferstehung und Herrenmahl wird besonders in der Petrusrede in Joppe hervorgehoben: „Diesen Christus hat Gott am dritten Tage auferweckt und erscheinen lassen nicht vor allem Volk, sondern vor den vorherbestimmten Zeugen, *vor uns, die wir mit ihm gegessen und getrunken haben nach seiner Auferstehung von den Toten*" (Apg 10,41). Während die junge Gemeinde noch zum *Gebet* in den Tempel geht, hält sie „zu Hause" *(kat' oikon)* ihren Mahlgottesdienst, und dies mit „Jubel" (*agallíasis*), ein Wort, das man geradezu mit „ausgelassene Freude" übersetzen könnte[92] (Apg 2,46).

Wie stark diese eucharistischen Mahlfeiern im Zeichen der Auferstehung stehen, zeigt auch der Wochentag, an dem sie begangen werden. Zwar hören wir in der Apostelgeschichte, man sei *täglich* in den Häusern zusammengekommen (2,46). Vorzugsweise aber geschieht dies am ersten Tag der Woche (Apg 20,7; 1 Kor 16,2), der auch „Herrentag" genannt wird (Offb 1,10; Apost. Väter, z. B. Did 14,1). In bewußter Absetzung vom Judentum haben „die ersten Christen den ersten Tag der Woche ausgesondert, denn an diesem Tag war Christus auferstanden, und an diesem Tag war er den beim Mahl versammelten Jüngern erschienen".[93] So ist für sie jeder Herrentag ein Osterfest.

Diese christliche Mahlfeier wird uns außerhalb des Neuen Testaments erstmals von der „Lehre der Zwölf Apostel" (Didache, Anfang 2. Jh.) und vom Märtyrer Justin (Mitte 2. Jh.) bezeugt. In der *Didache* begegnen wir erstmals in einer frühchristlichen Schrift dem Wort *„eucharistía"* für den christlichen Mahlgottesdienst. Dieser wird so beschrieben:

> „Betreffs der Eucharistie. Sagt folgendermaßen Dank. Zuerst zum Becher: Wir danken dir, unser Vater, für den heiligen Weinstock Davids, deines Knechts, den du uns offenbart hast durch Jesus, deinen Knecht. Dir die Herrlichkeit in Ewigkeit. Zum Brot: Wir danken dir, unser Vater, für das Leben, das du uns offenbart hast durch Jesus, deinen Knecht. Dir die Herrlichkeit in Ewigkeit. Und wie dies auf den Bergen zerstreut war und zusammengebracht *ein* Brot geworden ist, so soll deine Kirche zusammengebracht werden von den Enden der Erde in dein Reich. Denn dein ist die Herrlichkeit und die Kraft in Ewigkeit" (9,1–4).

Aus dem ganzen Zusammenhang ist ersichtlich, daß die Versammelten ein richtiges *Sättigungsmahl* halten, das aus Brot und Wein besteht und durch den Dank, der über Brot und Wein gesprochen wird, zur *Eucharistie*, zur Danksagung, wird.[94] Von einem Einsetzungsbericht ist freilich nicht die Rede. Hingegen finden wir an einer späteren Stelle (14,1) noch die Anweisung:

„An jedem Herrentag versammelt euch, brecht das Brot und sagt Dank, indem ihr dazu eure Übertretungen bekennt, damit euer Opfer rein sei."

Hieraus ist abgeleitet worden, die Eucharistie werde als Opfer verstanden. Die heutige Didacheforschung weist jedoch darauf hin, daß die Worte „damit euer Opfer rein sei" an die Vorschrift anschließen, einen Bußakt zu halten. Sie beziehen sich also auf die dabei gesprochenen Gebete: *Diese* sollen ein reines Opfer sein.[95] Es ist wiederum das Opfer der Lippen, dem wir bereits begegnet sind. – Bemerkenswert ist auch, daß bei der ganzen Feier kein Liturge in Erscheinung tritt.

Um die Mitte des 2. Jahrhunderts beschreibt der Apologet und Märtyrer *Justin* den Gottesdienst nicht wesentlich anders (Apol. I,65–67). Indes fallen zwei Unterschiede auf: Der Eucharistiefeier geht ein *Wortgottesdienst* voraus (nicht nur ein Bußakt), in dem aus den Schriften der Apostel vorgelesen wird und der Vorsteher (*proestôs*) eine Ansprache hält. Dann wird dem Vorsteher Brot und ein Becher mit Wein und Wasser gebracht, und dieser spricht darüber eine lange Danksagung. Offensichtlich steht der Gemeindeleiter der Feier vor, nicht aber ein Priester.

Warum also „Priester"?

So fragen wir uns, wie denn die Vorstellung aufkommen konnte, es bedürfe für die Feier der Eucharistie eines Priesters. Verschiedene Faktoren haben dazu beigetragen. Ich darf auf drei hinweisen, ohne damit Vollständigkeit zu beanspruchen. Es sind:

(1) Opferelemente in den Einsetzungsberichten,

(2) der Einfluß (a) des 1. Klemensbriefes und (b) des Markionstreites,

(3) die Vorwürfe, die vom römischen Staat gegen das Christentum wegen seiner Kultlosigkeit erhoben wurden.

(1) Beginnen wir mit den *Einsetzungsberichten des Abendmahls.* Sie haben Anlaß gegeben, die Eucharistie als *Opfer* zu verstehen. Die Rede vom „Meßopfer" ist uns allen geläufig. Wenn aber *Opfer*, dann auch *Priester*.

Bekanntlich ist uns der Einsetzungsbericht in vier Varianten überliefert (Mt, Mk, Lk und Paulus in 1 Kor 11,23–26). Das macht es unmöglich, die authentischen Jesusworte mit Sicherheit zurückzugewinnen. Vielmehr herrscht in der heutigen Exegese Einmütigkeit darüber, daß wir es bei den Abendmahlsberichten mit einer *Kultätiologie* zu tun haben, durch die der Brauch der Gemeinden begründet und erklärt werden soll.[96] Mit anderen Worten: Dargestellt wird in diesen Berichten nicht das Abendmahl Jesu. Dargestellt wird vielmehr die *Mahlfeier der Gemeinde*, von der auf das Abendmahl Jesu rückgeschlossen wird (was freilich nicht bedeutet, daß damit die Geschichtlichkeit des Abendmahles Jesu dahinfällt). Was uns hier beschäftigt, ist der *Verlauf* des Abendmahles, im Näheren die *Form des Brotwortes und des Kelchwortes*.

Wir können von *Markus* ausgehen, obwohl seine Fassung keineswegs die beste schlechthin ist. Für das Brotwort aber dürfte er die beste Überlieferung haben. Der Text lautet:

> „Während sie aßen, nahm er Brot, sprach den Lobpreis, brach es, gab es ihnen und sprach: Nehmt, dies ist mein Leib" (14,25).

Nichts hindert uns daran, dies als ursprüngliches Jesuswort zu nehmen. Dabei steht Leib für *Leben*. Jesus versichert die Jünger seiner bleibenden Gemeinschaft über den Tod hinaus.

Hingegen kann das Becherwort bei Markus nur teilweise ursprünglich sein. Wir lesen:

> „Und er nahm einen Becher, sprach das Dankgebet *(eucharistesas)* und gab ihn ihnen, und sie tranken alle daraus (23). Und er sprach zu ihnen: Das ist mein Blut des Bundes, das für viele vergossen wird (24). Wahrlich, ich

sage euch: Ich werde nicht mehr vom Gewächs des Weinstocks trinken, bis ich es neu trinke im Reiche Gottes (25)."

Daß Jesus selbst von dem Wein trinkt, wird nicht gesagt. Er läßt vielmehr die Jünger trinken. Er selbst wird den Wein erst wieder trinken im Reiche Gottes, das er als unmittelbar hereinbrechend erwartet. Damit klingt das Mahl in endzeitlicher Hoffnung aus, so wie bis heute das jüdische Paschamahl beschlossen wird mit dem Wunsch: „So möge der Herr, unser Gott, und der Gott unserer Väter, uns zukünftige Feste und Feiertage ... erreichen lassen, erfreut durch den Aufbau deiner Stadt und frohlockend in deinem Dienst ... Das nächste Jahr in Jerusalem."[97]

Die *Rede vom Blut* hingegen spiegelt zweifellos kirchliches Brauchtum, schon weil sie in der griechisch-römischen Welt viel weniger anstößig war als in der jüdischen. Der sekundäre Charakter des Blutwortes zeigt sich aber auch darin, daß Blut keine Parallele zu *Leib* ist, höchstens zu *Fleisch*. Zum Leib gehört ja schon das Blut. – Indes haben wir auch beim Blutwort nochmals zwei Fassungen. Nach Lukas und Paulus sagt Jesus: „Dieser Becher ist der *neue Bund* in meinem Blut." Im Trinken des Weins werden die Feiernden des Neuen Bundes teilhaftig, den Jesus in seinem Blut schließt. Eine letzte Steigerung finden wir dann bei Markus und Matthäus, wo Jesus den Becher reicht mit den Worten: „Dies ist mein Blut des Bundes", eine Formel, die sich auch dadurch als sekundär erweist, daß sie nur im Griechischen, nicht im Aramäischen möglich ist.[98] Und beide haben noch den Zusatz „das für viele (oder: für euch) vergossen wird", wodurch der Opfergedanke hereinkommt. Dieser fehlte in der ältesten Überlieferung völlig. Mit Recht wendet sich das heutige kirchliche Denken gegen das eucharistische Opferverständnis. Für die Rolle des Priesters bei der Eucharistie kann dies nicht bedeutungslos sein.

(2a) Zu einem hierarchiefreundlichen Klima hat sicher der *1. Klemensbrief* beigetragen. Ich darf Bekanntes kurz zusammenfassen: Am Ende des 1. Jahrhunderts war in der

Kirche von Korinth eine Krise ausgebrochen. Es waren einige Presbyter (Älteste) ihres Amtes enthoben und durch jüngere ersetzt worden. Um den Streit aus der Welt zu schaffen, richtete die Gemeinde von Rom unaufgefordert ein Schreiben an die Gemeinde von Korinth. Es spricht immer in der Wir-Form, wird aber sicher zu Recht mit dem Namen des römischen Bischofs Klemens verbunden, der als Verfasser gelten muß. Dieses Schreiben erlangte ein solches Ansehen, daß es in manchen Kirchen noch längere Zeit beim Gottesdienst vorgelesen, ja sogar zur Heiligen Schrift gerechnet wurde.

Der Konflikt von Korinth wird in einen größeren theologischen und moralischen Zusammenhang gestellt. In den Augen des Verfassers bilden der Alte Bund und das Christusgeschehen eine einzige große Heilsordnung. Die Kirche wurzelt im Alten Testament, und wenn der Verfasser auch einzelne Schriften des Neuen Testaments kennt, so ist für ihn *die* Heilige Schrift, *die* Bibel, noch immer das Alte Testament.[99] Auf dieses beruft er sich in einem fort. Um die Korinther davon zu überzeugen, daß Ordnung herrschen müsse, daß ihre bisherige Ordnung von Gott gewollt sei, weil dieser ein Gott der Ordnungen sei, bezieht er sich auf die schon am Tempel von Jerusalem geltende Kultordnung. Dort – sagt er, obwohl der Tempel schon längst nicht mehr besteht – „sind dem *Hohenpriester* eigene Verrichtungen übertragen, den *Priestern* ist ihr eigener Platz verordnet, und den *Leviten* obliegen eigene Dienstleistungen. Der *Laie* ist an die Anordnungen für Laien gebunden" (40,5); übrigens das erste Mal, daß der Begriff „Laie" in der christlichen Literatur erscheint.[100]

Obwohl der Verfasser damit sicher nicht die am Tempel geltende Ordnung buchstäblich auf die christliche Gemeinde übertragen will, konnte bei dem hohen Ansehen des Schreibens der Verweis auf verschiedene Stufen der Hierarchie und die ihnen gegenüberstehenden Laien gewiß nicht ohne Wirkung bleiben.[101] Ein Kommentator schreibt, in diesem Konzept sei den Laien wohl wenig mehr übrig geblieben als zuzuhören und die Eucharistie zu genießen.[102]

(2b) Die Aufnahme alttestamentlicher Vorstellungen in die Kirche wurde weiterhin gefördert durch die *Markion*-Episode. Um die Mitte des 2. Jahrhunderts stellte der kleinasiatische Reederssohn Markion der römischen Großkirche eine eigene Kirche entgegen. Seine Lehre gipfelte in einer leidenschaftlichen Verwerfung des Alten Testaments. Der Gott des Alten Testaments sei ein anderer Gott als der Vater Jesu Christi. Deshalb müsse sich die Kirche vom Alten Testament lossagen.

Es ging auf Biegen und Brechen. In einem dramatischen Streit hatte die römische Kirche zu wählen zwischen den Alternativen Altes *oder* Neues Testament und Altes *und* Neues Testament. Sie entschied sich für die zweite Wahl. Damit bekam das Alte Testament eine völlig neue Stellung in der Kirche. War es bisher die *jüdische* Bibel gewesen, die auf Christus hin gedeutet wurde, so war es fortan die *christliche* Bibel. Das Alte Testament verwandelte sich von einem jüdischen in ein christliches Buch.[103] Es soll uns nicht wundern, wenn dadurch das Alte Testament und seine Institutionen, samt Kult und Priestertum, ein neues Gewicht bekamen.

(3) Schließlich aber wurde die Überhandnahme des Kultischen durch die Verfolgung der jungen Kirche durch den römischen Staat entscheidend gefördert.[104] Das Christentum breitete sich zwar in einem heidnischen, keineswegs aber in einem gottlosen Staat aus. Das Milieu, in dem die Botschaft Jesu verkündet wurde, war weithin *religiös* geprägt. Wie schwer die Juden sich taten, die Ablehnung des Tempels und des Kultes durch die Jesusgemeinde hinzunehmen, zeigt die Rede des Stephanus und die an ihm vollstreckte Lynchjustiz. Aber auch in der heidnischen Polemik nimmt das religiöse Element einen wichtigen Platz ein. Nach Tacitus wurde der christliche Glaube als *„exitiabilis superstitio"* bezeichnet, als „verderblicher Aberglaube". Ja, die Christen werden sogar des *Atheismus* bezichtigt, der Gottlosigkeit. Gemeint ist damit die Ablehnung der römischen Götterwelt und ihres Kultes.

„Deos non colitis" lautet nach Tertullian der gegen die Christen erhobene vernichtende Vorwurf: „Ihr verehrt nicht die Götter". Und Tertullian führt dies näher aus: „Tempel verachten sie, als ob es Gräber wären; vor Götterbildern speien sie aus, verlachen die heiligen Opfer." Damit ist der Verzicht der Christen auf äußere Riten und Zeremonien getroffen.

Ihre Reaktion konnte sich nicht auf die Bekräftigung beschränken, *sie* hätten die wahre *„theosebeia"*, die wahre Gottesverehrung. Es lag nahe, sich wieder stärker auf den *Kult* zu besinnen. Wir nahmen diese Tendenz schon im 1. Klemensbrief wahr, der den Tempelgottesdienst als Modell hinstellt. Gegen den Vorwurf, keine Opfer darzubringen, verweisen die Christen nun auf die *Eucharistie*, wodurch deren Opfercharakter herausgehoben wird, der, wie wir sahen, ursprünglich fehlte. Während die Bezeichnung *hiereus*, Priester, für die kirchlichen Amtsträger nicht nur im Neuen Testament, sondern während der ganzen ersten beiden Jahrhunderte vermieden wird, wird in der „Apostolischen Überlieferung" (ca. 235) und bei Tertullian der Bischof erstmals Hoherpriester oder Priester genannt, und zwar in einem kultischen Kontext.[105]

Am Anfang des 4. Jahrhunderts erscheinen die ersten Forderungen nach Ehelosigkeit der Priester. Damit ist das sakrale Verständnis des Priestertums perfekt.

Die Kirche Jesu wird zur Kleruskirche, das „priesterliche Volk" zu einem „Volk der Priester"

Wie die Entwicklung im einzelnen verlief, ist mehrfach und von berufenster Hand dargestellt worden.[106] Den frühchristlichen Gemeinden ist die Vorstellung einer „Obrigkeit" fremd. In den von Paulus gegründeten oder betreuten Gemeinden ist der Apostel zwar die unbestrittene Autorität. Nie jedoch versteht er sich als Gehorsam fordernder Vorgesetzter der Gemeinde. Vielmehr ist es für ihn ganz selbstverständlich, daß neben Aposteln noch Propheten und Lehrer ihres Auftrags walten (1 Kor 12,28; Eph 4,11) und andere ihre vom Geist gewirkten Gaben, etwa der Heilung, zum Besten der Gemeinde einsetzen.

Je deutlicher sich freilich das Ende des Apostolats abzeichnete, um so mehr mußte sich eine dauerhafte Ämterstruktur aufdrängen. Den Anfängen einer solchen begegnen wir vermutlich, wenn in einem der spätesten Paulusbriefe, dem Philipperbrief, erstmals von „Vorstehern" (Aufsehern, Episkopen) und „Dienern" (Diakonen) die Rede ist (1,1), mögen sie auch *nach* den „Heiligen", den Gläubigen, genannt werden. Keinesfalls aber handelt es sich bei den Episkopen und Diakonen um sakrale Ämter oder gar um eine Hierarchie, so wenig wie bei den Ältesten (Presbytern), die in judenchristlichen Gemeinden die Geschicke der Ortskirche in die Hand nehmen (in Jerusalem: Apg 11,30; 15,2.4.6; in Ephesus: Apg 20,17).

Es konnte nicht ausbleiben, daß die beiden „Verfassungen" (Episkopen/Diakone und Presbyter) sich vermischten, so daß in einem Atem von „Ältesten" und „Episkopen" gesprochen wird (Tit 1,5–7). Die Ältesten-Verfassung mußte es auch mit sich bringen, daß das kirchliche Amt eine Männersache wurde. Hingegen gab es unter den Diakonen zweifellos auch Frauen (1 Tim 3,11)[107], und „der Diakon" Phoebe, in deren Haus sich offenbar die Gemeinde von Kenchreä versammelte (Röm 16,1f), dürfte dabei auch der Eucharistie vorgestanden haben. Umgekehrt fällt auf, daß in den Pastoralbriefen (1/2 Tim, Tit)[108] Bischof und Presbytern – es gibt zwischen den beiden keine hierarchische Stufung – keine kultische Funktion zugeschrieben wird. Vielmehr wird ihr Amt „seinem Wesen und seinem ganzen Umfang nach als ein *Lehramt* behandelt".[109]

Eine Wende stellen die *Ignatiusbriefe* dar, die von der neuen Forschung zwischen 160 und 170 angesetzt werden.[110] Hier finden wir erstmals den monarchischen Episkopat und die Hierarchie von Bischof (immer in der Einzahl), Presbyterium und Diakonen. Der Bischof ist Haupt und Mitte der Ortskirche. Die Presbyter sind ihm unterstellt, die Diakone beiden. Wenn freilich gefordert wird, nur jene Eucharistiefeier solle als zuverlässig gelten, die unter dem Bischof oder einem von ihm Beauftragten stattfinde (Sm 8,1), so ist damit die *Autorität* des Bischofs und nicht eine ihn auszeichnende Weihe angesprochen. Der Bischof ist vor allem Garant der Einheit und Rechtgläubigkeit. Dieser Hierarchie stehen die Gläubigen gegenüber, aber noch nicht als „Laienstand" einem „geistlichen Stand". Die Amtsträger sind keine „Geistlichen".

Dieser Wandel vollzieht sich zu Beginn des 3. Jahrhunderts gleichsam über Nacht (wie es in der Geschichte immer wieder Umstürze gab, die sich „über Nacht" ereigneten). Fortan gibt es in der Kirche zwei „Stände", *ordo* und *plebs*, Geistliche und Laien, wie für die Kirche von Karthago Tertullian bezeugt, für die römische Hippolyt, für Alexandrien Clemens und Origenes.[111]

Im Verlauf des 3. Jahrhunderts wird die Scheidung zwischen Klerus und Laien zur vollendeten Tatsache. Die Kirche wird zur Kleruskirche. Wir finden auf der einen Seite das vom Bischof präsidierte „Presbyterium" (wobei der Bischof diesem bald zugehört, bald über ihm steht), auf der anderen Seite die Gläubigen.[112] Die „Apostolische Überlieferung" des Hippolyt (1. Viertel 3. Jahrhundert; ob sie wirklich von Hippolyt stammt, ist unwichtig) führt uns bereits eine mehr oder weniger klare kirchliche Organisation vor: Der *Bischof* ist Hoherpriester, Hirte, Lehrer und Entscheidungsträger der Gemeinde. Er wird vom *Presbyterium* umgeben. Bischof, Presbyter und *Diakone* bilden den Klerus. Es gibt noch andere Stände (Witwen, Lektoren, Jungfrauen, Subdiakone, Heiler), aber sie erhalten nur eine „Einsetzung", keine Handauflegung (= Weihe), weil sie keinen liturgischen Dienst verrichten. Der Klerus aber empfängt eine Handauflegung, weil er in der *Liturgie* eine Rolle spielt. Was Klerus und Laien trennt, ist die Liturgie: Diese erfordert eine Weihe.[113]

Dadurch werden die Laien mehr und mehr zur Passivität verurteilt. In den Pseudo-Klementinen (Anfang 3. Jh.)

wird die Kirche mit einem Schiff verglichen, dessen Steuermann Christus ist. Der Bischof ist der Untersteuermann, die Presbyter die Matrosen, die Diakone die Rudermeister, die Katecheten sind die Ordnungshüter und Platzanweiser. Die Gemeinde, das sind die Passagiere. Sie fahren nicht, sie werden gefahren, sie sind auf Gedeih und Verderb dem Können oder Nicht-Können der Schiffsmannschaft ausgeliefert: das Bild einer Kleruskirche, wie es sich durch die Jahrhunderte bis in unsere Tage durchgehalten hat.[114]

Bei *Cyprian*, Bischof von Karthago (248–258) ist die Kleruskirche perfekt. Die hierarchische Ordnung Bischof, Presbyter und Diakon ist eine feste Einrichtung. Gegenüber der „Apostolischen Überlieferung" sind jedoch zwei folgenschwere Wandlungen festzustellen:

(1) Zum einen verselbständigt sich der Stand der Presbyter. Diese stehen nun in eigener Vollmacht der Eucharistie vor und verkörpern dabei das levitische Priestertum des Tempels. Die Vorrechte des Bischofs (Erwählung, Geistbesitz, Sündenvergebung, Eucharistie) werden von ihm an die Presbyter weitergegeben. Er verteilt die „Lose" *(kleroi)*, deren Empfänger dadurch zum „Klerus" werden.[115] Zu diesem gehören nicht nur die höheren Grade (Bischof, Presbyter, Diakon), sondern auch niedrigere wie Akolythen und Lektoren.[116] Die Zugehörigkeit zum Klerus bestimmt sich nicht mehr von der Liturgie her. Kleriker ist vielmehr schlechthin der Inhaber eines kirchlichen Amtes.

(2) Dadurch vertieft sich die Kluft zwischen Klerus und Volk. Das Wortpaar *clerus – plebs* ist den Schriften des Cyprian geläufig. Kleriker und Laien werden scharf geschieden. Wenn der Bischof – oder sein Presbyter – die Kirche betritt, hat das Volk sich zu erheben.[117] So kann von einem Wandel aus einem „priesterlichen Volk" zu einem „Volk der Priester" gesprochen werden.[118] Priester und Diakone bedürfen einer Weihe durch Handauflegung *(cheirotonía)*, die übrigen einer Beauftragung *(cheirothesía)*.[119]

Cyprian ist der älteste Zeuge der täglichen Eucharistiefeier, der erste, der die Eucharistie als *Opfer* des Leibes und

Blutes Jesu an Gott versteht, der erste, der Petrus einen *Primat* zuspricht.[120] Indes versteht er die Priesterweihe nicht als Sakrament.[121]

Der Buchstabe tötet – Der Geist macht lebendig

Der gegenwärtige Notstand der Kirche bedeutet für diese einen ultimativen Appell, zu den Ursprüngen zurückzukehren. Von Jahr zu Jahr zunehmend werden „Laien" zu Gemeindeleitern, das heißt zu nicht ordinierten Pfarrern eingesetzt. Ihr Handicap ist jedoch, daß sie mit ihrer Gemeinde nicht Eucharistie feiern können, weil diese nach geltendem Recht und Verständnis der Kirche mit der Priesterweihe gekoppelt ist (und diese wiederum verpflichtend und bisher rigoros mit dem Zölibat).

Damit stehen wir freilich vor einer völligen Aushöhlung des kirchlichen Amtes. Denn ein Gemeindeleiter ist von Amtes wegen nicht nur *ermächtigt*, sondern förmlich *verpflichtet*, mit seiner Gemeinde die Eucharistie zu vollziehen. Was zweihundert Jahre lang – noch ganz nah am jesuanischen Ursprung – in der Kirche Wirklichkeit war, sollte auch heute *möglich* sein, zumal wenn es sich vom Evangelium her geradezu gebietet. Dem halten zwar die Bischöfe und *ihre* Theologen entgegen, man gebe damit die sakramentale Struktur der Kirche preis. Daß Jesus indes – sofern er überhaupt eine Kirche wollte – eine sakramental strukturierte Kirche wollte, ist leichter zu behaupten, als begründet zu beweisen. Auf gar keinen Fall aber wollte er eine hierarchisch strukturierte Kirche: „Laßt euch nicht Rabbi nennen, laßt euch nicht Pater nennen, laßt euch nicht Lehramt nennen! Denn ihr alle seid Brüder", lautet seine Weisung (Mt 23,8–10).

Anmerkungen

[1] Einsiedeln 1953.
[2] Ebd., S. 27.
[3] Ebd.
[4] Herderbücherei Bd. 393, Freiburg i. Br. ^{3}1972, S. 87–93, das Zitat S. 87.
[5] Herderbücherei Bd. 446, Freiburg i. Br. 1972.
[6] Die Zitate ebd., S. 61, 62 und 65.
[7] Ebd., S. 115f.
[8] Ebd., S. 129; die Zitate S. 127–129.
[9] Zit. bei Rahner, ebd., S. 8f.
[10] Die Zitate ebd., S. 13–17.
[11] Ebd., S. 26.
[12] Ebd., S. 35.
[13] Pastoralinstruktion über die Mittel der sozialen Kommunikation vom 3. Juni 1971, 115f.
[14] Monatliches „Wort des Bischofs", April 1980.
[15] Zum Thema Strukturen der Kirche siehe vor allem den letzten Beitrag dieses Buches S. 188–206.
[16] Herder-Korrespondenz (= HK) 48 (1994), S. 108.
[17] „Religiöse Lebenswelt junger Eltern", 1988, und dazu: Neue Zürcher Zeitung 30. 1. 1989.
[18] Publik-Forum 11.5.1984, S. 26.
[19] Zur Auslegung von Joh 12,31 s. besonders *M. Limbeck*, in: *H. Haag (Hg.)*, Teufelsglaube, Tübingen ^{2}1979, S. 371f. – Zum ganzen Thema auch *H. Haag*, Abschied vom Teufel. Vom christlichen Umgang mit dem Bösen, Zürich ^{8}1990.
[20] „Der für die dogmatische Soteriologie zentralen Vorstellung des ‚Sühnetodes' (kommt) in den Evangelien keine besondere Bedeutung zu" (Paul Hoffmann, „Gekreuzigt unter Pontius Pilatus", in: Orientierung 57 (1993), 65–70, 70).
[21] *J. Hersch (Hg.)*, Das Recht, ein Mensch zu sein, Basel 1990, 209.
[22] *A. Salzer*, Illustrierte Geschichte der deutschen Literatur II, Regensburg ^{2}1926, 694.
[23] *J. Neumann*, Menschenrechte auch in der Kirche? Zürich 1976, 26f.

[24] Vgl. *N. Greinacher/I. Jens (Hg.)*, Freiheitsrechte für Christen? München 1980, 16.

[25] *Neumann*, aaO. (Anm. 23), 15.

[26] Zur Verankerung sämtlicher Menschenrechte in der Freiheit des Evangeliums s. vor allem *J.-M. Aubert*, Droits de l'homme et libération évangélique, Paris 1987.

[27] Ebd., 27.

[28] Zur gezielten Einseitigkeit und Willkürlichkeit der von Papst Johannes Paul II. getätigten Bischofsernennungen s. *H. Boberski*, Die Divisionäre des Papstes, Salzburg 1992.

[29] *S. Schott*, Altägyptische Liebeslieder, Zürich 1950, 43 und 61.

[30] Vgl. etwa die Vorschriften für die Wöchnerin (Lev 12) und den unter Todesstrafe gestellten Beischlaf während der Menstruation (Lev 20,18).

[31] Vgl. dazu *J. Gründel*, Die eindimensionale Wertung der menschlichen Sexualität. Zur Geschichte der christlich-abendländischen Sexualmoral, in: *F. Böckle (Hg.)*, Menschliche Sexualität und kirchliche Sexualmoral, Düsseldorf 1977, 74–104.

[32] Papst Johannes Paul II. in Deutschland 15.–19. November 1980, hrsg. v. Sekretariat der Deutschen Bischofskonferenz, 19.

[33] Vgl. *W. Braun*, Geschlechtliche Erziehung im katholischen Religionsunterricht, Trier 1970; *M. Langer*, Katholische Sexualpädagogik im 20. Jahrhundert, München 1986; *W. Bartholomäus*, Glut der Begierde – Sprache der Liebe. Unterwegs zur ganzen Sexualität, München 1987.

[34] Vgl. zu dieser Theamtik die breite, immer noch treffende Übersicht von *J. Schuster*, Ethos und kirchliches Lehramt, Frankfurt a. M. 1984.

[35] *A. Auer*, Autonome Moral und christlicher Glaube, Düsseldorf ^{2}1984, 138f.

[36] *B. Casper*, Zur Bedeutung und zum Gebrauch des Wortes Natur im abendländischen Denken, in: *F. Böckle (Hg.)*, Der umstrittene Naturbegriff, Düsseldorf 1987, 31–44, hier 39.

[37] *J. David*, Christliche Moral in der Krise, in: *E. Kellner (Hg.)*, Sexualität ohne Tabu und christliche Moral, München/Mainz 1970, 15–28, hier 27.

[38] *Auer*, aaO. (Anm. 35), 16.

[39] *F.-X. Kaufmann*, Die Ehe in sexual-anthropologischer Sicht, in: *F. Böckle (Hg.)*, Das Naturrecht im Disput, Düsseldorf 1966, 15–60, hier 26.

[40] Die Enzyklika „Veritatis splendor" (1993) versucht diesen Sachverhalt herunterzuspielen, indem sie zwar einräumt, „daß sich der Mensch immer und in einer bestimmten Kultur befindet", dem aber entgegenhält, „daß es im Menschen etwas gibt, das alle Kulturen transzendiert. Dieses ‚Etwas' ist eben die *Natur des Menschen*" (Nr. 35).

41 Vgl. *H. Haag*, Neues zur Homosexualität, in: Theologische Quartalschrift (= ThQ) 167 (1987), 56f.

42 Die Forderung des Europäischen Parlaments vom Februar 1994 „über die Gleichberechtigung von Schwulen und Lesben" forderte nicht nur den Vatikan und den Papst persönlich, sondern auch den Vorsitzenden der Deutschen Bischofskonferenz, Karl Lehmann, zu schärfster Kritik heraus, s. HK 48 (1994), 213f.

43 Selbst ein Augustinus war von homosexuellen Neigungen nicht frei.

44 Vgl. *J. David*, aaO. (Anm. 37), 23.

45 *B. Häring*, Das Gesetz Christi, [2]1955, 1136.

46 *Rudolf Pesch*, Das Markusevangelium. Einleitung und Kommentar zu Kapitel 1,1–8,26, Freiburg i. Br. [5]1989.

47 *W. Bauer*, Wörterbuch zum Neuen Testament, Berlin [5]1971, s.v. (ebenso [6]1988).

48 *J. Gaudemet*, La décision de Callixte en matière de mariage, in: Studi in onore di U. E. Paoli, Firenze 1956, 333–444. – *Ch. Munier*, L'Eglise dans l'Empire Romain, Paris 1979, 27–29.

49 In: Lexikon der christlichen Moral, Innsbruck 1976, 646.

50 *F. Furger*, Ethik der Lebensbereiche. Entscheidungshilfen, Freiburg i. Br. [3]1992, 93.

51 In: *H. Rotter/G. Virt*, Neues Lexikon der christlichen Moral, Innsbruck 1990, 562.

52 Handbuch der christlichen Ethik, 3 Bde. Hg. v. *A. Hertz/W. Korff/T. Rendtorff/H. Ringeling*, Band II, 1978 (aktualis. Neuausgabe 1993).

53 HK 44 (1990), 303.

54 Zur ganzen Thematik noch immer unentbehrlich: *J. David/F. Schmalz (Hg.)*, Wie unauflöslich ist die Ehe?, Aschaffenburg 1969.

55 Insgesamt ist die Zahl der Ehescheidungen im Steigen begriffen. In den alten Bundesländern erhöhte sie sich von 76.520 im Jahr 1970 auf 126.628 im Jahr 1989, während sie sich in den neuen Bundesländern in diesem Zeitraum von 27.407 auf 50.063 fast verdoppelte (Stat. Jahrb. 1991, nach HK 46 (1992), 78).

56 Schweiz. Kirchenzeitung 152 (1984), 708ff.

57 *H.-J. Guth*, Ehescheidung oder Ehenichtigkeit? Das Eheprozeßrecht der römisch-katholischen Kirche in den USA seit dem Zweiten Vatikanischen Konzil, Freiburg/Schweiz 1993, 6f und 238.

58 Annuarium Statisticum Ecclesiae 1991.

59 Eheprozeß-Statistik des Bistums.

60 Eine von mir kirchlich eingesegnete Ehe wurde für ungültig erklärt, weil die Frau auch nach der Eheschließung eine exzessive Bindung an ihre Mutter bekundete, deren Urteil ihr mehr galt als das Urteil ihres Mannes, deren Rat ihr mehr bedeutete als der Rat ihres Mannes (Begründung: Mangelnde Urteilsfähigkeit der Frau). Das Verfahren dauerte fünf Jahre.

61 Vgl. HK 41 (1987), 144.

[62] *N. Greinacher*, Zum Problem der Scheidung und Wiederverheiratung: ThQ 167 (1987), 106–115, hier 115.

[63] *U. Luz*, Das Evangelium nach Matthäus I. Zürich/Neukirchen 1985, 272.

[64] HK 40 (1986), 561–563; HK 44 (1990), 357–394.

[65] HK 46 (1992), 216.

[66] Vgl. S. 84.

[67] Prof. Georg Denzler mündlich.

[68] In seiner programmatischen Rede zur Eröffnung des Zweiten Vatikanischen Konzils vom 11. Oktober 1962 spricht Papst Johannes XXIII. von Leuten, die in der jüngsten Vergangenheit bis zur Gegenwart nur Mißstände und Fehlentwicklungen zur Kenntnis nehmen: „Sie sagen, daß unsere Zeit sich im Vergleich zur Vergangenheit nur zum Schlechteren hin entwickle" (*L. Kaufmann/N. Klein*, Johannes XXIII. Prophetie im Vermächtnis. Freiburg-Schweiz/Brig 1990, 125).

[69] Ebd. 136, 146.

[70] So weiß es neuestens auch der Weltkatechismus von 1992: „Vom Teufel versucht, ließ der Mensch in seinem Herzen das Vertrauen zu seinem Schöpfer sterben, mißbrauchte seine Freiheit und gehorchte dem Gebot Gottes nicht. [...] Der Tod hält Einzug in die Menschheitsgeschichte" (Nr. 397, 400).

[71] Weltkatechismus: Infolge der Erbsünde ist die menschliche Natur „zur Sünde geneigt; diese Neigung zum Bösen wird ‚Konkupiszenz' genannt" (405).

[72] *K. Rahner*, in: *K.-H. Weger*, Theologie der Erbsünde, Freiburg i. Br. 1970, 202f.

[73] *J. Jeremias*, Jerusalem zur Zeit Jesu, Göttingen [3]1962, 168f; *B. Reicke*, Neutestamentliche Zeitgeschichte, Berlin 1965 ([3]1982), 122–125.

[74] *Jeremias*, aaO., (Anm. 73), 224–234.

[75] *Jeremias*, aaO., (Anm. 73), 234–241.

[76] „Es ist ein Stolz für die Söhne Aarons, bis an die Knöchel im Blut zu waten" (Pes. 65b).

[77] Bell. Jud. VI,9.

[78] *M. Limbeck*, Die Religionen im Neuen Testament, in: ThQ 169 (1989), 44–56, bes. 48–51 (Jesus und der Tempel).

[79] *M. Limbeck*, in: ThQ 169 (1989), 48; zum folgenden *F. Hahn*, Der urchristliche Gottesdienst, Stuttgart 1970 (Stuttgarter Bibelstudien 41), bes. 24ff.

[80] *Hahn*, aaO. (Anm. 79), 25.

[81] *Hahn*, aaO. (Anm. 79), 27.

[82] Ob die „drei Tage" auf Jesus zurückgehen, tut hier nichts zur Sache.

[83] *Hahn*, aaO. (Anm. 79), 29.

[84] *Limbeck*, aaO. (Anm. 79), 48.

[85] *Hahn*, aaO. (Anm. 79), 18.

[86] „Wer bestreitet, daß die Unreinheit von außen auf den Menschen eindringt, trifft die Voraussetzungen und den Wortlaut der Thora und des Moses selbst. Er trifft darüber hinaus die Voraussetzungen des gesamten antiken Kultwesens mit seiner Opfer- und Sühnepraxis" (*E. Käsemann*, zit. in: *Hahn*, aaO. (Anm. 79), 20).

[87] Dabei ist zu beachten, daß die bei Paulus sich findenden Formeln vom „stellvertretenden Sühnetod Jesu" (1 Kor 15,3–5; Gal 1,4; Röm 3,25) vorpaulinisch sind und höchstwahrscheinlich auf palästinische Tradition zurückgehen (*J. Blank*, in: *P. Eicher (Hg.)*, Neues Handbuch Theologischer Grundbegriffe IV, München 1991, 373).

[88] *Hahn*, aaO. (Anm. 79), 35.

[89] Daß sie am Gottesdienst teilnahmen, wird freilich, wie bei Jesus, nicht gesagt.

[90] *Limbeck*, aaO. (Anm. 79), 51 f.

[91] *O. Cullmann*, Urchristentum und Gottesdienst, Basel 1944, 14f.

[92] *Cullmann*, aaO. (Anm. 91), 14.

[93] *Cullmann*, aaO. (Anm. 91), 10.

[94] *K. Wengst*, Schriften des Urchristentums, München 1984, 44f.

[95] *Wengst*, aaO. (Anm. 94), 53–57.

[96] *H. Merklein*, Erwägung zur Überlieferungsgeschichte der neutestamentlichen Abendmahlstraditionen, in: Biblische Zeitschrift 21 (1977), 88–101.235–244.

[97] Vgl. *H. Haag*, Vom alten zum neuen Pascha, Stuttgart 1970, 116.

[98] Die *Aufforderung* zu trinken allerdings nur bei Mt 26,27f.

[99] *Joseph A. Fischer*, Die Apostolischen Väter griechisch und deutsch, München 1956, 7f.12f.; *A. Lindemann*, Die Clemensbriefe, Tübingen 1992, 18.

[100] *Fischer*, aaO. (Anm. 99), 77.

[101] „Seine Aussageabsicht zielt fraglos darauf, die Unruhe in Korinth beizulegen; insofern kann der Verweis auf den Tempelkult nicht einfach als Norm und Grundlage einer kultischen Ordnung in der Kirche betrachtet werden. Die Analogie leistet aber der Tendenz Vorschub, christliche Gemeinde nach dem Vorbild des Alten Bundes zu organisieren, wovon etwa die Differenz zwischen dem *laikos anthropos* und den kirchlichen Amtsträgern, denen das ‚Darbringen der Gaben' (44,4) zukommt, Zeugnis gibt" (*P. Stockmeier*, Glaube und Religion in der frühen Kirche, Freiburg i. Br. 1973, 66f).

[102] *R. Knopf*, Die Apostolischen Väter I, Tübingen 1920, 114.

[103] *K. Beyschlag*, Grundriß der Dogmengeschichte I, Darmstadt 1982, 77.

[104] *P. Stockmeier*, Christlicher Glaube und antike Religiosität, in: *H. Temporini/W. Haase*, Aufstieg und Niedergang der römischen Welt, 23/2, Berlin 1980, 871–909.

[105] *A. Faivre*, Ordonner la fraternité, Paris 1992, 80; s.u. S. 204.

106 Für die ersten drei Jhh. im besonderen *H. von Campenhausen*, Kirchliches Amt und geistliche Vollmacht in den ersten drei Jahrhunderten, Tübingen ^{2}1963; *A. Faivre*, Naissance d'une hiérarchie, Paris 1977; *ders.*, Les Laïcs aux origines de l'Eglise, Paris 1984; *ders.*, Ordonner la fraternité, Paris 1992. – Für die neutestamentliche Zeit: *W. Pesch*, Priestertum und Neues Testament, in: Trierer Theol. Zeitschr. 79 (1970), 65–83 = *W. Pesch u. a.*, Priestertum – Kirchliches Amt zwischen gestern und morgen, Aschaffenburg 1971, 10–35; *R. M. Hübner*, Die Anfänge von Diakonat, Presbyterat und Episkopat in der frühen Kirche, in: *A. Rauch/P. Imhof (Hg.)*, Das Priestertum in der Einen Kirche, Aschaffenburg 1987, 45–89; *P. Hoffmann*, Priestertum und Amt im Neuen Testament, in: *P. Hoffmann (Hg.)*, Priesterkirche, Düsseldorf ^{2}1989, 12–61.

107 „Es spricht alles dafür, daß es in V.11 nicht um Frauen der Diakone, sondern um weibliche Diakone, also um Amtsträger, geht" (*G. Lohfink*, Weibliche Diakone im Neuen Testament, in: *G. Dautzenberg u. a. (Hg.)*, Die Frau im Urchristentum, Freiburg i. Br. 1983, ^{5}1992, 320–338, hier 333).

108 „Nach dem ersten Drittel des zweiten Jahrhunderts": *Hübner*, aaO. (Anm. 106), 64.

109 *von Campenhausen*, aaO. (Anm. 106), 119; *Hübner*, aaO. (Anm. 106), 67.

110 *Hübner*, aaO. (Anm. 106), 78.

111 *Faivre*, Les Laïcs (Anm. 106), 95–97.

112 *A. Vilela*, La condition collégiale des prêtres au IIIe siècle, Paris 1971, 387.

113 *A. Faivre*, Naissance d'une hiérarchie (Anm. 106), 48–50.

114 *Vilela*, aaO. (Anm. 112), 185f.

115 *Faivre*, Ordonner, aaO. (Anm. 106), 80–82.

116 *R. Seagraves*, Pascentes cum Disciplina. A Lexical Study of the Clergy in the Cyprianic Correspondence, Freiburg/Schweiz 1993, 18.

117 *v. Campenhausen*, aaO. (Anm. 106), 297–300.

118 *Faivre*, Ordonner, aaO. (Anm. 106), 83 („du peuple de prêtres au peuple des prêtres")

119 *Seagraves*, aaO. (Anm. 116), 173.

120 Ebd., 2f.

121 Ebd., 105, gegen *v. Campenhausen*, aaO. (Anm. 106), 298.

Sach- und Themenregister

Personen aus Bibel und Geschichte

Autorenregister